人才自组织

国有企业人力资源管理的未来使命

刘宝增 张春冬◎著

清华大学出版社
北京

图书在版编目（CIP）数据

人才自组织：国有企业人力资源管理的未来使命 / 刘宝增，张春冬著. —北京：清华大学出版社，2019

ISBN 978-7-302-52904-0

Ⅰ. ①人… Ⅱ. ①刘… ②张… Ⅲ. ①石油化工企业－人力资源管理－研究－西北地区 Ⅳ. ①F426.22

中国版本图书馆CIP数据核字（2019）第083524号

责任编辑：左玉冰
封面设计：李伯骥
版式设计：方加青
责任校对：宋玉莲
责任印制：宋 林

出版发行：清华大学出版社
网 址：http://www.tup.com.cn，http://www.wqbook.com
地 址：北京清华大学学研大厦A座 邮 编：100084
社 总 机：010-62770175 邮 购：010-62786544
投稿与读者服务：010-62776969，c-service@tup.tsinghua.edu.cn
质 量 反 馈：010-62772015，zhiliang@tup.tsinghua.edu.cn
印 装 者：三河市龙大印装有限公司
经 销：全国新华书店
开 本：170 mm×240 mm 印 张：20.25 字 数：321千字
版 次：2019 年 6 月第 1 版 印 次：2019 年 6 月第 1 次印刷
定 价：69.00元

产品编号：084086-01

| 序 |

所有过往，皆为序章

21 世纪初的管理世界，正用前所未有的力量来否定自身。人和组织都脱离了传统概念，现代管理范式“向死而生”，创业公司挑战传统巨头……未来的答案，注定不在一个企业过去的成功里。正如张瑞敏所说，没有成功的企业，只有时代的企业。当聚焦国企这一类组织时，我们对这一论断更加深信不疑。

曾经，优秀的中国管理实践几乎完全源于国企。大型国企的成功要素非常相似：优质的资源、清晰的战略、优势的品牌、可观的规模、良好的管理起点、卓越的人才队伍、开阔的业务视野、深厚的文化沉淀……凭借这些因素，众多国企出现在各类“百强”名单上，近乎可与任何世界一流组织比肩。但是，国企在近 10 年似乎缺少了关键的“时代感”——云、大数据、人工智能、区块链、增强现实和虚拟现实、物联网、机器人、量子计算等技术发展突飞猛进，新环境下的成功因素已经演变为速度、整合和创新。这使国企的传统优势逐渐弱化，国企几乎成为“传统与低效”的代名词。

思考：国企改革的过往困局

新时代下，不管是几岁、十几岁还是几十岁的公司，不管是互联网行业还是传统行业，无一例外要在新的环境下思考倒下、站立和未来的问题。

——杨国安[①]

① 中欧国际工商学院飞利浦人力资源管理教席教授、管理学教授、副教务长，人力资源与组织管理研究中心主任，美国密歇根大学商学院工商管理学教授。

国企普遍产生了管理焦虑，但焦虑和恐惧正是变革的最大动力。华为大学的培训学员，从过去的民营企业家转变为一批又一批来自国企的中层管理者。大势之下，国企管理者们担忧下一个倒下的不是华为而是自己，也唯恐像媒体当年形容的 IBM 一样，因“机构臃肿、孤立封闭”而“一只脚迈进了坟墓”。国企选择改变，以应新于时、转化优势。几乎没有组织在今天仍然轻视管理、轻视人才。

客观而言，国企从未等闲。它经历着逐渐深入的管理变革①，也在变革中左右探索、上下激荡。例如，以“三项制度”改革②为标志的国企改革，近年来持续推动体制内企业寻求突破，却始终没有从根本上改写国企的标签，如铁饭碗、老好人、死工资、旱涝保收、官本位；也没有改变部分员工“假装”在工作的职业状态。

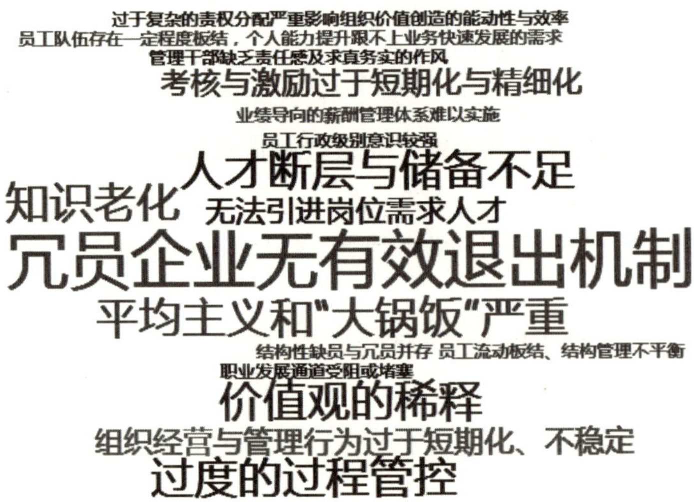

图 1　国企改革困境③

---

① 从1978年开始，我国的国企改革历经商品经济自主经营、自负盈亏，建立现代企业制度，建立健全国有资产管理和监督体制与全面深化改革四个阶段。此后，国有资本投资运营公司的建立，在国开、神华、中粮等几个企业试点推动；混合所有制的建立，在联通等公司以职工持股的方式在推动；法人治理结构，所有的公司都要建立董事会，而且要实行职业经理人的制度，使收入年薪跟经营业绩密切结合，进一步走向市场。近期，国家全面落实国企改革“1+*N*”政策体系，全面应用前期各项改革试点取得的经验成果，全面推动“双百企业”实施综合性改革，要使国企改革各项政策要求“一竿子扎到底”，打通改革推进的“最后一公里”，让好政策发挥倍增效用。

② “三项制度”改革是指国务院针对国企的干部人事制度改革、劳动用工制度改革、收入分配制度改革，核心是建立干部能上能下、员工能进能出、收入能增能减的“三能”机制。

③ 本图依据国企改革相关研究文献提及的问题词频制作。

本书的实践者——中国石化西北油田分公司（以下简称“西北油田”），就是国企改革中的“一员”。反思国企改革历程，似乎是“越走越漫长”。**从根本上讲，国企需要实质性的认知革命，既要重新解读国企改革精神，又要系统布局应对未来的颠覆。西北油田意识到，激活国企的优势，需要重新出发。**

重新解读国企改革，是西北油田作出改变的起点。

我们不能以被“误读”的国企改革精神指引行动。一方面，国企改革问题的“韧性”主要受到国企“景气”“和谐”等“幻觉”影响；另一方面，面对改革重任，国企想要把握住改革的本质，并形成可行举措，必须重新解读国企改革的要求，转变思维迫在眉睫。

常制不可以待变化，一涂不可以应万方。

——（东晋）葛洪《抱朴子》

如何转变思维？

第一，我们要有对人本理念的新认识。以人为本，绝对不是刚性的“进出、增减和上下”。我们不应该假设约束或惩罚能够激发员工奋进，就像也不能假设激励能够激发员工奋进一样。研究表明，传统的激励手段是否能够发挥激励作用，在新生代员工身上已经缺少稳定的相关验证。因此，**对于能上能下，应该转化为“快速晋升”+“快速培养”；对于能增能减，应该转化为“大幅晋升”+“薪酬冻结”；对于能进能出，应该转化为“开放用人”+“转岗配置或创业支持”**。

第二，国企不能以表面和谐来定型组织文化，并为绩效评价、薪酬差距、竞聘评优有可能破坏和谐而担忧，不能做有进无出的“工作保险公司”。**通过发展思维来打破和谐思维，在发展中解决问题，而不是在和谐中掩盖问题，更为合理；精益管理与组织氛围并不矛盾，管理并不致力于使所有人满意，而是让价值创造者满意。**良好的组织精神，并不屈从于“良好的人际关系”，并不追求表面的“和气”与“稳定”。如果不是建立在优秀的业绩所带来的价值感之上，那么只是不稳定的和谐关系。我们不能容忍平庸的绩效，也不必忌惮绩效机制对组织氛围的暂时性伤害，因为在新的平衡下，组织氛围将更加公平与健康。对和谐思维错误的理解和应用，将首先带来领导力的下降，管理者畏惧区分员工优劣，严重损伤高绩效员工利益；其次将造成创新的阻碍，依据研究，90% 的创新都来自团队想法的分歧，迎合和妥协往往带来成果的平庸；最终形成“一团和气”但“碌碌无为”的文化氛围，得不偿失。

第三，国企需要彻底从过去的“组织一元论”中走出来，开启组织与人才的共生模式，基于员工体验进行价值创造。例如，培训不等于培养，因为培训缺乏针对性和实用性，员工对大量的标准化培训课程并不认可、甚至排斥，大量的培训经费并没有实现培养价值。又如，企业在“头部”或“尾部”的管理选择上常常用错力量，并为末位淘汰存在实施困难而烦恼，其实识别最优秀的员工，通过正面激励并强化标杆更为重要。

第四，中国国有企业的形态远远丰富于西方发达国家，它们是一个资源丰富的大型管理实验室，每个国企都与众不同。**因此，我们不能简单把国有企业的实践高度统一并交相借鉴，我们应该以更广阔的视野“向外看”，兼容并蓄。**相对于前沿组织，尤其相对于走在时代前列的科技组织，国企拥有一流的人才、二流的文化、三流的机制。这时，“弱小和无知不是生存的障碍，傲慢才是”[①]，国企应该**加急外部洞察并审慎研究吸纳**，尽快转化自身在精英、资源和信息方面的优势。

身担国企责任和油公司使命，是我们作出改变的动力。

一方面，国有企业有责任释放出支撑国家未来的“六个力量”[②]。国有企业在员工队伍中占有了大量的国内精英人才，在组织文化中填充了责任当先的家国情怀，这些都是最关键的人力资源管理优势。这些不因外部环境和力量而改变的因素，在良好的人才管理机制支撑下，一定会带来组织力量的

① 出自《三体3：黑暗森林》。作者刘慈欣在书中提出了“宇宙社会学”和“黑暗森林”的世界观，包含两点假设：第一，生存是文明的第一需要；第二，文明不断增长和扩张，但宇宙中的物质总量保持不变。因此，文明之间的战争不可避免，当一个文明发现另一个文明存在时，它最终的、唯一的选择就是将对方消灭。但领悟到“黑暗森林”原则的地球文明却因为缺乏对宇宙的足够敬畏，总是在有形或无形之中以傲慢的姿态对待宇宙间的生存法则，最终被其他宇宙文明所毁灭。

② 面向未来，习近平总书记用“六个力量”对国有企业作出了新的历史定位：成为党和国家最可信赖的依靠力量，成为坚决贯彻执行党中央决策部署的重要力量，成为贯彻新发展理念、全面深化改革的重要力量，成为实施“走出去”战略、“一带一路”建设等重大战略的重要力量，成为壮大综合国力、促进经济社会发展、保障和改善民生的重要力量，成为我们党赢得具有许多新的历史特点的伟大斗争胜利的重要力量。

崛起，从而凝聚形成“六个力量”。同时，近30年来，“管理时尚”的快速迭代，在技术革命的推动下终将尘埃落定，数字技术即将成为管理的基础设施，新的技术将原本混序多元的“战略—组织—人”的“丛林探索”降维到单一的人性层面，深度解决“以人为本”等管理命题，管理实践的稳态阶段可以预见。

另一方面，西北油田是中石化集团探索“油公司模式”的先行者，成立以来，逐步展现出“新型国企”的面貌，探索出具有中石化特色、符合区域特点的“专注管理、业务外包”的管理模式，始终追求组织效率最高、用人水平最优、市场机制最佳、操作成本最低、成长性较好的目标。同时，油公司模式的不断完善要求业务外包的持续推进和不断优化，将资源更多投向核心业务领域，不断增强公司核心竞争力，由传统的岗位用工模式向业务外包模式转型，以市场化方式解决业务用工需求，以持续创造最高的人均价值，等等，这些都对西北油田实现智能管理、建立智慧油田提出了日益迫切的需求。

基于以上两点，以精益管理为核心、承载西北石油公司理想的人才战略应运而生，推动西北油田开启了一番理念与技术融合的前瞻性探索，虽“隔行、耗时、迷茫”，但目标坚定、乐此不疲。

这其中，继承过往优势，突破惯性思维，尤为重要。与此同时，精益化人才战略也需要面临组织战略与人才管理过程中不断出现的新挑战和新问题：我们在以集团1/200的员工贡献了集团1/10利润的同时，也面临着人少事多、休假难以保证的失衡与抱怨；在创新成果丰硕、骨干精英辈出的同时，也面临着中层管理的危机和基层活力的不足；在持续优化管理体系、力促人才机制创新的同时，也尚未解决人才积压、精英出走等困境，缺少应对四世同堂的员工群体的差异化政策和促进南北疆人才科学流动的系统性措施，相距满足人才对“管理体验”的消费升级需要，尚显遥远。

精益化人才管理，需要时创时新，时善时优。

未来已来，我们如何走向下一个十年？

人才兴则事业兴。面临目标和难题，在未来十年，西北油田如何落地精益化人才管理、塑造生机勃勃的人才体系？

未来十年，将是管理新旧动能转换的关键十年。人工智能、大数据、网络技术等新一轮科技革命正在积聚力量，催生管理的新模式、新形态，给“办公室”带来翻天覆地的变化。

未来十年，将是公司治理体系深刻重塑的十年。国企改革在曲折中前行，僵化体制受到严重冲击，管理百年再次来到何去何从的十字路口。

未来十年，将是雇佣双方关系加速演变的十年。我们已经步入“人才的时代”，管理的格局将更加人性化，雇佣基础实际上更为坚实稳固。

纵观国内企业实践的长尾生态，有尚处于进化初期的理念开荒者，有最佳实践的积极引进者，也有现代管理的前沿实践者，却少有数字智能时代的系统思考者。“石油精神”本身就孕育着突破与执着的基因，这一基因将激发西北油田在未来率先引领颠覆式管理创新，打磨接轨未来的智能管理体系，构建人才向往的“殿堂型”组织，成为人才实践的世界高地。

组数据团队、建共享中心、重构职能部门、瘦身管理团队、开发决策平台、打造数据智能……西北油田的智能化人才体系建设，已轰轰烈烈拉开序章。在未来人机融合的西北油田数字化人力资源部中，人力资源机器人将和人力资源专家一道，一改为上一代人设计的人事管理“老三篇”；以数据驱动决策，让每一项人力决策都有理有据，把投资在人力上的每一分钱都花到刀刃上；深度培养员工，不生产被大公司耽误了的年轻人；放弃学华为、学腾讯的被动照搬，探索领跑者的基因；不做大数据时代的旁观者，从因陋就简走向大胆布局。

……

我们大胆设想，在智能管理、智慧油田的支撑下，人才结构高度优化、人才开发和使用充分，我们在未来“再造一个西北油田”时，也能保持人员零增长！我们将以此方式为“油公司模式”正本清源，并使之成为国企改革的新范式。

我们相信，塔河精神、国企优势、系统规划以及初步举措，都将形成持续的优势转化，为西北油田未来的组织繁荣与人才繁荣，奠定基础。

一切过往，皆为序章。

前　言

人才自组织

千秋基业，人才为先。实现中华民族伟大复兴，人才越多越好，本事越大越好。

——2014 年 6 月 9 日，习近平在中国科学院第十七次院士大会、中国工程院第十二次院士大会上的讲话

要大兴识才爱才敬才用才之风，为科技人才发展提供良好环境。要改革人才培养、引进、使用等机制。要完善创新人才培养模式。

——2016 年 5 月 30 日，习近平在全国科技创新大会、两院院士大会、中国科协第九次全国代表大会上的讲话

招人聚才并举，择天下英才而用之。

——2014 年 8 月 18 日，习近平主持召开中央财经领导小组第七次会议时指出

回望过去 5 年甚至 10 年，那时的人才管理把重心放在“培训”上。如今，人才问题已非单一的“培训”能够解决，甚至连升职加薪也无济于事。如果说人才管理活动本质上是一种用以兑现人本诉求的管理行为，那么我们正面临一次大规模、系统化的消费升级。

企业是人性价值主张的第一战场，优秀的企业必须直面人才管理难题。过去，西北油田基于精益化人才管理所提出的“生聚理用”目标，正是新时

期下大型央企持续优化人才管理体系的写照。那么，我们应该如何具体实现人才的“生聚理用”、持续提升组织塑造人才的能力？

这一问题引发了西北油田的系统思考与大胆实践，也是本书探索的主题。大量工具与方法被打上工业时代、信息时代、知识时代的标签，使正在走近“数字与智能”时代的我们，并不满意。正在此时，塞氏企业、韩都衣舍等企业的实践将“自组织”①推向我们的视线，令我们看到了未来管理模式的潜力与能量。“自组织”被誉为人才成长的最适环境②，代表着组织文明的高级阶段③，虽然尚未形成成熟的理论与实践体系，但却和集团上下的管理文化与人才观高度契合。同时，作为知识型企业，西北油田本身就带有自组织的基因与土壤。更重要的是，以“去行政权威、建专家权威”“多角色、多中心”“主动负责、自主协同”“高度授权”“激活员工”“促进创新”为代表的自组织特征，如投石击水，强烈地刺激着长期拥有此类顽疾的国企神经，处处映射出其系统性、战略性的问题解决能力。

未来的主流工作模式一定是自组织，因为越来越多给你干活的人将不再是你的下级，甚至不是你的组织内部的人，管理的内涵越来越接近于协作。

以上都使我们相信，科学吸纳自组织的思想，向未来组织模式主动进化，是我们从本质上解决人才问题、面向数字时代的关键路径。**因此，构建人才“自组织”、实现人才“自”组织，将为西北油田的探索性人才管理实践注入正本清源、高屋建瓴的生命力，将帮助我们从源头上应对复杂多元的管理难题和充满变化的未来趋势，避免一事一策、一时一策。基于自组织的人才管理新思路如图 1 所示。**

① 自组织的概念最早源于系统控制论中的耗散结构理论，由诺贝尔奖获得者、比利时物理学家普利戈金提出，强调组织从无序结构到有序结构的调适过程中，能量最大，价值也最高；在生命科学领域，马特·里德利的超级畅销书《自下而上：万物进化简史》中写道：自然界没有顶层设计，一切源于野蛮生长。这是宇宙最底层的逻辑之一，道德、经济、科技和组织也在遵循同样的演进逻辑；在社会学视角下，社会文明的重要标志是人有越来越多的自由选择。

② 研究认为，组织的产生是反个体的，不受控制的个体最舒适。

③ 自组织认为，组织给个体越多的自由选择权，这个组织就越文明。

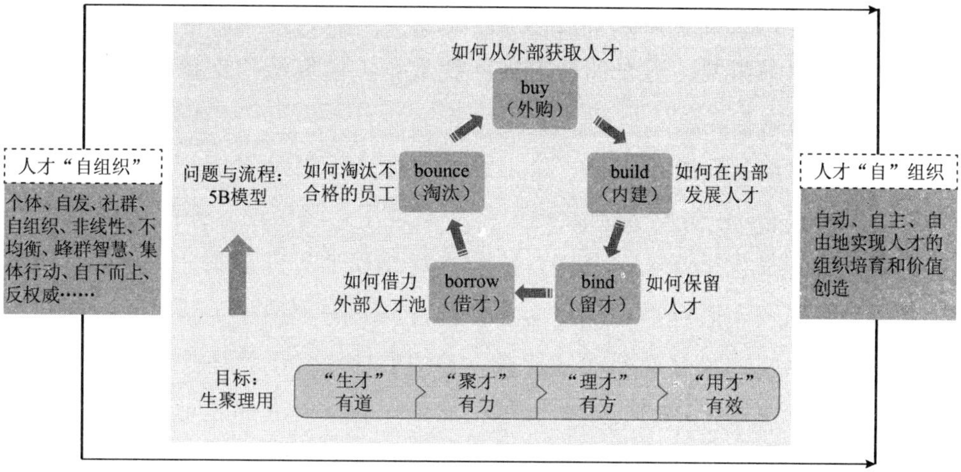

图 1　基于自组织的人才管理新思路

目前，自组织仅仅是一个概念、目标，一种方向、状态，构建自组织的具体方法和举措，正需要我们去探索与诠释。我们在认同自组织的人本思想与最佳体验的同时，也坚定地认为“创造最佳的人才发展环境，让人才在科学设计的环境中自然成长”这一过程，任重道远。

构建人才“自组织”，关键在于设计自由、自动和自主的人才管理新模式。因为自组织不是“无组织”，而是基于共创、共享、共治的“强组织”。本书前三章即探讨基于自组织、数字化的人才管理的未来趋势、初步实践以及我们“如何抵达未来”的路径规划。

以自由为环境。自由要以价值创造为前提，唯有创新，自由才有组织意义。长期以来，企业无不从成立之初就竭力创造以结构、流程、权限、层级所标记的秩序，试图依据管理理论搭建完美组织，但这极大地束缚了组织的创新活力。自组织颠覆了这一传统思考方式，并以全新的方式界定了组织的内在秩序、规则与结构，强调自由的工作模式和自主的管理模式，通过找到最合适的秩序，以个体的自我实现达成组织目标。自组织认为，没有管理秩序，组织就会始终在形成科学的秩序的过程中，这一过程是最宝贵的，也是最适于创新的。

以技术为基石。自动要以数据为前提，数据赋能自动化管理。自组织认为，自主与秩序并不是对立的，它们是建立健康、有序系统的好伙伴。自组织以技术锁定信任，规范各种管理及协作关系，这样的组织虽然不太注重控制，但却更有秩序。在数字化、智能化的未来趋势下，自组织的高效运行将越来越有保障。**本书第四、五章即研究如何找数据、做算法，支撑管理的数字化表达、算法化决策。**

以人才自治为标准。评价一个组织是否形成了自组织，一目了然的标准就是员工的状态——是否是自发地工作，实现了自我管理。弗雷德蒙德·马利克[①]在《管理成就生活》一书中，提到三种错误的管理认识——只有高级管理者才是管理者，只有拥有下属才是管理者，只有下属才需要管理。在自组织状态下，组织会自然而然地去权威、去中心化——不管你的职位是什么，不管你在组织中的级别如何，尤其是知识工作者，人人都是管理者；人人都是管理者，就是没有管理者。个人通过对自己专业技能、专业知识、工作时间、精力分配、工作任务执行和成果的管理，为组织作出贡献。当然，自主要以机制建设为前提，唯有科学的规则和高度的认同与信任，才能支撑“有秩序的混乱”，实现“无为而治”，如图 2 所示。

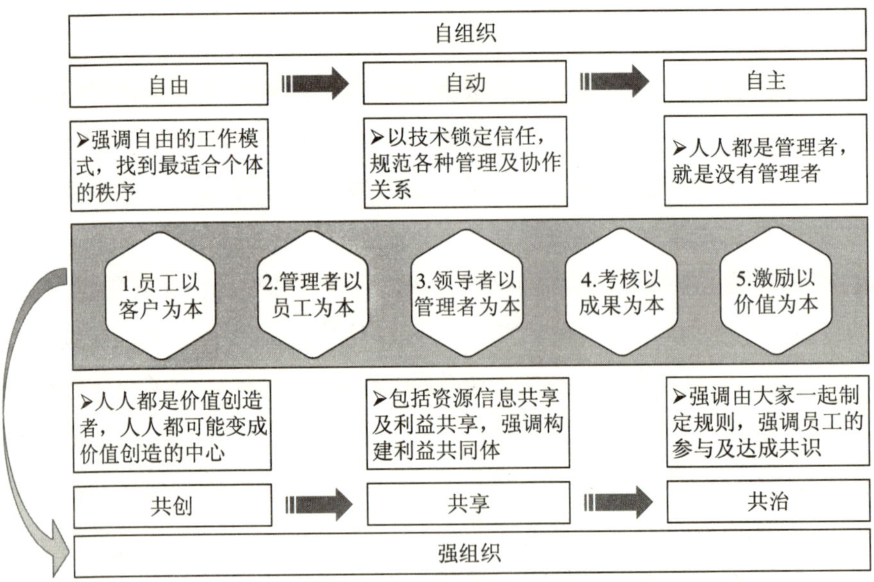

图 2　强目标、自管理，强平台、自成长

① 作者简介：弗雷德蒙德·马利克，1944年出生于奥地利，欧洲著名管理教育家，“圣加伦管理学派”创始人。

实现人才“自”组织，需要我们以促进创新、激发活力为出发点，更了解人才的新需要、组织的新角色和技术的新发展。

未来，伴随商业世界的变换和技术体验的升级，大部分管理命题将迎刃而解，但“人才需要什么”这个起点问题，却越来越复杂。“四世同堂”的员工群体，日渐浮躁的年轻员工，均以日益频繁的市场化流动向管理者施压。我们的确需要反思，是否有很多“非典型”精英——市场薪酬几倍于目前待遇的国企“基层”员工？是否存在隐性的人才损失——例如消极怠工、人浮于事与虚假忙碌？是否有匹配我们资源与能力的管理举措，能否有效提升组织能力、激发人才活力？**我们在本书的第六章即将讨论如何个性化呈现人才画像、标准化实施人才体检，从而系统提升人才管理水平。**

这些问题实际上重新定位了管理角色，要求组织为员工提供优质的人才体验，把员工的个性化诉求当作客户需要来细分对待，例如新员工的入职引导、已育员工的职业诉求、资深员工的晋升预期、中年骨干的成长需要等。如果我们能以科学规律规划人才成长，以人才地图“导航”人才成长，我们就形成了对人才负责的组织能力。**本书第七章就依此展开研究，力求实现人才地图“百度化”。**

最终，我们希望打造一个赋能式的职场。未来，我们在谈论工作场所时，关键词绝对不是命令和权力，而是员工在这里能不能得到成长，能不能发挥创意，能不能与时代同步。如果我们没有平台型的组织能力去赋能员工，就难以履行人才责任，赋予工作意义。这其中，创新是国企最大的痛点。风起于青萍之末，浪成于微澜之间——我们需要积极思考如何推进底层活力和边缘活力，如何通过机制设计触动员工自发、自为地实现创新价值。**我们将在本书第八章具体讨论如何打造创新的土壤与文化，如何释放最大的组织和人才活力。**

全书章节概要如图 3 所示。

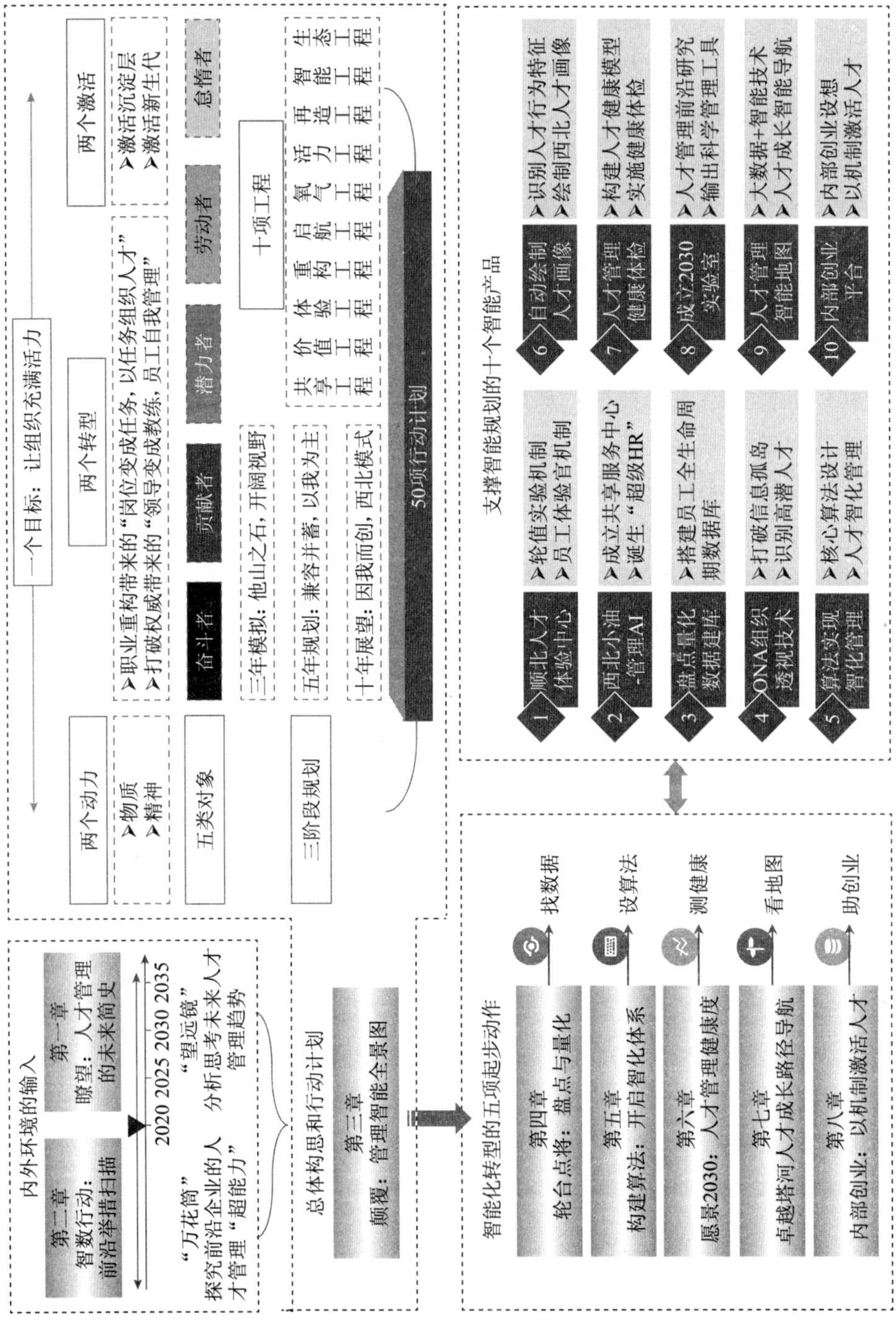
内外环境的输入
第二章 智数行动：前沿举措扫描
第一章 瞭望：人才管理的未来简史
2020 2025 2030 2035
"万花筒" 探究前沿企业的人才管理"超能力"
"望远镜" 分析思考未来人才管理趋势
总体构思和行动计划
第三章 颠覆：管理智能全景图
一个目标：让组织充满活力
两个动力
➢物质
➢精神
两个转型
➢职业重构带来的"岗位变成任务，以任务组织人才"
➢打破权威带来的"领导变成教练，员工自我管理"
两个激活
➢激活沉淀层
➢激活新生代
五类对象
奋斗者
贡献者
潜力者
劳动者
怠惰者
三阶段规划
三年模拟：他山之石，开阔视野
五年规划：兼容并蓄，以我为主
十年展望：因我而创，西北模式
十项工程
共享工程 价值工程 体验工程 重构工程 启航工程 氧气工程 活力工程 再造工程 智能工程 生态工程
50项行动计划
智能化转型的五项起步动作
第四章 轮台点将：盘点与量化
找数据
第五章 构建算法：开启智化体系
设算法
第六章 愿景2030：人才管理健康度
测健康
第七章 卓越搭河人才成长路径导航
看地图
第八章 内部创业：以机制激活人才
助创业
支撑智能规划的十个智能产品
1 顺北人才体验中心
➢轮值实验机制
➢员工体验官机制
2 西北小油-管理AI
➢成立共享服务中心
➢诞生"超级HR"
3 盘点量化数据建库
➢搭建员工全生命周期数据库
4 ONA组织透视技术
➢打破信息孤岛
➢识别高潜人才
5 算法实现智化管理
➢核心算法设计
➢人才智化管理
6 自动绘制人才画像
➢识别人才行为特征
➢绘制西北人才画像
7 人才管理健康体检
➢构建人才健康模型
➢实施健康体检
8 成立2030实验室
➢人才管理前沿研究
➢输出科学管理工具
9 人才管理智能地图
➢大数据+智能技术
➢人才成长智能导航
10 内部创业平台
➢内部创业设想
➢以机制激活人才

图 3 全书章节概要

福特汽车创始人亨利·福特说："如果您问人们需要什么，他们只会说一匹更快的马。"对更多实践者而言，管理实践的未来并不一定清晰可见。因而，西北油田是一个勇敢的探索者。我们希望在洞悉人力资源管理未来发展的过程中，通过路径探索与尝试，找到组织培育人才的法则，体验人才出于组织却又脱离组织的边界状态，在技术的突变、商业环境的变迁之中，实现我们"强目标、自管理，强平台、自成长"的人才管理理想，引导管理实践走向数字化智能之旅，从容地应对组织的重构、工作的升华、人力资源管理的革命以及超级 HR（人力资源）的诞生！当然，这一定是一个 MVP[①]（最小可行化产品），但如果大家看到了，并惊喜地说——这就是我想要的！我们的路就找对了方向，管理的未来也将因此变得更加清晰。

每一位为人才管理感到困惑的管理者，本书，实际上是我们的共同旅程——诠释在个体价值崛起的时代，企业如何实现**人性化、数字化的生存与进化**。感谢大家同行，祝福西北油田的努力能让人才享受更完美的管理世界！

---

① 斯坦福大学提出了一个重要的商业概念，叫作最小可行化产品（minimal viable product，MVP）。企业不需要把产品做到理想化的程度再推向市场，在产品初具雏形时，只有很简单的功能时就推向市场，让市场去反馈。每做一个版本都是如此，采用迭代式的演进去进行产品开发。企业作出最小可行化产品 MVP，这不是浅尝辄止，而是见微知著。

目 录

第一章

瞭望：人才管理的未来简史

新一代人工智能正在全球范围内蓬勃兴起，为经济社会发展注入了新动能，正在深刻改变人们的生产生活方式。

——2018 年 9 月 17 日，习近平致 2018 世界人工智能大会的贺信

如今的商业世界，正在进入一个超越传统组织边界、职责边界和技术范围的空间，共享经济、工业 4.0、物联网等新经济，以及云、大数据、人工智能等新技术正在以前所未有的速度变革着商业环境和模式。与此同时，商业思维的革新与技术的商业化为管理世界输入了紧迫要求和有力支撑，反复冲击着传统科层制架构与管理机制。因此，商业正在赋能管理。**所有人力资源管理者，都正在和将要经历一场与数字化新世界相互协调统一的过程，并将从 IT（信息、技术）化、数字化，最终走向智能化。**

根据 IDC[①]（国际数据公司）对 2 000 位跨国企业 CEO（首席执行官）做过的一项调查显示，67% 的 CEO 认为，截至 2018 年底，**数字化“ABC 转型”（人工智能 AI、大数据 big data、云 cloud）将成为所在企业管理升级的战略核心**；预计到 2019 年底，全球超过 50% 的大型企业将拥有完善的数字化管理转型战略。其中，有两个观点获得最多认同：一是人力资源管理的数字化将成为数字化管理转型的核心环节；二是人才管理将成为人力资源管理的核心命题。因此，人才管理的未来将以数据为基础，驱动更深入的人才管理洞察、更前瞻的人才管理建议、更智能的人才管理决策，这一点已成为大量企业家的共识。

人力资源管理从 1.0（人事管理时代）走到人力资源管理 2.0（人岗匹配时代），并正向着人力资源管理 3.0（人才管理时代）迈进，极少数顶尖企业，

① 国际数据公司（IDC）是全球著名的信息技术、电信行业和消费科技咨询、顾问和活动服务专业提供商。成立于1964年，IDC在全球拥有超过1 100名分析师，为110多个国家的技术和行业发展机遇提供全球化、区域化和本地化的专业视角及服务。

向着人力资源管理 4.0（数据智能时代）勇敢地探索。

——郑晓明（清华大学经济管理学院教授）

“人事”有代谢，往来成古今。“老人事”们无不感慨人力资源管理的变迁和发展。从“手工处理”到 E-HR（电子人力资源管理），再到 D-HR（数字人力资源管理）[①]，又正在走向智能化，过去的场景带有鲜明的时代感，已成为历史。从信息化到智能化的 HR 历程如图 1-1 所示。

手工时代

➢手工处理的人肉机器
一个人事处的员工统计报表，人力资源管理者手工处理从9月开始一直到次年2月才完成

E-HR

➢小型数据库、电子表格应用、ERP（企业资源计划）
一个员工外派系统，人力资源管理者可以立刻在电脑端轻松调取派往美国的人数、按期返回和滞留人数统计和管理

APP-HR

➢移动设备、社交软件等线上化时代
手机APP中，管理者可以即时查看全球员工数据信息、发布目标管理的监控地图以及绩效管理所有数据和沟通内容

D-HR

➢研究部门的课题
谷歌纽约办公室，存放垃圾食品和健康食品对于员工工作产生的关系？办公室里怎样放置员工的矿泉水和碳酸饮料？女性员工产假的长度和离职率之间的关系？能被记录和采集的几乎所有行为痕迹都可能将被作为分析与判断的依据。该阶段中，HR部门作为研究部门将员工产能与各数据变量如员工在办公室内外时长、休假等加以整合、关联、探索

智能HR

➢智能实验室的认知技术
亚马逊公司所研发的手环可以追踪仓库里工人的手部动作，并且通过振动提醒工人提高效率；SAP Success Factors 提供200多个数据模型和业务流程，可以实现人力资本和财务资本的智能化连接，完成整个业务范围内的数字化转型；Humanyze推出的智能身份识别证，可以对办公室内活动的员工进行追踪，显示员工与同事之间互动和亲疏情况。该阶段中，通过认知技术赋能员工和组织，员工产生的所有行为痕迹将被更容易地观察和进行研究，并更容易形成大数据和画像基础，作出更为准确的预测

图 1-1　从信息化到智能化的 HR 历程

从信息化到智能化的这一发展过程，有分有合、有破有立地将人力资源管理带入了一个全新的局面。

职能一体化重构。过去以人才战略规划、组织架构、岗位设计、招聘、绩效管理、领导力和文化等构成的人力资源管理职能，将会面临一种进化和统一。

① D-HR（Digital HR）指数字化人力资源。

员工多元化存在。雇佣模式呈现多样性。组织逐渐演变成由全职雇员与自由工作者组成的混合体，工作也将由全职员工、自由工作者、外包服务机构、人力资源平台、人工智能等协同完成。

这些变化，最终体现为员工和组织关系的转变、人力资源管理者角色和职责的转变以及人力资源部职能的转变。这些转变，尤其依赖于数字化和智能化工具，帮助企业为具有创新精神的员工“留白”①，将人才从烦琐的劳动中解放出来；减少人为决策中的无意识偏见，预见未来可能存在的各种风险；为人才创造更优良的体验感和幸福感，为实现人才价值最大化而努力。

西北实践：以“四个坚持”实现“三大转变”

面对“建设世界一流油公司”的发展要求和广大干部员工“实现自身价值、增强获得感”的成长期待，西北油田清醒地意识到，必须转变传统的人力资源管理思想，即在工作理念、工作思路、工作方式上实现“三大转变”。

在工作理念上，推进从事务型人事管理向战略型人力资源管理的转变。上指下派，就事论事的事务性工作根本无法实现人力资源管理“支撑战略、服务发展”的职能定位。战略型人力资源管理应充分发挥在配置、开发、评价和激励四个方面的核心职能，获得竞争优势，实现组织战略的灵活性，进而实现组织的可持续发展。

在工作思路上，推进从被动反应型向主动思考型转变。人力资源工作者应转变过去“救火队员”式的工作状态，对西北油田经营全局有清晰的了解，对人力资源管理各个模块进行系统的思考，对人力资源存在的阶段性问题有深刻的洞察，未雨绸缪，形成前瞻性的工作思路。

在工作方式上，推进从传统管理手段向信息化提升转变。西北油田应坚持信息化提升，加快人力资源管理信息化平台建设，推进人力资源业务大数据分析，提升管理效率，及时准确提供决策依据，强化结果应用，实现共享服务。

① 拥有创造力的员工有时需要有更多“空白”的时间，例如在3M公司和谷歌，研发人员都有15%～20%的自由时间思考创新。

> 为推进三大转变，西北油田把“四个坚持”作为人力资源管理工作的有力支撑，即坚持一体化统筹、坚持精益化管理、坚持社会化依托、坚持信息化提升，用高质量高效率的工作推动高质量高效能的发展。

观瞻时代的繁荣景象，西北油田已置身于积极的转变之中。本章以洞见未来为目标，迈出西北油田人才管理先行实践的第一步。人工智能对管理世界的冲击，是西北油田积极引入前瞻性理念与技术的缘由；人力分析与数据挖掘价值初现，是西北油田酝酿管理创新的动力和起点；实现真正的人本精神和科学管理，是未来每一位人力资源工作者（以下简称“HR”）的挑战与使命所在。总之，我们可以对前沿技术“浅尝辄止”，但对技术驱动的组织颠覆、管理重构和人性回归必须“明察秋毫”，也绝不“瞻前顾后”。

本章结构图如图 1-2 所示。

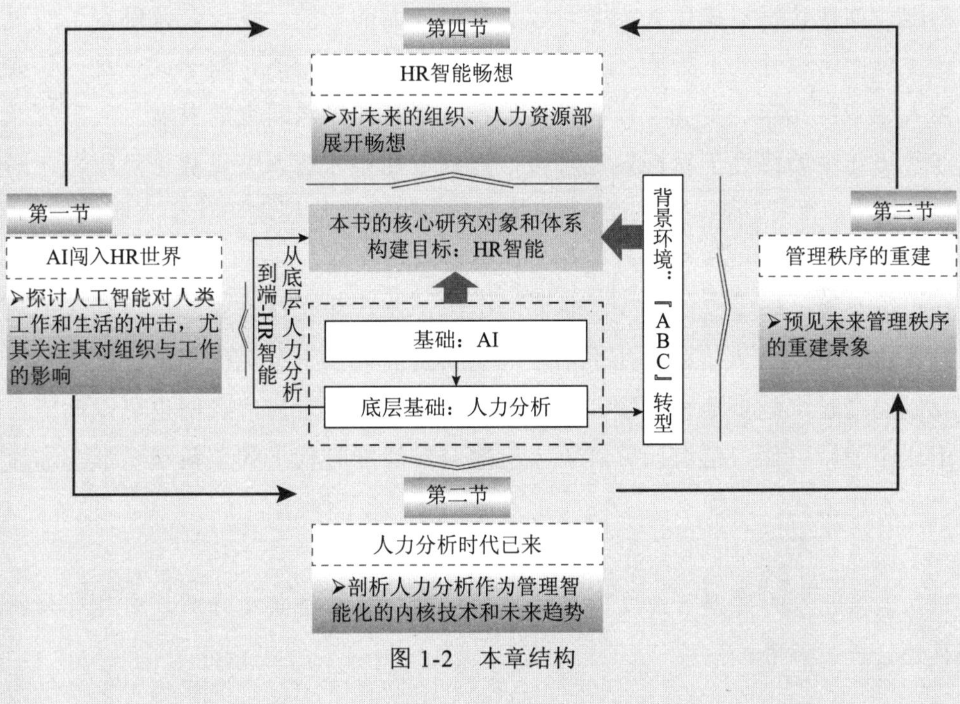

图 1-2　本章结构

第一节　AI 闯入 HR 世界

200 年前，工业革命改造了社会。今日，又一场新的科技革命正如火如茶地进行着，这份热情对未来将会造成更加深远的影响。

1956 年 8 月，美国达特茅斯学院召开了一次学术会议。这一会议汇集了大批世界级科学家和经济学家，他们当中后来有 4 位获得图灵奖①，1 位获得诺贝尔经济学奖。在这次会议中，他们讨论了一个“不识人间烟火”的问题：如何让机器模仿人类学习以及其他方面的智能。这一会议确定了所讨论主题的名称是人工智能（artificial intelligence，AI），鉴于此，这一年成为人工智能元年。受制于计算机性能和人工智能算法研究的发展，人工智能在数十年中始终处于缓慢发展阶段，直到近几年才进入突飞猛进阶段。在围棋、投资、医疗诊断等越来越多的领域，人工智能均展现出优于人类的能力，也因此，创造力和与想象力被称为人类最后的阵地。

工业人工智能已经改变了我们的生产、制造和交付方式。从自动汽车到机器人，每一个科技公司几乎都在大量投资面向人工智能的技术。生活中，我们已经越来越多地使用聊天机器人和虚拟助手；未来，我们也可以期望在工作中使用它们，已有研究者将人机融合的智能时代下的全新组织形态称为“山水相依式”组织②。

未来，人力资源行业是做关于人的决策的数据密集型行业，它具有科技属性，并不稀奇。

① 图灵奖，全称“A.M. 图灵奖”（A.M Turing Award），由美国计算机协会（ACM）于1966年设立，专门奖励那些对计算机事业作出重要贡献的个人，被誉为“计算机界的诺贝尔奖”。其名称取自计算机科学的先驱、英国科学家艾伦·麦席森·图灵（Alan M. Turing）。

② 李平，杨政银. 人机融合智能：人工智能3.0[J]. 清华管理评论，2018（7/8）.

种种实践表明，**AI 已经“闯入”管理世界，从人工智能中孵化出的“HR 智能”，成为 HR 专业工作各模块的“伟大盟友”**。例如，AI 已经可以协助我们找到新工作，回答常见问题，或接受入职引导和绩效反馈；在组织中使用 AI 可以帮助公司创建无缝、灵活和用户导向的员工体验。更为重要的是，除了人机协作、简化任务、消除偏差等基本价值之外，AI 更能通过数据挖掘和痕迹分析获得评价与发掘人才方面前所未有的精确见解。总之，从科学决策、优化职能到增强服务，HR 智能都将不遗余力。

但是，我们必须承认，HR 在大数据和智能领域扮演着“追赶者”的角色。杨伟国教授[①]指出，“如果将来仍有组织存在，那么 HR 可能是唯一留下的部门”，“如果我们还是像今天这样做人力资源工作，那么将来 HR 失业率可能不止 80%”，精准点出智能时代的 HR 们明确的转型责任和并不明确、有待系统挖掘的使命。

被误解的颠覆

现在，几乎所有人力资源服务供应商都在建立人工智能团队，唯恐错过了这一明确的主流趋势。AI 带来了劳动力的颠覆，但却与 HR 确立了“共生关系”。

“AI 几乎可以渗透到每一个软件中”，德勤管理咨询公司旗下 Bersin by Deloitte[②] 的负责人和创始人 Josh Bersin 说。根据德勤 Bersin 的研究，约 40% 的公司仅在人力资源部就会使用某种形式的 AI，33% 的员工预计在不久的将来，将会增加与 AI 的协作。据 Personnel Today[③] 介绍，38% 的公司已经在职场使用 AI。

当然，认为 AI 带来威胁的观点比比皆是。麦肯锡全球研究所最近的一项研究发现，在 60% 的职业中至少有 30% 的工作内容可以实现自动化，而全球 3% ～ 14% 的劳动力将需要转换职业。人工智能创新性的应用，使大量

① 杨伟国，中国人民大学劳动人事学院院长，劳动经济学教授、博士生导师，专事战略人力资源审计、人力资源管理、劳动经济理论与政策、人事管理经济学、劳动与雇佣法经济学等领域的教学与研究。

② 2013年1月，德勤管理咨询（Deloitte Consulting）宣布收购美国咨询公司Bersin & Associates，并将其命名为Bersin by Deloitte。Bersin作为德勤的内部机构，与德勤协力解决客户在人力资源、学习和人才管理方面的挑战。

③ 一家英国人力资源网站，提供人力资源领域的最新新闻报道、实践资讯和就业信息。

无人的虚拟组织出现——京东的立体仓库、青岛港的无人码头、富士康的无人工厂等；同时，创新工场创始人李开复认为，AI 将全面取代未来 5 秒以内的工作；未来的财务职能、人力资源管理职能可能要被机器人替代 80%，已经投入使用的德勤财务机器人能够替代 15 个财务人员的工作；机器人也开始有身份证，有公民的身份，这一切将会改变整个企业的生产作业方式以及人与人之间的协同方式，人机并存的场景已经重新定义了工作。

决定世界未来的不是技术，而是技术背后的人，是技术背后的理想、梦想和价值体系。

——马云

坚持做正确的事，这会让一些人满意，而让另一些人惊讶。

——阿尔伯特·爱因斯坦

实际上，早在 19 世纪就有人担心自动化会造成大量失业，但这种情况至今仍未出现。自工业革命拉开序幕以来，**机器每抢走一项旧工作，也会至少创造一项新工作**，并且使人们的平均生活水平大幅提高。[①] 人类未来研究所、耶鲁大学、牛津大学等关于“人工智能会超越人类的表现”的研究认为，AI 超越人类的时间将会非常长。虽然一些工作也会消失，但新的工作也会出现。可以肯定的是，未来的劳动力队伍需要具备“未来技能”，否则我们仍然会看到新的“无用阶层”日益庞大。最关键的未来技能研究如图 1-3 所示。

复杂问题解决	批判性思维	创造力	人员管理	情绪智力	建立关系
谈判	认知灵活性	有风险的技能	记录和报告	行政的	体力劳动
可预测的分析	质量控制	校准	信息收集	……	

图 1-3　最关键的未来技能研究

AI 技术承诺改变人力资源部门，而不是让其变得多余。HR 与其担心为 AI 所替代，不如深度思考如何以创新深化人力资源管理的专业化。AI 专家

① 摘自《今日简史：人类命运大议题》（尤瓦尔·赫拉利）第二章，原题《就业：等你长大，可能没有工作》。

已经推断，基于知识和逻辑的管理职能都将被机器人替代，唯有基于创新的专业化发展，仍然是人类的专属。毕竟，无论是 Cortana①、Alexa② 还是其他基于 AI 的设备，只是人类在专业技术方面的延伸。对于 HR 而言，AI 是一个广泛的算法和机器学习的工具，可以快速注入数据、识别模式、预测并优化趋势，可以理解言语、识别照片、并使用模式匹配来获取关于信心、情绪、甚至个性的信号。我们可以想象一个智能系统，它可以查看人口统计数据、工作经历以及与候选人面试的问题，然后“预测”他们在工作中的表现如何③。

人工智能执行命令，HR 创造目的；人工智能擅长计算，HR 强在思维。因此，认为人工智能可能为人力资源部的重要职责带来革命性变化，如招聘、评估和培养，而非取代，才是正解。

我们将闯入 HR 世界的 AI，称为 HR 智能。HR 智能将以各种方式直接影响人力资源管理——从组织角色、服务内容，到工作交付方式。HR 智能甚至可以像自然科学一样严谨深入地研究如何使员工的表现最佳化，让领导做好管理转型的准备，等等。因此，我们以构建 HR 智能体系为核心目标，开启一场关于未来 HR 发展的探索之旅。关于 HR 智能的前瞻性实践，我们试着观察领先企业已经迈出的“一小步”，在它们实现信息化管理、数字化决策和智能化运作的尝试中，寻找启发。

决策的智慧

AI 使管理的决策从“有限理性”走向“极限理性”。

1955 年，西蒙提出管理决策中的“有限理性”概念。不久，“有限理性”成为现代管理的一个奠基性概念。有限理性的前提假设是：现实世界里，管理者的认知能力有限（例如计算能力）。因此，管理的决策原则不是最优，而是“满意即可”。

有限理性是针对自然人决策能力和特征的，日新月异的 AI 和大数据的

---

① Cortana（中文名：小娜）是微软发布的全球第一款个人智能助理。它“能够了解用户的喜好和习惯”，“帮助用户进行日程安排、问题回答等”。

② Alexa语音助手，是亚马逊集团旗下的子公司Alexa在 2015 年推出的一款语音助手。

③ HiredScore，Pymetrics，HireVue，IBM和其他公司正在研究这方面的工作。

发展直接挑战了这个经典假设。首先，在选定的业务主题范围内，机器的计算能力可以推向极限（可以满足对任务目标的最优化处理）。其次，人工智能的五个发展维度（BRAIN：大数据 big data，反馈 response，算法 algorithm，计算资源 infrastructure，需求 needs）中任何一个维度的发展都会给系统带来几何级数的爆发能力，让 AI 的决策支持能力满足管理决策的最优化需要。最后，机器学习破解了隐性知识的壁垒，赋能员工跨越专业知识范畴的樊篱，立即获取专家水平的经验判断和洞见。

简言之，AI 将扮演一个具备“百事通”的管理者，能够更全面地分析包括心理活动在内的员工需要、能够记忆一个员工从出生以来的社会网络以及行为习惯、能够避免片段式或周期性信息的决策干扰、能够预先识别还没有“苗头”的离职倾向——因此，每一个决策都是快速而科学的。这对于员工而言，一定是既美妙又令人生畏的体验，总之我们相信，没有人愿意回到“有限公平”的过去。

西北实践：以智能油气田项目实现科学决策

中石化智能油气田项目运用“互联网+”、大数据、ICT（信息、通信和技术）等高新技术，建设生产经营一体化管控平台和数据资源中心，能够高效支撑和引领业务发展，实现数据共享，促进跨专业协作。中石化智能油气田规划围绕七项业务域相关应用，围绕核心资产全生命周期管理，打造全面感知、集成协同、预警预测和分析优化四项核心能力。表 1-4 所示为西北三厂作为试点单位结合西北特色设计的智能油气田功能架构。

在未来，西北油田的智能油气田项目将进一步融合行业最前沿信息技术，建立人工智能、大数据分析、虚拟现实等新技术的行业解决方案，形成中国石化内部以及外部的智能油气田生态圈；实现平台应用的极速开发与迭代，聚合平台价值，实现业务的多边共赢，支撑上游业务的智能化应用与服务，实现智能油气田跨业务、跨部门、跨应用的协同一体化服务。

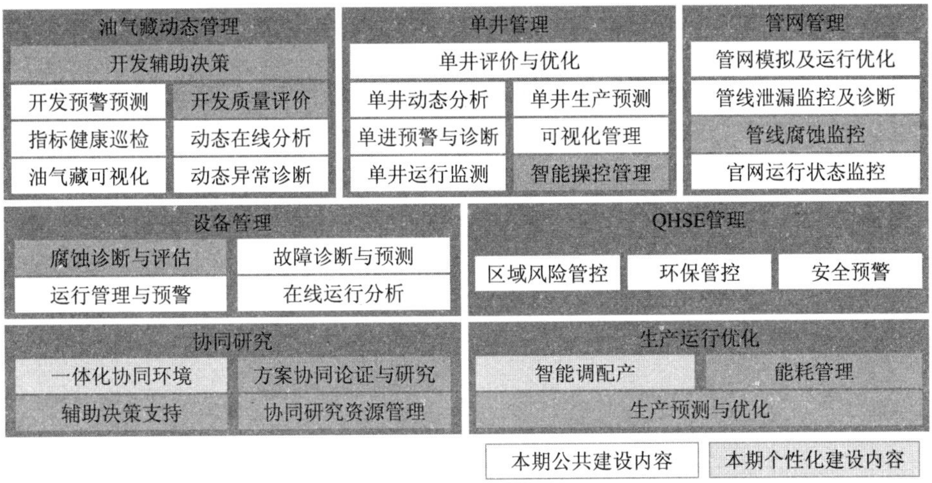

图 1-4 智能油气田业务功能架构

招聘的革命

一项研究表明，大多数招聘经理会在见到候选人的 60 秒内，基于外表、握手、着装或口才对候选人作出判断；调查显示，全球招聘经理和人力资源专业人士每年花费数十亿美元，通过评估测试、模拟游戏来雇用员工，但仍然有 30% ～ 40% 的人选错了。

显然，AI 使以主观直觉判断为主的招聘成为历史，可以让招聘更对、更快、更省，并在确保招到的人员是真正需要的“人才”的同时，优化参与双方的体验。

提高效率。用谷歌 HR 部门负责人的话来说，将 AI 用于招聘可以更快速过滤出“极好的候选人”。AI 可以同时处理大量候选人的海量时空数据，并供 HR 实时使用，比任何高效、勤勉的员工都“敬业”。

简化工作。AI 可以帮助 HR 减轻筛选简历、背景分析、面试安排等烦琐工作。事实上很多 HR 会因为这些最耗时的工作而选择缩小搜索覆盖或瘦身甄选程序，这些都会成为招聘程序的缺陷，并可能把错误的人放在错误的位置，后患无穷。

慧眼识人。AI 依靠大数据分析来甄选员工，不仅分析简历，还包括历史信息、社交网络以及招聘入职后的绩效评估，为评估申请人的潜力提供了宝贵的见解。如此，可以打破直觉，更加可靠地指向“人岗匹配”和“卓越绩效”。此外，通过智能设计面试问题①，放弃无关提问，专注于候选人工作职责相关的专业能力，AI可以帮助HR精确找到优秀的候选人，甚至解码视频访谈中的行为心理规律，告诉我们关于“谁可能成功”的信号。

案例

使用Pymetrics②的一家公司，基于AI的游戏化评估来筛选其市场和销售岗位的候选人，招聘成功率提高30%以上，同时消除了固有的所有“面试偏见”和“教育谱系偏见”。

E成科技③在面试机器人场景下的探索，通过AI算法高效、精准地建立企业画像、岗位画像、人才画像，对人才质量进行评分排序，帮助企业筛选高潜力高绩效的员工，使机器人具备“识人之明”。

优化体验。求职者是最大的受益者，技术大幅简化申请流程，例如谷歌将面试瘦身为4轮，并且不再提问与甄选准确性无关的“智力”测试问题；EstherBot公司开发出应聘聊天机器人，求职者不必制作简历，陪聊即可。其次是内部管理者受益，他们享受到了精英“速递”、人脉“内推”和智能“匹配”，从而保证了因人成事和快速组建团队。

智能配置培养

工作倦怠往往是离职的主要推手。虽然早有研究证实安排轮岗、工作扩大化、加强培训等是降低人才离职倾向的有效途径，但究其根本，技术才是使“人岗配置”最终实现的本质力量。

① 这些评估问题将以申请人早期的工作记录和申请的工作要求为基础。

② Pymetrics用认知和情感方面的元素来评价应聘者，以利用人工智能和神经科学小游戏的方式来帮助用户匹配最合适的工作。用户需要完成包括虚拟金钱交易、键盘点击等至少12个游戏，才能收到完整的职业评估。

③ E成科技成立于2013年，是国内首家设立算法部门，并将人工智能和大数据应用于招聘解决方案的HR技术公司，公司设立国内一站式AI招聘服务云平台，为HR提供大数据筛选简历等服务。

刚刚被 Workday[①] 收购的 Rallyteam[②]，就实现了针对组织内“换岗困境[③]”的智能人才优化方案，以帮助企业留住优秀的人才，避免人才流失。该公司拥有一套算法，能够利用公共数据来为内部员工建立档案，然后扮演“媒人”角色，帮员工寻找工作挑战和特殊项目。通过人才流动平台，使用机器学习，将员工的兴趣、技能和关系与相关工作、项目、任务和人员进行自动匹配，帮助公司更好地分析和优化员工队伍。

腾讯“活水计划”也实现了智能化人才配置，用活水文化激活了内部人才市场。通过自动识别可能错配的员工，向其推荐更合适的岗位，腾讯已经为 20% 的员工（约 1 万人次）实现岗位重新配置，有力促进了总量控制和结构优化，累计节约了 9.53 亿元成本，并在转岗绩效的持续提升[④]中显现优化人才配置的绩效价值。

通用为其工厂工人配备了先进的增强现实眼镜——Google Project Glass，使工人不必接触机器就可以获得设备的测量数据，显著改变了工人与实体世界的互动方式，并提高了安全保障；同时，远程专家可以在 Google Gadget 实时了解技术人员修理风力涡轮机时看到的情况，完美践行了“干中学”的培训理念。

沃尔玛也正在使用虚拟现实技术开展员工培训，通过 VR（虚拟实境）设备，员工可以“亲历”（模拟）每年最忙碌的“黑色星期五”，并应对可能出现的库存短缺、客流疏导等问题，从而备战美国的线下“双十一”。

---

① Workday（NYSE：WDAY）是美国目前唯一一家为企业提供全套基于云计算的人力资源管理软件服务公司，也是最大的SaaS（Software as a service）公司之一。

② Rallyteam是使公司能够更好地理解和利用他们最有价值的资产——员工的内部移动平台。Rallyteam通过提供经验性的学习机会、促进协作和不断的反馈，以及给予优秀员工新的机会和认可等奖励，来帮助组织发展和保留顶尖人才。

③ 在当前组织中的发展和好的机会很难被发现，有才干的员工经常因为工作挑战不够，或不符合自己的职业生涯规划而离职。

④ 据2018年数据统计，转岗前两次季度绩效平均值分别为3.07、3.30；转岗后两次季度绩效平均值分别为3.39、3.38。

西北实践：以五大实训基地，构建AI时代的智慧油田

AI离西北油田并不遥远，五大实训基地的建成已经勾勒出智慧油田的雏形。

地质基础实训基地、采油气集输实训基地、井控实训基地、机电仪控综合实训基地和应急救援仿真实训基地，坚持虚实结合的理念，搭建出完善的培训体系，开发出多元化的培训课程，已经可以在各自领域充分满足员工“理论＋实操”的学习与培训需求，并在业务竞赛、技能鉴定、新入职员工培训考核、业务外包队伍员工培训等业务中发挥着重要的支持保障作用。

以采油气集输实训基地为例，该实训基地以一线操作工人为培训核心，兼顾专业技术人员、第三方施工人员、应急救援人员和管理人员，可满足包括高级技师在内的采油工64项、集输工53项、轻烃工32项、通用鉴定操作54项，共计190余项的训练与验证考核需求，同时实现事故前期应急处置训练、隐患排查及故障诊断处置训练等重要功能。

该实训基地引入仿真技术，真实再现生产现场，实现事故响应处置的综合模拟演练，模拟生产过程的隐患、故障及工艺设备操作，并开发出配套的实训软件和丰富的虚拟现实教学资源。其中离线仿真操作训练利用虚拟现实、数值仿真、控制模拟等技术，构建高度逼真的生产外操环境，可实现在拆装和维保训练、故障处置、应急处理等方向的培训项目共计180项。同时，基地的VR体验平台以采油集输环境构建出各类事故及危险作业情景，展现典型事故类型，让员工沉浸式体验事故的发生、发展及处置过程，显著提升西北油田安全管控和事故应急处理能力。采油气集输实训基地VR体验设备如图1-5所示。

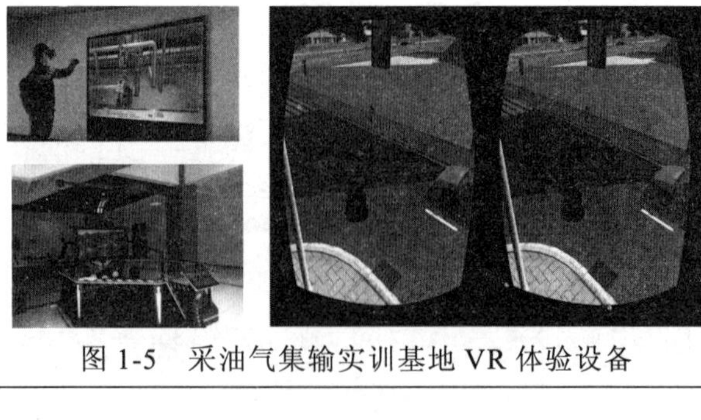

图1-5 采油气集输实训基地VR体验设备

HR 管理助手

如今，大量组织将人力资源部定位为服务型组织。

风靡一时的三支柱模型[①]，正是基于对 HR 职能的“拆分—细化—优化”路径而设计的。但戴维 • 尤里奇无法预见到，共享服务中心会被极致的 ToC 服务——HR 管理助手所替代。**未来，AI 可以扮演 HR 管理助手，我们可以想象未来每张办公桌上，都有一个小机器人，它可以扮演全部 HRBP（人力资源业务伙伴）和 SSC（人力资源共享中心）的角色，甚至部分 COE（领域专家）的角色。**

HR 管理助手可以提供以下服务。

日常信息服务。在人力资源服务中，员工对 HR 政策信息的访达效率往往是衡量员工体验的重点，公司内网上的“发文”与“通知”等，纯粹是“甲方思维”。HR 助手可以提供 7×24 小时服务，友好的聊天机器人可以帮助员工和经理完成简单的工作汇报与任务分配。

案例

微软美国的职场园区里，有个提供引导服务的小机器人，与 HR 日常助手功能相似。在刷工卡之后，它会判断你是员工或是访客，随即告诉你日程计划，并帮助你预订会议室、通知午餐种类、搜寻员工定位（搜索你要找的人的位置）以及公司近期新闻。

解放专业人员。HR 经常淹没于事务性工作，处理许多与薪资支付、假期、福利和一般权利有关的问题。对 HR 专业人员来说，这些问题既重复耗时，又降低职业信心。HR 管理助手可以“解救”专业人士，让专业人士能够专注于回应更加复杂和迫切的问题。

实施入职引导。HR 管理助手通过协助新员工办理入职手续、帮助新人融入、提供工作指南和标杆行为引导，在节约人力的同时释放 HR 部门资源。

① HR三支柱模型由戴维 • 尤里奇在1997年提出，即COE（领域专家）、HRBP（人力资源业务伙伴）和SSC（人力资源共享中心）。以三支柱为支撑的人力资源体系源于公司战略，服务于公司业务，其核心理念是通过组织能力再造，让HR更好地为组织创造价值。

绩效监控与辅导。HR 管理助手可以监控绩效数据（每日甚至实时）[①]、分析员工行为、设定个性化目标、指引员工开展绩效评估、实施绩效反馈与提示。

个人导师。HR 管理助手可以识别导致工作差错、低效的行为。例如在管理销售人员时，HR 管理助手可以通过监测获得真实的行为数据，向专家提供初级销售人员的业绩，提升需要和高级销售人员的场景话术精编。

随着员工数据量的增加，HR 管理助手的预测将会更加准确，将更加个性化和富有成效地完成识别明星员工与培养高潜人才等工作。

① 监控绩效会产生大量的各种数据和指标，HR助手可以对这些数据和指标进行梳理，以便人力资源经理能够快速访问有价值的系统化见解。这些指标可以根据AI设计的每个员工的绩效目标进行衡量，也可以包括行为评估。

第二节 人力分析时代已来

当我们进一步思考 HR 智能的实现关键，对照工业领域的商业智能而言，实际上就是基于数据和算法实现的人力分析（people analysis）。人力分析这一概念于 2004 年正式提出（Lawler et al.2004）。此后，这一方面的学术文献大量涌现。在过去 10 年间，领先高科技公司致力于以数据驱动 HR 决策，支撑起人力分析领域的繁荣。现在，当越来越多的组织窥见 HR 智能化的未来趋势之后，人力分析便成为人力资源职能的“点金石”。具体如图 1-6 所示。构建一个人力分析的专业部门、组建一支人力分析的专业团队、开展几个人力分析的经典项目、实现几次人力分析的成功预测……几乎成为一流公司、一流人力资源部的标配。毫无疑问，未来组织人才管理的成功，将在很大程度上取决于人力分析的能力。

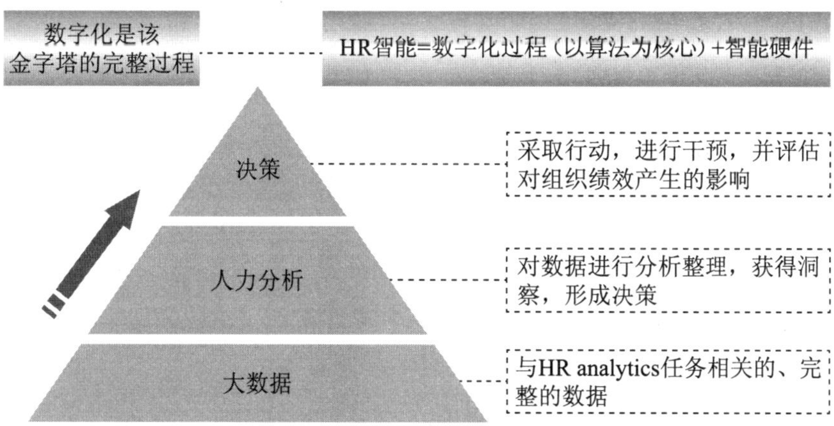

图 1-6 大数据、数字化、人力分析、HR 智能之间的关系

大量管理学家呼吁，人力分析是“组织智商”的新基因，现在是唤醒人力分析的时候了，学会用数据说话是人力资源工作者在企业中提升话语权的

重要武器。人力分析领域专家大卫·格林表示，“人力分析确实提升了首席人力资源官（CHRO）和人力资源部门的作用，几乎成为公司内三个最重要的角色之一，与首席执行官和首席财务官并重。”人力分析的工作非常“有趣”，通过理解、测量和预测员工行为及其对组织与个人业绩的影响；同时，也非常“科学”，用系统的方法帮助塑造一个组织如何为其投资者带来价值，同时为其员工带来更丰富的成长①。事实上，人力分析带来了科学管理的新时代，这是区别于“秒表时代”的管理科学，它将创造出更加精益化的管理局面。科学管理的回归如图 1-7 所示。

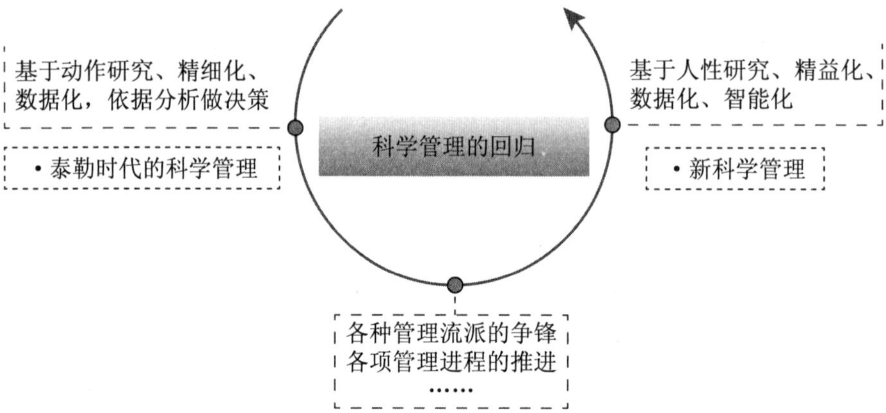

图 1-7　科学管理的回归

2018 年 HR Tech China 的调查数据显示：人力分析能为企业增加价值②，全球 75% 的人力资源专业人员正在使用数据来分析员工绩效和生产力问题。2018 年的德勤人力资本趋势报告显示，70% 的受访企业都在进行重大的数据分析项目，并将人员数据纳入决策；人力资源部面对长期以来的“价值质疑”，大都愿意花费更多的时间尝试衡量所做工作的数字化成效。例如，包括星巴克、有限品牌和百思买在内的许多公司，都能够通过人力分析量化出在某一个特定商店，员工敬业度每增加一个百分点的价值。在百思买，这一价值等同于超过 10 万美元的商店的年营业收入。

以谷歌等顶级科技公司为代表的人力分析成功故事，鼓励大量组织毫不拖延地行动起来。即便如此，在国内企业的人力资源部中，基于数据决策、

① 德勤人力分析团队理念。

② HR Tech China公众号发布数据。原文：数据显示：人力分析能为企业增加价值（图）创：CIPD HR Tech China，7月21日。

创建人力分析仍然是一个新兴领域，是停留在“计划”层面的观望对象。企业生产力研究所[①]的研究报告《HR 分析：我们为什么还没有做到》（*HR Analytics：Why We're Not There Yet*）中分析，国内企业对人力分析缺乏系统认识，对于如何挖掘人力数据、构建核心算法、核定人力资源工作价值、形成有效的决策等过程，一知半解。例如，国内企业尚未涉足员工工作的“数据化”[②]，严重缺少数据驱动决策的意识（有的只是数据报告和标杆研究）。

世界一流的人力分析与运营能力是未来人才管理的关键基础。因此，我们急需了解关于人力分析的一切，以便尽快找到升级决策品质和改善员工体验的宝贵方法，这是科学与人性的双重胜利。

谷歌定义新领域

人力分析专家们已达成共识，从描述性分析、预测性分析到规范性分析[③]，是多数企业开展人力分析的三个发展阶段。从管理价值角度而言，描述性分析能够“量化已知”、预测性分析能够“预测未知”，后者是主流实践。多数组织处于从描述性分析向预测性分析升级的过程之中。人才需求模拟、招聘效果分析、基于员工的数据痕迹提供绩效改进建议、高潜员工识别、员工文化契合度和敬业度分析、离职倾向分析、人事变动分析等，都是常见的人力分析项目，是计划构建人力分析体系的企业的初期首选。

谷歌凭借一系列扎实的探索实践，定义了人力分析的内涵、目标和动作，拥有大量介绍“人力分析到底做什么”的最佳案例，是目前人力分析领域最成熟的实践主体。如图 1-8 所示。以氧气项目为例，谷歌设计出一套完善的领导力算法——既能告诉你“谁是好领导”（预测性分析），又能告诉你“怎样成为好领导”（规范性分析）。谷歌以 HR 部门和 IT 部门共建分析团队，对公司 1 万多名员工进行了“什么样的领导是一个好领导”的问卷及访谈；交叉分析 1 万余项资料，包含考绩评量、团队表现、员工访谈和意见调查等

① 一家人力资本研究组织和HR高管的会员组织，致力于探索驱动高绩效的工作实践。

② 数据化是指形成人与人、人与物之间可衡量的数据，经过算法的处理，可供挖掘管理价值，驱动决策。

③ 描述性分析：过去发生了什么？

预测性分析：未来会发生什么，为什么会发生？

规范性分析：需要做什么来预测未来会发生的事情？

内容，最终归纳出400页报告以及“高效领导的八个习惯”与配套动作要求；通过推行相应影响措施，取得了可验证的效果。

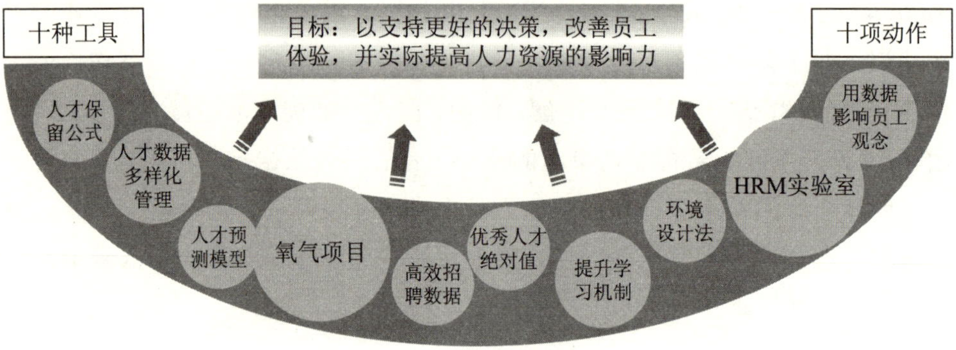

图 1-8　人力分析的谷歌定义

百度作为科技公司，秉承技术优势与创新基因，HR也对人力分析不遗余力，这集中体现在基于人力分析的“百度才报”上。离职预测与同行评价是目前“百度才报”的两大核心应用。2015年，在“离职算法”投入使用后，核心人才和高潜人才离职率显著降低；依据离职时间预测，绩效奖发放时点相应调整，竭力创造干预时机。2014年10月，在“同行评价算法”投入使用后，绩效评价改由最了解你的人打分，系统智能识别和推送同行评价赋分表，极大促进了绩效公平的实现。此外，“百度才报”绘有团队全景、工程师画像等，通过标签客观定义员工面貌，为人才管理提供预测参考。百度才报设计步骤及核心功能如图1-9和图1-10所示。

百度才报设计步骤

第一步

➢过去发生了什么：对原始数据进行净化，然后形成报表，建模后定制报表

第二步

➢现在为什么会发生：进行描述，有红绿灯、仪表盘等直观展示

第三步

➢未来有可能会发生什么：探索未来可能发生什么，把过去的数据丢到机器自主学习，把经验和案例扔进模型，进行分析判断。然后拿今天的数据来校验、调整、优化模型，从而更准确地预测，及时采取行动

图 1-9　百度才报设计步骤

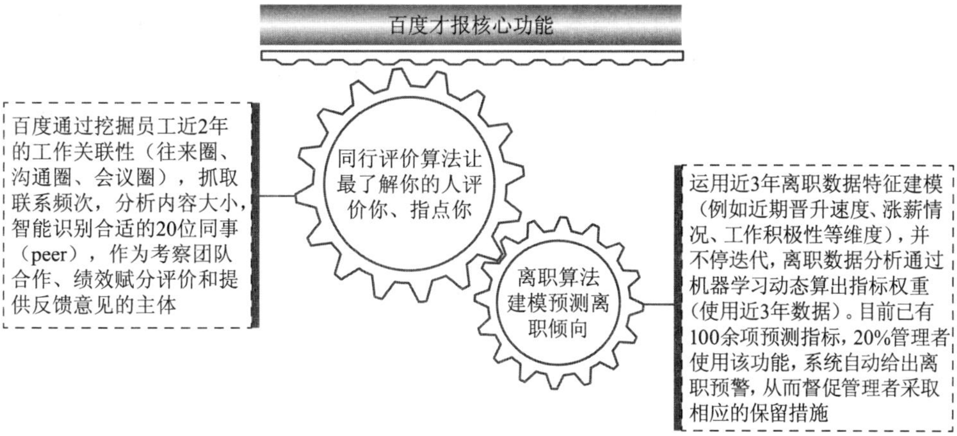

图 1-10　百度才报的核心功能

总体而言，人力资源部需要向财务部和营销部学习。向财务部学习以“投资回报率”为准则，明确政策、机制、项目、措施的投入与产出，以数据证明人力资源管理的重要性；向营销部学习将“客户体验”视为准则，高度关注员工体验，让人力资源部的服务没有断点。人力分析将赋能人力资源部实现这两个目标。

例如，某公司以“财务思维”绘制员工绩效—年限图（图 1-11），展示出员工价值净值管理的创新思路。通过计算发现，员工在入职第 9 个月进入“盈亏平衡”，随后员工的净贡献值呈现阶梯状增加；累计值曲线显示，员工在第 24 个月“启动偿还债务”，理论上，约 4 年以后的员工流失才刚刚对组织而言没有损失！如图 1-12 所示。

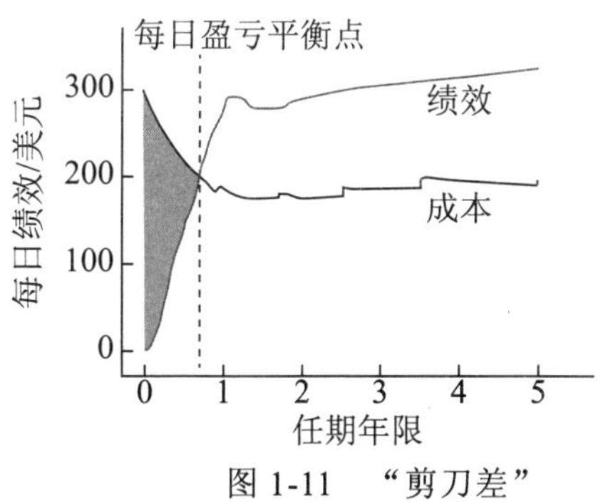

图 1-11　“剪刀差”

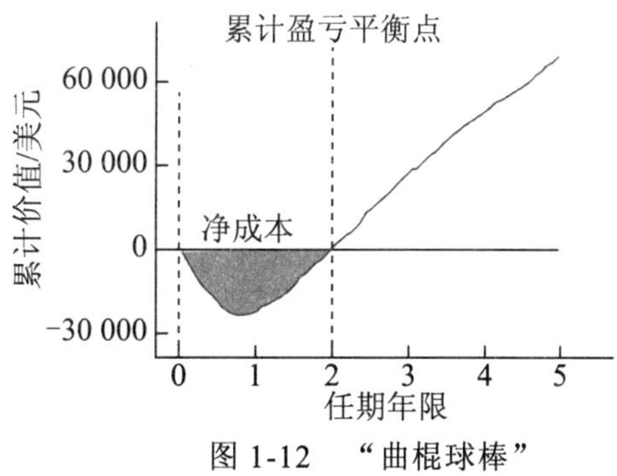

图 1-12　“曲棍球棒”

此外，人力分析要有“用户思维”。例如人力预测要给组织留出足够时间进行干预，避免 HR 被诟病为“事后诸葛”！研究表明，员工在提出离职的 9 ～ 12 个月前就开始考虑离职，并且在 3 个月前就已经有确定去向，这使即便准确、但不及时的人力分析干预变得“为时已晚”。有效的人力分析必须发现未知（提前发现苗头），甚至像亚马逊的“预期递送服务”一样，用户还没有产生想法时，服务已经开始了！

完整的人力分析，不仅说明“可能会发生什么”“如何干预”，还要估算出“这样做的价值”。例如，德勤的离职预测模型在近年来帮助德勤把离职率从 5% 降低到 3%，节省 2 亿美元。请想象一下，德勤的离职模型可以为各级管理者提供多么高级的支撑——它可以识别出人物、时间、原因和价值，告诉管理者：哪个员工、将在什么时间、因为什么原因，向你提出离职；员工离开你的损失是多少？如果不离开，未来他将创造多少价值。

把握关键策略

通常，遵循六项关键策略，可以促进人力分析体系的顺利搭建。人力分析面临的常见挑战如图 1-13 所示。

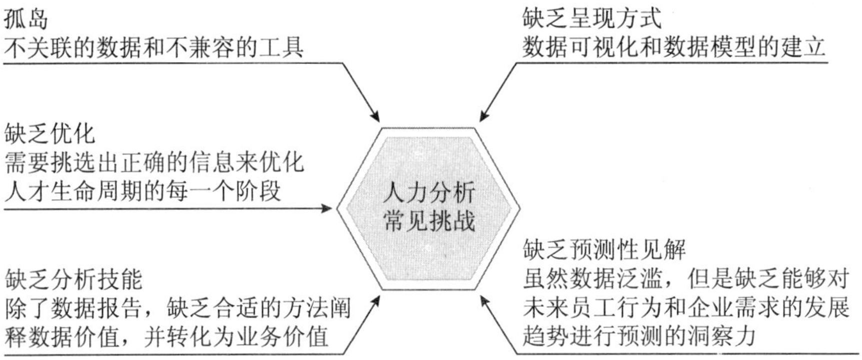

图 1-13　人力分析面临的常见挑战

文化领先。德勤的一项研究发现，在创造人力分析的高级能力时，最重要的因素是创建数据驱动的文化。多数组织的人力资源数据质量和一致性仍存在挑战，初期往往带来不够“自信”的数据，甚至是不好解释的“黑匣子”。面对这一点，需要团队在高层的支持下，向员工充分传递人力分析的未来优势，避免因噎废食。

问题驱动。人力分析的准则是不要从数据开始，而从业务问题开始。我们看到，最佳实践所建立起来的上百种算法和模型，并不是一蹴而就的，最初也是因陋就简。尤其针对缺少技术积累的非科技类公司，我们更应该从问题而非技术或数据出发，了解需要解决什么问题、需要哪些数据、有哪些现成的数据，并在未来逐步设计数据布局和行动规划。

问题驱动同时也要求人力分析保持简单、可衡量和有形的结果，避免脱离实际管理意义的长篇报告和复杂化举措；同时，建议花合理的时间在实验室环境中校准新的方法，试点算法和结论，随后再考虑扩展应用。

全员参与。最佳的人力分析往往努力摆脱过去的"量表/问卷收集"行动，推动让员工积极"生产数据"，从而为未来的HR智能奠定数据能力基础。例如，在人力资源社区中建立互动平台，共同研究变量选择、假设测试、数据可视化、推荐开发等问题，从一开始就保证员工/用户体验是整项工作的焦点。

透明公开。理论表明，技术发展速度和组织准备度增速间有较大差距。人力分析团队必须花更多的时间来沟通你为什么想做某事，为什么收集这项数据，以及对员工的价值。因为行动越透明、数据越大众化，越能在应用更新的技术（如可穿戴设备、社会感知等）时获得更多员工的支持。例如团队项目管理系统可以收集从员工位置移动到心率的所有数据并进行分析，如果能被员工授权采集，那么将极大促进人力分析的研究范围和结论价值。

高层支持。高层领导的支持对于人力分析的成功至关重要，因为人力分析的价值并不是即时产生的，多数企业实践的建模方案最初并不披露，并很可能短期收益并不明显，管理管理者到预期非常重要。谷歌的氧气项目也曾经面临质疑，大家并不理解耗费巨大人力、财力的项目竟然只输出400页的文字报告。直到后来，后续工作的开展使员工对管理者的领导力提升产生实际体验之后，员工才认可人力分析是一段"愉快的旅程"，我们可能看到并不明显的短期收益、逐步增强的中期收益以及最终体验到的长期收益。

数据道德。Facebook首席安全官斯塔莫在离职前曾呼吁"尽量不要再收集数据"，他认为Facebook出现"隐私困境"①，是过去10年中不计其数

① 2018年3月，Facebook被爆出信息泄露丑闻，约5 000万用户信息被第三方公司Cambridge Analytica（剑桥分析）用于大数据分析，以精准投放广告和资讯内容，甚至被怀疑利用数据预测用户政治倾向间接影响总统大选。这一数据泄露危机直接导致公司股价一个月内累计下跌超过12%。同年5月，号称欧盟最强隐私新规的《一般数据保护法案》生效后，Facebook又收到了欧盟37亿欧元罚款的诉讼。

的小决策所导致的，Facebook本应该创造一种传递信任和尊重的用户体验，而不是千方百计让用户点击“同意”按钮来获取更多隐私信息。数据专家认为，如果你无法向员工阐明收集数据做人力分析项目的好处，也许是你不应该做。的确，组织需要尽早考虑数据保护规则。例如，在欧盟运营的所有雇主现在都必须遵守“一般数据保护条例”（GDPR）等法律。据统计，81%的人力分析有道德或隐私危机。一项关于“你能让老板把芯片植入到你身上吗”的调查，虽然以监控员工健康为出发点，但是被绝大多数员工拒绝，“让老板了解所有信息，太没有安全感。”

未来，道德和隐私可能是人力分析学科面临的最大挑战，尤其当可穿戴设备等新兴数据源产生之后，挑战将更加凸显。图1-14所示为谷歌经验清单。

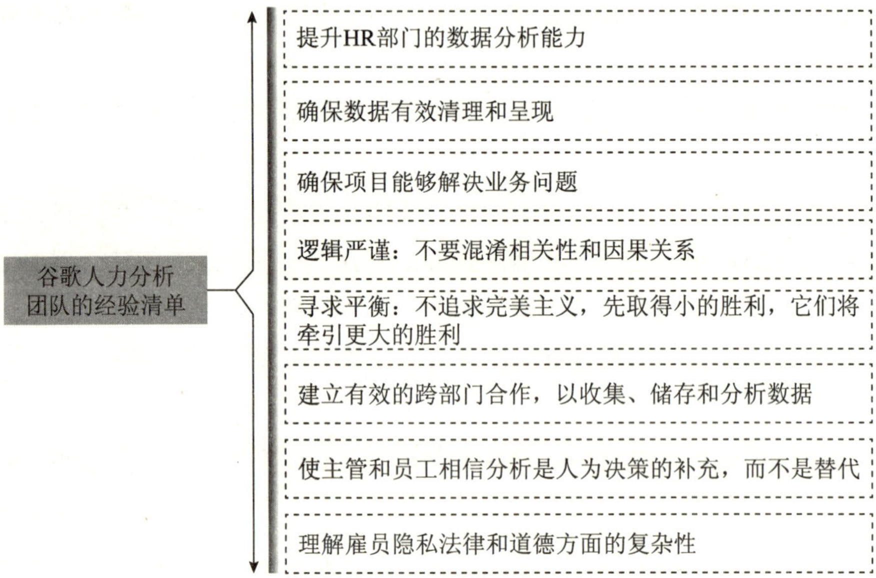

图1-14　谷歌经验清单

改善员工体验

生活中的智能服务以提高客户体验为最高使命，亚马逊的预期递送服务（anticipatory shipping）就是一种超级用户体验。基于对客户过往订单、产品搜索、愿望清单、购物车的内容、退货，甚至顾客的鼠标游标停留在某件商品的时长的大量信息的数据挖掘，亚马逊可以在客户点击“购买”之前就开始配送商品，这些预递送的商品在客户下单之前存放在快递公司的寄送中心或卡车上，大幅降低影响购买体验的等待时间。此外，Google Now 已推出预测客户日常行为和需求的功能——冰箱可以预测什么时候该买牛奶，智能电视可预测应该为客户录制什么节目。

在职场中，员工体验同样关键。根据 IBM 和 Globoforce① 的一项研究，积极的员工体验与更高的工作绩效存在正向联系。过去，我们对员工体验的关注流于形式，通常以年度敬业度、满意度、幸福感调查的形式，缺少有效措施；同时，各项管理职能单独面向员工，这造成没有人对员工体验最终负责！

马化腾对人力资源部提出要求："你们一定要满足员工近乎变态的需求，他们才能够去满足用户近乎变态的需求。"所以腾讯 HR 特别强调产品思维和用户思维，以至于腾讯的产品经理认为 HR"要抢产品经理的饭碗"。例如，腾讯 HR 从来不发送"纯文字"的邮件，除了要图文并茂外，还要附上相关"攻略"，对员工简直是无微不至的呵护。

表 1-1 所示为 2018 年员工体验公司排名。

表 1-1　2018 年员工体验公司排名②

排序	公　　司	员工最认同的体验	关 键 词
1	Salesforce	志愿精神是公司文化的一个重要组成部分，因此公司总有鼓舞人心的感觉，即便在困难时期也支撑我们	鼓励志愿精神，支持员工渡过困难
2	希尔顿集团	公司形成了一种非常友善的文化，领导也非常平易近人。作为一家拥有百年历史的公司，我们倒很像一家创业公司，十分重视培养创新理念	友善文化，创业精神
3	玛氏公司	这里的工作环境是独一无二的，我们可以带着宠物来上班，所有的办公桌都是开放式布局，所有人都和一家人一样。我们可以随心所欲地进进出出，没有人会事无巨细地管理我们	开放、宽松、自由
4	Intuit Inc.	当你为这样一家公司工作时，只要你的决定是正确的，你就不必担心它能不能被接受、认可或质疑	信任企业的每一个决定

① 全球人才顾问公司（Globoforce），成立于1999年，是提供基于SaaS业务（软件即服务）的员工认可度解决方案的人力资源咨询公司。

② 《财富》杂志与greatplacework.com，对全球各地的职场人士进行一次大规模的调查：从员工体验角度评价全球最适宜工作的公司。

续表

排序	公　　司	员工最认同的体验	关 键 词
5	德科集团	在这家公司，我感觉自己是“家庭”的一分子，可以没有心理包袱地去尽一个母亲的责任，这使我得以平衡工作和私人生活	归属感，工作与生活的平衡
6	DHL	这里的工作氛围真的很好，同事相处就像一家人一样。同时，我们也是一家多元文化公司，有很多来自不同国家的同事。我认为它丰富了我的人生经历	和睦氛围 多元文化
7	Mercado Libre	在任何角度看，它都是一家颠覆性的公司，这种差异性令我们脱颖而出。它的办公环境和工作氛围使大家工作起来很愉悦。你每天都能学到新东西，每天都要挑战自己，你的工作也是独立自主的	颠覆性 独立自主 快乐工作 挑战自我
8	思科	公司的各个层级上都有很多非常聪明的人。公司还有一种很强的道德文化——我们要说真话，哪怕意味着我们要为此承担损失	精英共事 求真务实
9	戴姆勒金融服务	公司的每个人都可以表达自己的想法，而好的点子一般都能获得资助和执行。对犯错误的人也不会采取惩罚性的措施	鼓励沟通和表达、包容错误
10	赛仕软件	从领导层开始，这里的人们都发自内心地重视诚实、正直等品质，关注如何作出一个好产品，因此我有了一个真正的机会去做我的工作，同时探索如何去做	专注和探索工作本身
11	国家仪器公司	我得到了真正的机会去按照我的想法工作	工作自主
12	Stryker	公司确保招募到的人才具既有丰富知识，又喜欢他们的工作。因此，我对我的同事们很有信心	精英共事
13	SAP 公司	虽然公司很大，但从没让人感觉像那种不关心员工的大公司	关怀员工
14	凯悦酒店	公司希望每位员工尽最大努力的同时保持自我，还不断激励大家	保持自我、互相激励
15	Cadence Design Systems Inc	我为 Cadence 的工作感到自豪，相信我们可以改变世界，通过产品，也通过员工在社区中的贡献	工作使命
16	艾伯维	公司非常信任员工，大家工作起来更自由、更有动力，也更高效	信任与自由
17	美国运通	我们公司能做到任人唯贤。不看性别，也不用放弃个人生活	任人唯贤、工作与生活的平衡
18	SC Johnson	公司非常有家庭的感觉，员工的需要都能获得满足。上下班时间都没有明确规定，还能根据员工个人生活适当调整工作	归属感、弹性工作
19	安永会计师事务所	在安永，多样性和包容性不仅是口号。安永认为，多元化和包容的团队能够改善工作环境	多样性 包容性

续表

排序	公　司	员工最认同的体验	关 键 词
20	Admiral Group PLC	公司欢迎我们提想法，氛围总是很开心（有聚会、游戏、开玩笑、音乐、食物、游戏室，还有户外等）	快乐工作
21	3M	每天能跟伟大的领导者和同事合作	精英共事
22	Belcorp	Belcorp努力打造健康的工作环境，强调协作而且非常有活力，有家庭的感觉，人与人之间关系十分紧密	健康活力的工作环境
23	Adobe	工作好玩又有趣，我感觉总能找到创新方式完成工作。管理层特别棒，他们愿意倾听	重视创新
24	Natura	公司非常注重提升我的专业能力，还努力改善工作与生活之间的平衡，总是鼓励我将每天的工作做好	重视成长、工作与生活的平衡
25	丰业银行	最重要的是总监和经理帮助我不断提升专业能力，还慷慨分享经验，给我机会做项目，还一直支持我	重视成长

那么，人力资源部该如何通过人力分析来提升员工体验？

员工体验是客户体验的营销学概念在管理学上的延伸，我们首先借鉴关于客户体验的研究经验。营销专家通过分解、识别和优化等三个步骤，有效提升客户体验。如表1-2所示。同样，**创建基于“员工旅程”的人力分析项目，通过识别员工工作周期中的关键触点，可以系统设计提升员工体验。**

表1-2　“客户体验”设计步骤

步骤	工作	动　作	目　标	示　例
1	分解	分解员工体验的阶段包括入职前、入职后、离职前、离职后……	形成员工旅程主题列表	顾客购买产品的过程包括购买前、购买中和购买后
2	识别	在员工的行动、情感、想法和体验中，寻找触点——改善员工体验的机会	形成体验触点	购买触点包括排队等待、付款便利性、套餐选择障碍等
3	优化	针对关键触点进行优化设计	形成人力分析方案	例如，缩短等待时间，减少等待的饥饿心理和不良情绪，附送小礼物，等等

Service Now[①] 正是提供这类人力分析项目服务的公司。其产品负责人

① ServiceNow于2004年在美国加州成立，2012年在美国纽交所上市，是一家领先的SaaS（软件即服务）软件厂商。截至2017年9月，位居同行业内全球第三。ServiceNow采用多元化战略，公司业务涵盖IT、CSM（customer service management，客户服务管理）、HR、安全等诸多领域，帮助企业实现IT服务与运维的自动化、规范化和标准业务流程化，加强企业客户的IT内部管理，降低运营成本，提高工作效率。

Mark Souter 认为，“人力资源部正在寻求将客户服务经验的学习应用到内部员工服务体验中，但他们正在使用不系统的尝试方式”，“当 HR 谈论员工的履历时，他们真正谈论的是员工如何从人力资源部获得支持或服务”。鉴于此，“员工旅程”人力分析服务提供了系统提升员工体验、全面优化人才服务的实践经验。具体如表 1-3 和图 1-15 所示。

表 1-3　“员工旅程”设计步骤

序号	步　骤	内　容
1	开展员工调查	识别员工会在什么时间、通过什么方式接触到 HR 信息、HR 服务、HR 报告
2	设计主题列表	根据调查结果，作出员工旅程主题列表（体验触点）。例如从新员工的“最佳开始”，到员工职业生涯和个人生活的“有意义的成长”，再到员工对团队作出重要贡献的时刻，以及员工离开组织时会得到“伟大贡献者”称号
3	建立分析算法，确定管理措施	针对每个主题建立算法，例如研究“几轮面试更容易吸引人才”“什么情况下安排轮岗让员工更满意”等

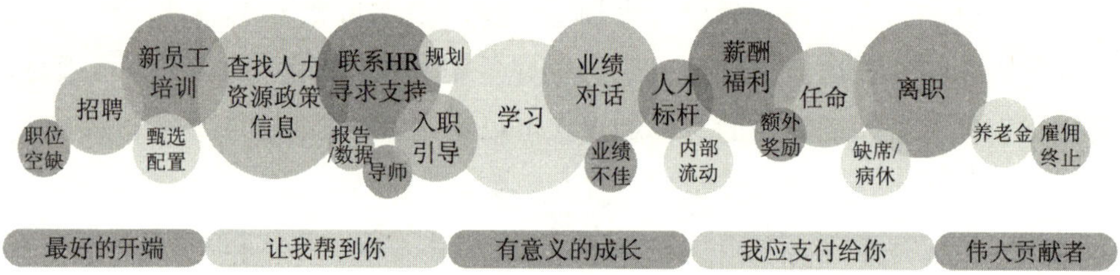

图 1-15　Service Now 的员工旅程主题列表

注：圆圈大小表示影响员工体验的重要程度。

进一步，我们以招聘为例，体验触点如表 1-4 所示。

表 1-4　招聘环节的关键触点

序　号	触　点
1	招聘文档的专业和美观
2	面试官的专业度和亲和力
3	招聘流程的规范化、人性化
4	控制面试轮数，尽可能扁平化
5	通过技术手段提高甄选效率和录用决策的速度及规范性
6	建立良好的面试氛围
7	面试时提供多个时间供应聘者选择、加强时间管理、控制应聘者等待时间
8	发出面试通知时，自动发送短信（包括地点、地图、时间、天气等人性化信息）

总之，基于“员工旅程”的人力分析，实际上建立了基于员工体验的全生命周期数据源，帮助 HR 人员系统研究招聘、入职、试用期、培训、绩效、发展、离职等各个阶段的员工体验。单从体验分解、数据集成、建模分析的严谨思路来看，足以带来人力分析价值的革命。

西北实践：聚力推行“人才强企工程”

成长是最美好的人才体验。

虽然尚未引入以上精细化、系统化的员工体验升级方案，但西北油田始终以“人人皆可成才、人人尽展其才”的人才观，积极促进“人才复合化”和“干部年轻化”，全力推进“人才强企工程”，力求守住“用当其事”“用当其时”等人才体验的“底限”。西北油田“千人计划”如图 1-16 所示。

到2023年，全面实现西北油田“千人计划”，形成领军人才30名、核心人才300名、青年骨干人才600名的专业技术人才规模和工匠人才70名的技能人才规模，专家作用发挥更加有力，创新环境更加完善，专业技术人才支撑更加有效，高技能人才保障更加有力

3 领军人才30人	3 核心人才300名	6 青年骨干人才600名	7 工匠人才70人
国家级人才计划后备人选或集团公司首席专家后备人选5名、集团公司高级专家后备人选10名、分公司首席专家后备人选15名	培养全面覆盖主体专业、高素质高水平的分公司高级专家后备人才30名、分公司专家后备人才90名、各专业学科带头人180名	建成能在各专业技术岗位独当一面、年龄35岁以下的青年骨干人才600名	主管技师及以上职位25人、后备人才45人左右（按1:2规划）

图 1-16 西北油田“千人计划”

对于西北油田而言，“干部年轻化”较其他行业、其他企业更难实现，甚至在“年轻”的标准上相差较大。即便如此，仍势在必行。西北油田计划在未来 5 ～ 10 年，了解掌握一批 1986—1990 年初期的年轻干部；着眼未来 10 年乃至更长时间，战略储备一批 1990—1995 年的年轻干部。计划到 2023 年，西北油田将形成以 75 后（48 岁以下）为主体的处级干部队伍，基本实现 40 岁以下（“83 后”）的达到 25%，41—50 岁的（1973—1982）控制在 50%，50 岁以上（1972 年以前）的控制在 25% 左右；处级正职中 45 岁以下占比维持在 30% 左右。“85 后”科级干部占比达 45% ～ 50%，“90 后”、“95 后”年轻科级干部形成一定规模。

为此，西北油田提出以下四方面举措。

（1）加快干部人才队伍结构调整。加快干部队伍结构调整，加快人才引进结构调整，加快青年人才梯队建设。

（2）强化高层次人才、年轻干部素质能力培养。完善年轻干部能力素质培养体系，实施“产学研用”一体化协同育才，搭建技能人才创新创造平台，推进“塔河学院”建设。

（3）推进高层次人才团队使用与作用发挥。加快年轻干部培育与使用，拓宽年轻干部成长成才渠道，推进高层次专业技术队伍建设，推进高层次人才作用发挥。

（4）构建新型人才工作格局。完善人才盘点数据库，完善人才发展研究功能，完善人才资本运营功能，完善人才风险防范功能。

未来趋势洞察

多项前瞻性的外部研究作出预测，为我们展现出更为清晰的人力分析发展趋势，如表 1-5 所示。

表 1-5　人力分析的未来趋势

人力分析的未来趋势	
员工行为跟踪方法将以多种形式激增	自动化分析的进步将增加人力分析
人物分析洞察将变得更有个性化	分析技术将更容易被大众使用
预测建模将成为新的事实标准	人才分析将成为组织内的专业部门
大数据将增强员工的绩效和发展	员工数据隐私会导致员工尝试控制自己的数据
实时数据将快速推进人力分析	量化的人力资源部成为新的标准

我们相信，高级人力分析的未来是美好的，尤其当“人力分析部”成为一个专业部门、员工行为数据更容易获得之后，人力分析将从一个新事物变成管理工作的常态。

成立专门部门。未来，我们认为人力分析部门会成为组织的标配，以满足整个组织对人力分析的日益增长的需求。目前，专业分析人员分散在各部门，有统计专家、调查研究员、网络分析师、数据科学家和人力资源分析师等不同标签。这种模式将转向集中在人力资源或财务部，或者形成正式、集中、共享的服务中心（例如卓越人力分析中心），成为与营销、投资、客户服务等一样的常见部门。他们的职责也不仅限于预测离职、识别高潜等初级人力分析工作，应该实现对所有人力资源工作的指引、规范与量化。例如，初级人力分析预测“某员工即将辞职”，高级人力分析解决“应该以多少成本干预某员工离职，对组织是盈亏平衡”的问题。

获得行为数据。行为是态度、能力最稳定的外化表现，是管理心理学中最关键的研究对象。但受限于技术，管理对行为的关注始终难以实现大数据的积累，因为行为最难被捕捉和记录。我们通常采取的节点式、周期性的行为观察，例如员工座谈、月度述职等，常常因为员工有意识地自我管理而产生偏差，对人力分析的价值有限。

采集行为数据的前景如何？视线轨迹技术已露端倪。这是一种以人为中心的计算方式，一台摄像机可以跟踪盯着计算机屏幕的人的眼球运动，记录人在屏幕不同区域的位置和频率数据。目前，部分公司已经使用这项技术监测员工在培训时是否专注。此外，美国 Humanyze 公司[①] 正在创建一些多维员工行为跟踪工具，以一个小型麦克风镶嵌在工卡上，麦克风可以测量员工的音量、音调以及在会议上的发言频率，隐藏的加速度计算可以测量身体语言，跟踪员工离开办公桌多长时间可以识别员工是否需要休息或仍然状态稳健。一天的工作后，工具会收集到几兆关于员工办公室行为的数据。

展望未来，更多的设备将直接与人体互动。例如，可穿戴计算 / 智能织物、脑波测量、面部识别、情感识别、运动信息、人体扫描技术、基于手势的操作界面、运动监测装置等。大量行为数据会从工作场所的互动中产生，支持更广泛的人力分析。

超越均值判断。初期的人力分析依赖最基础的描述模式——平均值。实际上，平均值并不能刻画员工的个体差异。未来，人力分析最终将走向个体分析，在分析过程中形成对每个员工的个性化判断，而不是简单根据高于或低于平均值（或群体排序）来预测。以离职算法为例，我们会以缺勤率、工

① Humanyze是一家由麻省理工学院的毕业生组成、在MIT Media Lab（麻省理工学院媒体实验室）孵化的创业团队，致力于办公环境分析，已为美国许多大型企业或咨询公司（如美国银行、波士顿咨询公司等）提供服务或建立合作关系。

作时长、交付项目数量等指标作为度量标准，用员工与群体平均分数对比作为预示风险的依据，这其实可能得出一系列误报——我们以为会有员工离职，实际上却不会。但如果我们“超越平均值”，使用个体跟踪指标，建立判断常模，跟踪员工自己的绩效变化，让员工与自己比、与标准比，会更加准确。

量化管理价值。长期以来，人力资源领导者处于压力之下——例如量化与人相关的计划，展示培训和发展计划的投资回报，以及显示高效使用人才的压力，等等。这一切都需要“硬数据”，但 HR 很难像财务部、销售部一样提供出来。未来， HR 将会常规性地提供大量“硬数据”，例如每一个新员工、每一次薪酬调整、每一节培训课程的投资回报率等。大量人力分析工作将会帮助人力资源成为量化学科，而不仅仅是一个对人友好的学科。

第三节　管理秩序的重建

移动互联时代常常因商业模式的颠覆式创新，被称为“不确定时代”。但“不确定时代”的确定性在于，企业的成长必须依赖于员工的价值创造，人才的价值在今天不容忽视。以此为根基，新时代组织与人才管理的基本逻辑发生变化：从管控到赋能。这一变化，使结构、形态、边界、层序、角色、权利、责任、利益、流程、关系、协同、分工、决策、信息等组织内部运行的机制，都需要重建。未来组织进化的基本内容如图 1-17 所示。

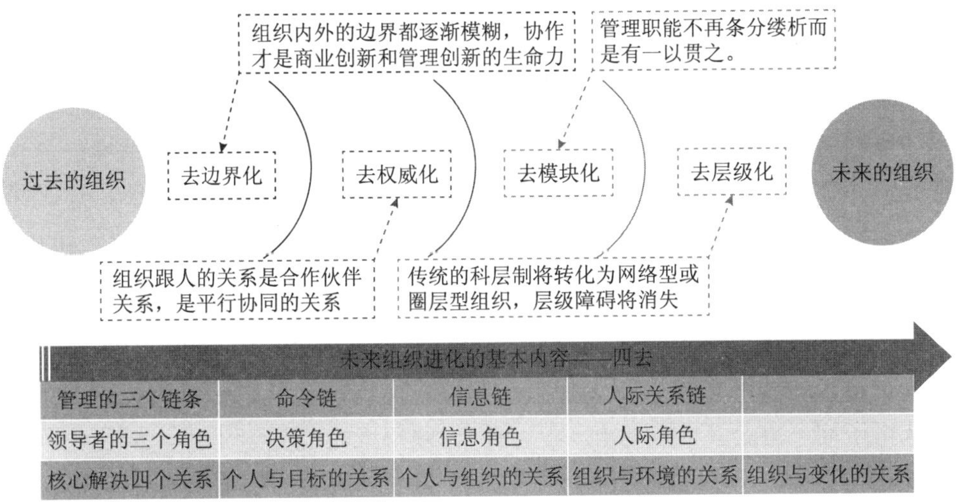

管理的三个链条	命令链	信息链	人际关系链	
领导者的三个角色	决策角色	信息角色	人际角色	
核心解决四个关系	个人与目标的关系	个人与组织的关系	组织与环境的关系	组织与变化的关系

图 1-17　未来组织进化的基本内容

新的组织模式和管理秩序，都是更符合人类意识新阶段的组织进化指南。苹果、谷歌、Facebook、微软、亚马逊等世界一流组织，都变换了全新的组织模式，代表着管理秩序重建的实践趋势。从工作模式、管理关系、组织模式和管理职能角度，中国企业在 HR 智能时代，是否做好准备，迎接变革呢？

重新认识工作

APP Makr 是一家开发智能手机应用程序的小型公司，其首席执行官杰伊·夏皮罗（Jay Shapiro）在组建这家公司时作出一个大胆的决定：建立一家没有办公地点，没有全职员工[①]，100% 通过网络运营的公司。

这是一种全新的人力资源模式，是一种让技能资源无边界配置的新型岗责模式。这种模式无疑是未来的主流趋势，因为它迎合了雇佣双方的偏好，还原了工作价值与组织形式的独立性。这种颠覆传统工作方式的实践并不那么遥远，很多工作正在翻越组织的围墙。

《任仕达 2025 职场趋势》报告中指出，未来的工作模式将与时俱进，人们可以灵活选择办公地点、工作时间、工作方式，远程工作及虚拟办公正在兴起。同时，管理者必须意识到，你将面临更加复杂的管理对象。最后，工作的本质也在发生变化，工作将出现分解、扩散和脱离，这标志着传统雇佣时代走向终结。

未来的工作模式

协同平台的出现，使跨时空、跨地区工作具有实现的前提和基础。员工将脱离组织和职场而存在。美国的一项调查显示，预计到 2020 年，员工将通过不同设备远程接入公司网络办公，可以通过各种科技工具进行线上协作；一张办公桌由多人共用，未来办公场所面积将缩小 17%；“办公室”的概念正在消亡，共享、联合办公空间将成为趋势。到 2030 年，70% 的全职工作岗位将消失，80% 的办公室工作将在全球范围内流动分配。科技，终于让人类从格子间、办公室中解放出来，人们无须每天定点打卡上班，居住在印度的程序员完全可以为墨西哥的 IT 公司提供专业服务。敏捷世界中的工作模式如图 1-18 所示。

① 被访谈员工表示，加入APP Makr的原因是，他们有特定技能，服务于特定项目，项目结束后各奔东西。

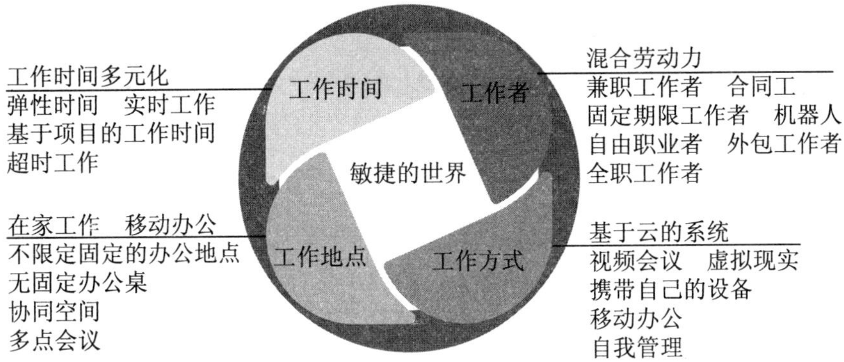

图 1-18　敏捷世界中的工作模式

全新的员工队伍

越来越多给你干活的人将不再是你这个组织里边的人，但你却不能不去管理他。例如，目前世界上领先的互联网电视网络公司网飞（Netflix），在创业阶段仅拥有 30 个固定员工和 925 个临时工。根据哈佛大学和普林斯顿大学预测，未来的劳动力除全职员工外，将由专家顾问、自由职业者、机器智能混合而成，统称为“零工经济劳动力”，此类员工占比将达到 15.8% ～ 34%。鉴于此，人力资源部门名称很可能要变为“劳动力管理部”，因为员工范围变得比人类范围更大（包括机器人）。劳动力市场将拥有更广泛的高技能与高素质的劳动者、数字化人才，以及机器智能组成的就业骨干；既有依托于传统组织雇佣关系的传统青年，也有寻求多元化“零工”的斜杠青年，还有自主创业者。自由职业者范畴如表 1-6 所示。

表 1-6　自由职业者范畴

范　　畴	定　　义
独立合同工	可以为不同的客户处理多个项目
兼职族	拥有一份正式工作，但是用业余时间赚一些额外收入
多元化员工	拥有多种收入来源，例如做高级工程师同时担任健身教练
临时工	在特定的时间段里拥有单一雇主
自由企业主	拥有 1 ～ 5 名雇员

工作本质的变化

未来的组织，工作任务将与组织发生分离。如图 1-19 所示。当企业开展全新业务时，第一考虑不是“我要招聘”，而是如何“寻找外部伙伴”，“公

司 + 雇员”的方式转向“平台 + 履约”。正如知名作家丹尼尔·平克在《自由工作者的国度》中所描述的：为自己工作的时代已经到来！

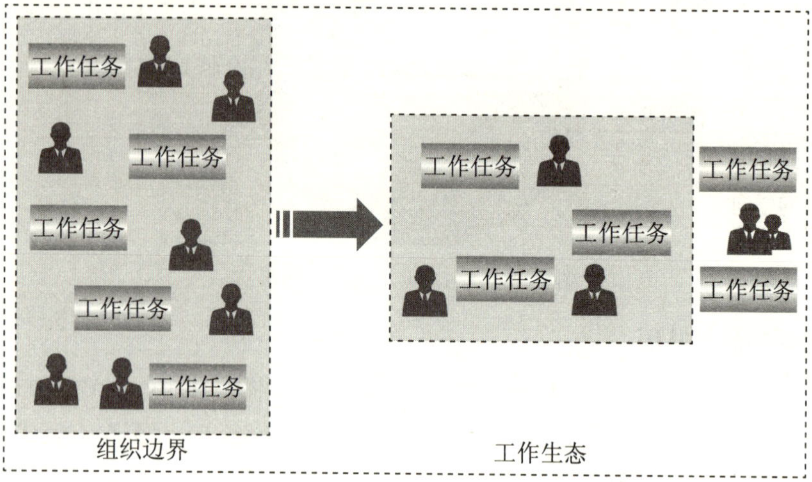

图 1-19　工作任务与组织边界

全球自由知识工作者平台已较为成熟，如 Upwork（美国）、Freelancer（澳大利亚）、PeoplePerhour（英国）和 Fiverr（以色列）等。预计到 2030 年，全球主要的知识型自由工作者平台网站的年度工资支付总额将达到 1 万亿美元。

岗位职责的解构

现在，人力资源管理以岗位为配置单元，每一个岗位都有很多相近而不同的职责，员工以“朝九晚五”同步工作。未来，岗位职责将从宏观岗位到“量子”任务，不断地解构成微小的工作任务；工作日被解构为工作时，甚至分钟，员工之间形成多样化分布的工作状态。正如埃森哲的人力资源主管说，“世界不再以一年为周期来工作了，员工也不再同时工作了”。

当工作计量单位不断缩小和精确时，任职资格将会被解构成任务技能，作为选拔和培养的新标准。

重新定义关系

个体崛起的时代已经到来，成就员工是未来企业管理最重要的价值主张。新生代员工涌入职场，他们对没有等级划分的公司格外青睐。管理者要做好准备，唯有赋予工作意义，差异化对待员工，着力管理员工成长，并最终从权威的控制者转化为“平台角色”的支撑者，才能留得住人才。

此时，回顾工业时代的管理关系，只会让我们明确转变的重大与急迫。财经专家吴晓波曾说，在共享经济时代，人与科技互利共生，工作的本质将以人为中心；人们能在满足生存的同时将工作转变为自我实现之旅，而不仅是为企业打工。因此，真正了解员工的愿望、需求和能力变得越来越重要。陈春花[①]教授认为，未来真正的管理控制，只能来自员工个人。表 1-7 所示为管控体系的时代变换。

表 1-7　管控体系的时代变换

维度	工业时代	未来管理
管理焦点	对员工提出要求	了解员工的需求
机制设计	老板导向	员工导向
管理关系	雇佣关系	联盟关系
控制点	激励与约束机制	员工自我管理

在新的管理关系下，管理者改变了其承载组织使命的“形式”。如果能够激励员工寻找有助于提高自身职业生存能力的工具或任务，这时员工的成功自然就是公司的胜利。

例如，管理者可以扮演“履历更新者”。在《管理的革命》一书中，作者汤姆·彼得斯列举了一个老板，以“管理员工简历”的方式取代传统的员工评价过程，每隔 3 个月与员工坐在一起，查看最新的简历，共同设想下一季度可以增加到简历中的“履历”，持续丰富员工的职业竞争力。这使公司的目标与个人的目标完美统一成同一股力量。

又如，管理者可以扮演“天使投资人”。电信公司 MCI 的工作模式是，员工来工作的时候，没有具体的工作指示，由员工提出一份工作并发掘怎样可以实现增值，找到内部“顾客”。这与《哈佛商业周刊》中关于贝尔实验室的机制介绍非常一致，他们都对这种“尽管去做”的态度表示支持。

甚至，管理者会被开“罚单”。哈默在《管理大未来》中文版序文中提到，印度有家 HCL 科技公司创造了一套“反向”管理方式，当员工觉得主管有

① 陈春花，现任北京大学国家发展研究院管理学教授、北京大学国家发展研究院BiMBA商学院院长，中国著名企业文化与战略专家、知名作家、企业家。

缺失，可以开“罚单”给主管，待主管把问题解决时，才能销单，公司则会追踪一个主管拿到多少张罚单、用多久来取消掉这张罚单。图 1-20 所示为管理进化的三个阶段。

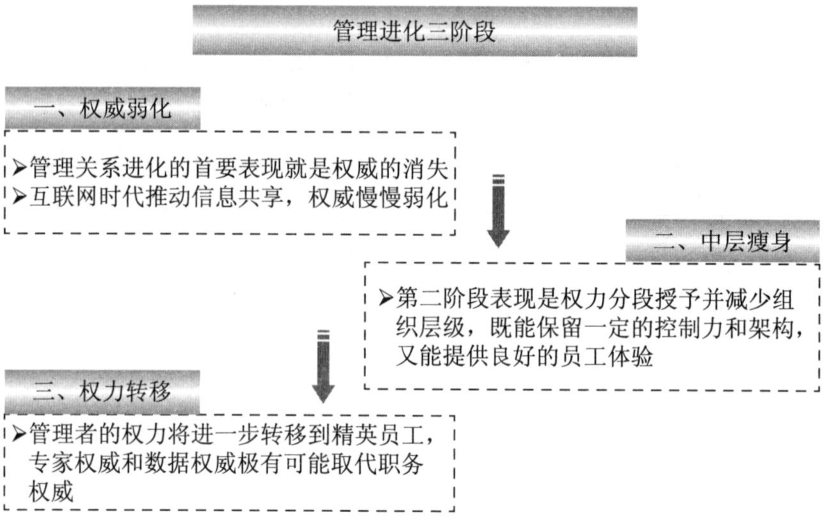

图 1-20　管理进化的三个阶段

权威弱化。管理关系进化的首要表现就是权威的消失。工业时代，权力代表着秩序和稳定性。科层制组织中的经理拥有权力，战略、目标和决策通过自上而下的推行使他们占据了关键流程的节点与资源。但是，互联网时代让信息共享，权威慢慢弱化。对于国企而言，人才的市场化流动就是一个起点，国企史无前例地开始为人才流失而焦虑，这类“信息对称”所带来的权威挑战将会愈演愈烈。

中层瘦身。管理关系进化的第二阶段表现是权力分段授予并减少组织层级，既能保留一定的控制力和架构，又能提供良好的员工体验。著名制造企业霍尼韦尔拥有 13 万名员工，从 CEO 到一线员工有 10 个层级，现在该公司通过“去中心化”降到 6 个层级，一线员工被大量授权。海尔也在实施中层瘦身，仅 2014 年当年即裁员 1.6 万人，裁员比例达到 18%，2015 年在此基础上再减少 1 万人，裁员对象主要为中层管理者。谷歌等企业甚至在创业阶段质疑管理者是否有存在的必要。

此外，所保留下来的管理者定位也会发生转变。在《变革的基因》一书中，杨国安对管理者的定位和角色发生的变化进行预测：管理者的定位正在从

“指令和管理”转向“教练和赋能”，从“职业经理人”到“创业小老板”，从“管控和要求”到“服务和支持”。

权力转移。未来，管理者的权力将进一步转移到精英员工，专家权威和数据权威取代职务权威将是大概率事件。拉姆·查兰表示，未来管理者都会消失，中基层管理者 80% 的决策都会被自动算法取代。通过打破固化、僵化的权力体系，将会激发组织员工的潜力，创造前所未见的价值。领先科技类公司已经发现规律，提拔“技术大咖”成为核心管理者更容易让团队信服并保持凝聚力和战斗力。

当然，这一切都要依赖于组织共享能力的打造和管理者角色平台的转化，结合百年管理的进程与积累，势必沉淀出激发潜能的人性化算法，引领生产关系与生产力的新飞跃。图 1-21 所示为权力的消失。

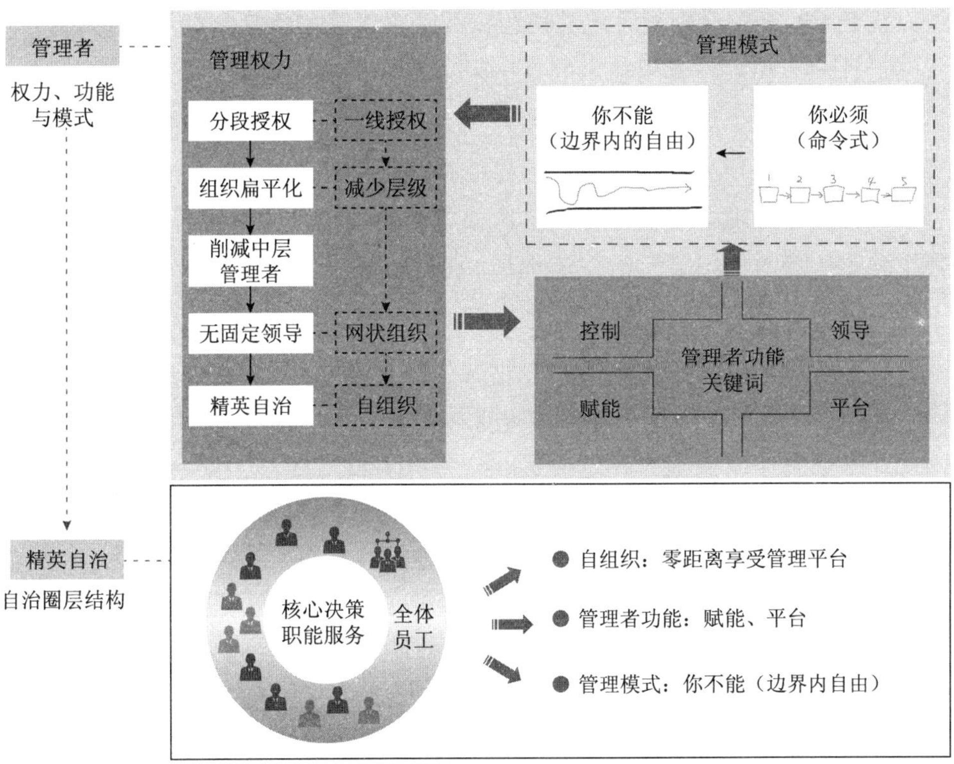

图 1-21　权力的消失

重塑组织模式

如果一个组织完全由员工的主观能动性有机结合、自然运转，这个组织没有岗位描述、没有上下级关系，薪酬由员工决定，没有考勤制度和绩效考核……这样的组织能够存在吗？

弗雷德里克·莱卢在《重塑组织：进化型组织的创建之道》一书中回答了我们这一问题，这样的组织早已在想象中存在，并且逐渐有了先行者和实践者。

永远不要长大

IBM 公司前首席执行官路易斯·郭士纳说："大企业总是不可避免地迟缓而且低效，小企业则是灵敏而快速，所以应该把大企业拆成一个个小块。"《创造性的经验》作者玛丽·帕克·福莱特也认为：如果一个大型组织是诸多小群体集合，当这些小群体能最大化自我管理的时候，个体和组织的成长实际上已经趋向最大化。与他们的思路相同，海尔创始人张瑞敏近年来进行了一个伟大的管理学实验：将海尔拆分成一个平台化的组织，平台上面有无数个独立核算的组织单元，今天的海尔是一个完全开放的组织生态。

"小团队"能够保证任务的有效完成，这一点达成了共识，并与群体动力和组织行为领域的团队效能研究成果非常匹配。研究显示，2 ～ 3 人的小团队和 5 ～ 7 人的中型团队规模，最容易产出价值，形成自我管理的自组织。因此，小团队作战模式被越来越多的企业所采用。在"小团队"结构下，组织可以"容忍"没有组织结构图，没有岗位描述，没有职位头衔，并能够最快适应预先定义的工作职责的灵活变化。

自组织成为主流

一家名为 AES 的公司，入职不久的财务分析员沙扎德通过一个简单的流程，自己决定去巴基斯坦开拓电厂项目，即便这没有得到 CEO 的支持。最终他给自己设置了"业务拓展"的新职位，在两年半后建成投产一座价值 7 亿美元的发电厂。

自组织的有趣实践，极大拓展了我们对未来工作模式的想象，改变了我们的思维方式和工作习惯。通过自主管理，在明确了一些基本规则之后，每个团队成员都能最大限度地发挥其主观能动性。例如，在招聘时，面试由求职者未来的团队伙伴实施，而非 HR 集中推进；若有出现的问题涉及不同团队时，可由成员们报名组成临时项目团队，项目团队有机聚散；关于决策，原则上组织中的每一个人都可以做决策，但在做决策之前，他必须向所有可能会受到该决策影响的当事人以及擅长该决策事项的人寻求建议；决策者不一定需要采纳每一条建议，但是需要征求并认真考虑。

此外，新员工没有职位头衔和岗位描述，而是自己寻找独特贡献；没有职级体系，放弃职位层级以往带来的安全感和有序感；关于工作时间，取消打卡，让每个人对自己承诺实现组织宗旨的时间和精力作出清醒的选择。随着新世代的员工逐渐进入职场，自由、灵活的自组织模式将在更多企业中付诸实践。

重构管理职能

我们的聪明才干来自自己的专业，但专业的限制会使得我们更加愚笨，因为我们无法跳出既有的知识框架。

——费耶·阿本德

现代管理的理论与实践，始终围绕“分工、分权、分利”为主线，展开提升管理效率的尝试，并取得了明显的成效。但在移动互联网时代，管理需要的是“整体论”，组织的职能不再是分配任务和监督工作，而是搭建平台和培育土壤。

对于人力资源管理职能而言，HR 要面向服务进行设计，不是面向模块，不是面向工作流，不是面向 HR 的工作角色。这要求 HR 把过去的模块工作和岗位角色打通，重新设计一个体系，以打破信息孤岛，重构管理职能。

孤岛的产生

IT 系统的割裂，是造成组织内部信息孤岛的重要原因。以人力资源部的常见系统为例，我们几乎浪费了通过人力资源管理系统、绩效管理系统、学习和发展系统、考勤请假系统和申请人跟踪系统所捕获的数据。此外，大量企业的信息系统建设工作缺乏统筹规划和集成标准，系统之间各自为政、入口分散、接口缺失，管理系统建设严重滞后于业务系统建设，使得系统决策受到制约，无法发挥管理价值。因此，大量组织都急于推进信息管理的一体化和集成化。

信息孤岛不仅是数据矛盾和应用的不交互，它的深层原因在管理职能的条条框框。在组织内，部门职能的模块化无意中分隔了企业内原应统一的信息数据，造成我们很难量化、分析管理与业务之间的任何关联；在人力资源管理职能内部，组织架构、人力规划、招聘配置、薪酬绩效、员工发展、离职管理等模块之间，也没有连贯的信息流通。在各部门、各岗位信息孤岛的基础上生成的现代管理决策，显得尤其“盲目”。人力资源职能化造成的信息孤岛如表 1-8 所示。

表 1-8 人力资源职能化造成的信息孤岛

职能模块	孤 岛 举 例
招聘	招聘主管很少跟踪新进员工的绩效表现和离职倾向，高绩效、高黏性的人才特征并未有效反馈到新一轮的招聘环节，帮助持续校准用人标准
培训	培训主管很少关注每一位员工的真实水平和需要，把培训等同于人才培养是企业实践的通病
人才培养	人才就像走迷宫一样，职业生涯的连续性会因为上级的离开、个体的调动等各种因素而产生摩擦损失，有幸者凤毛麟角，组织生活变得扑朔迷离，积累的负面共识极大损伤了文化自信

这些系统多样化、职能模块化带来的信息割裂，造成数据一致性（信息定义与采集过程是否彼此独立？信息是否存在重复输入和多口采集？）、实时性、有效性（是否存在大量冗余信息，为信息资源的深度开发带来困难？）、系统性（各部门信息是否无法共享？数据信息是否单独存放，各自为政？）和正确性的问题，极大阻碍了组织决策的科学化和数据化。尤其针对超过 150 人的组织①，影响更大。打破信息孤岛，扩充数据来源，提升数据质量，是多数组织人力分析团队的建模前提。

一体化重构

孤岛问题的根本解决不可能一蹴而就，基于技术的人力研究任重道远。职能重构将是 HR 实现创新颠覆和敏捷应变的关键途径。大多数 HR 因长期

① 社会学家罗伯特·邓巴研究发现，小团队的组织单元在构建信息网络方面十分有优势，低于150人的团队能够保持良好沟通，不易产生信息孤岛。

职能设置所产生的认知惯性难以纠正，人力资源管理的“六大模块”根深蒂固。

我们大胆预测未来的职能将趋于简化与统一，就像银行柜员面对客户的统一前端和界面一样。这样，员工可以真实享受到精确而公平的人才服务，员工面对的不再是人力资源部的各个处室甚至各个岗位，而是一体化的服务界面，如图 1-22 所示。

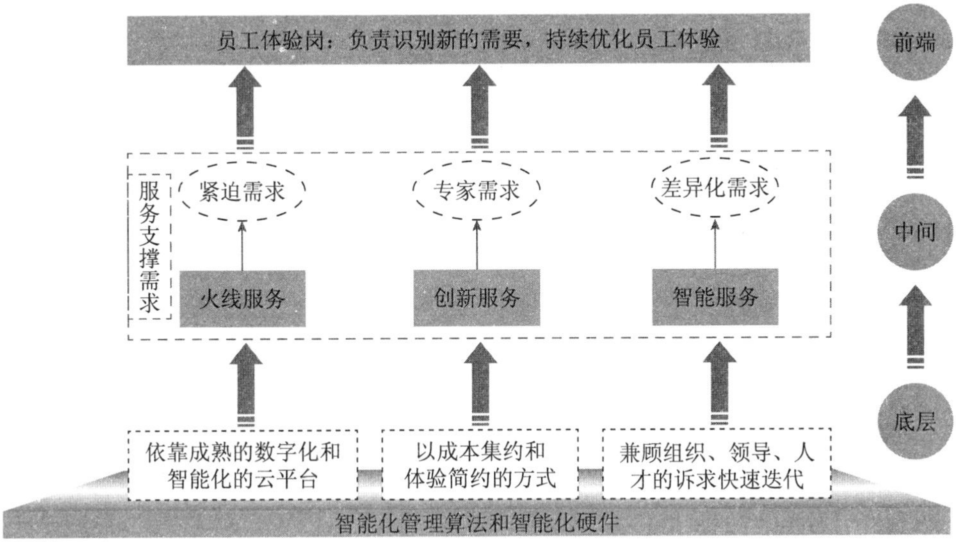

图 1-22　一体化服务界面设计

第四节 HR 智能畅想

对于许多 HR 来说，HR 智能正在聚焦他们的专业技术和数字认知空白，为长期以来困扰他们的难题，找到了答案。图 1-23 所示为 HR 智能的核心趋势。

图 1-23 HR 智能的核心趋势

HR 将会逐步体验到：未来的工作被重新定义，组织的边界正在打破，科层制架构彻底崩溃；员工将与机器人共事，人才通过远程协作，职场几乎都在“云端”；管理者需要发特殊津贴才有人愿意任职，管理权力的消失和技术权威的确立，将使白发专家少于少年精英[①]；研究行为心理和法律事务将是 HR 的核心挑战，数据流动和分析技术越来越顺畅；人力资源部门成为纯粹的专家部门，HR 专家与超级机器人协作，管理规则迫切需要敏捷地迭代；工作任务的下达与汇报很可能是“机器人助理”之间的对话……图 1-24 所示为工作任务的流转路径。

① 在技术和数据的支撑下，经验积累的价值弱化，数据工程师等专业人员比例增加。以往更多需要主观能力，难以快速复制培养，不“老”难成专家；未来，专家的能力都是技术能力和数据能力，需要人员分析师、管理教练和绩效顾问，并依靠组织平台，“少年精英”不会罕见。

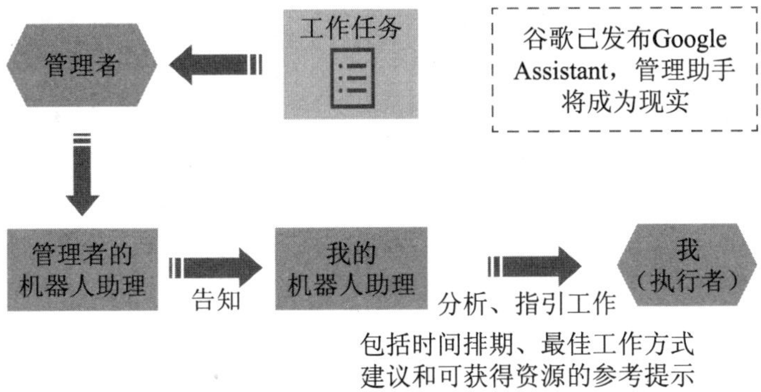

图 1-24 工作任务的流转路径

组织智商升级

相对于未来的组织，科层制成为“为上一代人设计”的组织形式。科层体系的弊端，伴随着中心化控制体系的崩溃，将越来越有力地推动企业选择改变。HR 智能将通过剔除科层体系弊端、建立自我管理优势，显著提高“组织智商”。

科层组织的弱点

科层体系对组织智商的影响如图 1-25 所示。

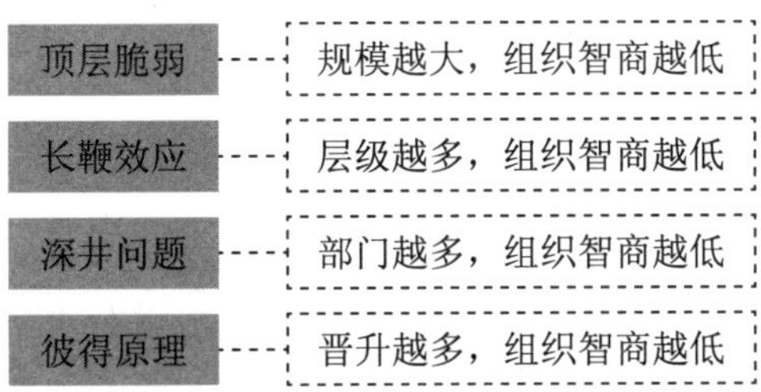

图 1-25 科层体系对组织智商的影响

顶层脆弱。科层体系的致命问题是决策与行动迟钝，领导反馈时间往往不是以天计算。公司规模越大，决策就越慢。因此，领导必须将权力赋予团队，允许他们“自行其是”。

长鞭效应[①]。科层组织中的信息是层层传递的，一个节点的信息偏差，会导致高层作出错误的决策。如果底层信息是 10，每层歪曲 0.2，那么经过

① 长鞭效应是对需求信息扭曲在供应链中传递的一种形象的描述。

三层之后，领导者获得的信息就成了 20.74，反之亦然，这是信息的“长鞭效应”。层级越多，组织智商越低。当层级增加时，继任、纵向领导力[①]等管理问题以及它们造成的影响也呈指数级增加。

深井问题。科层组织的部门间缺少沟通，每一个部门就如同一口“深井”。层级越多，则“井”越深，处于组织最底层的员工好比“井底之蛙”，难以全面掌握组织信息。

彼得原理。科层组织的大部分人，最终都会晋升到他所不胜任的职级，至少在破格提拔的情况下或者晋升后的一段时间内。有一项研究甚至表明彼得系数（中高层管理者胜任比例）通常在 0.5 ～ 0.6。这种可怕的管理层危机在自组织中就会避免，因为新的权力来源是影响力和价值创造能力的产物，而不是自上而下赋予。当领导成为一种行为而非角色，技术权威和管理权威得到适度分离时，这种致命的“彼得现象”就随之消失了。

此外，冗余流程容易造成信息“断路”，财务、法务等风险把控部门成为善意的“红灯”，均会带来组织智商的下降。以上这些问题，在管理秩序重建、HR 智能兴起之后，都会发生本质转变。

自我管理的优势

好管理是一家坏公司的结果。

——“罗辑思维”创始人罗振宇

面对 VUCA[②]（易变性、不确定性、复杂性、模糊性）的商业环境，HR 的未来使命之一就是建立高组织智商企业。衡量组织智商的标准在于，是否赋予组织内个体有效使用权力的机会。组织智商特征分析如表 1-9 所示。如果个体能够进行自我管理，组织其实可以没有管理者，至少不需要那么多。美国管理学家加里・哈梅尔认为，在一个高信任、低权力敬畏的组织里面，员工不须太多地监管，只需要指导和支持。未来的组织如果希望提高敏捷度和适应力，就必须放松控制。

---

① 自组织中，领导是一种行为而非角色，领导力分为纵向领导力和横向劳动力。纵向领导力是传统的管理权力，而横向领导力是指专业影响力和协作能力。

② VUCA，即volatility（易变性）、uncertainty（不确定性）、complexity（复杂性）、ambiguity（模糊性），原为军事用语，后被战略性商业领袖用来描述已成为“新常态”的、混乱的和快速变化的商业环境。

表 1-9 组织智商特征分析

低组织智商特征	高组织智商特征
预测规划	试错迭代
中央控制	赋能个体 + 权力流动
顶层决策	群策群力 + 快速决策
科层结构	网络结构 + 超级扁平
信息阻塞	充分共享 + 及时沟通
制度流程	放松控制 + 充分信任

云端人力资源部

全球企业都在快速唤醒云计算的想法及其提供的诸多好处，这些企业都以某种方式开始使用云服务。随着关键业务操作“移到云端”，人力资源智能也将面临云化转型，享受大量的云端优势。如表 1-10 所示。

表 1-10 云端人力资源服务的优势（up in the air）

优　势	描　述
即用即付	使各项功能最小化并可拓展，按需投资，并依据员工数量、功能需要的变化而增加投入
预算友好	消除为维护和实施目的而增加 IT 设备与人员的需求，降低初始化费用
统一数据	作为所有重要员工数据的综合集中中心，可以即时访问人力资源数据库，例如离职、休假详情、绩效表现等，避免数据接口不一造成信息割裂
把握时机	云服务可以找到好的服务时机，例如在旅途中进行员工调查，收集员工信息，提供工资细节，等等，由 HR 机器人（或微信端智能助手）回答常规人力资源问题
定位出勤	抓取定位、在线办公、会议室预订、邮件处理、移动办公等多方信息交互识别工作时间，支持识别出勤和加班，甚至有效工作时长
自助服务	支持员工在移动端即时更新个人信息、提交工作任务等，员工以“自媒体”方式参与管理，改变了由管理者或 HR 产生数据的传统渠道
人力分析	报告功能逐渐成熟，员工可以按权限、实时访问直观的人力资源分析和管理信息系统报告，以往这些报告并不对员工开放
专家共享	未来将逐步优化专家付费功能，届时我们也将体验到“管理的世界也是平的”，任何企业都具备与 Facebook 的扎克伯格或与拉姆・查兰聊上几句的可能性

实际上，人力资源部的专业化和外部化历程已经为云端化做好了准备。近 10 年间，已经有至少 50% 的 HR 工作由外部机构或专家去做，职能化的

人力资源管理本身已经重新迈向了经典的科斯命题：组织和市场的边界到底在哪里？[①]的确，一个工作交易市场的新生态正在形成。如今，外部机构已完成能力孵化阶段，成为人力资源云端化的核心推动力量。例如 SAP Success Factors、金蝶国际、FESCO、平安集团、外服信、FLY HOVER 飞翩信息技术、仁云 HRSSC 等人力资源科技领域的全球领先机构，他们在技术、体验等方向上的极致追求和探索，预示着管理智化时代必将加速到来。

未来，云端人力资源部的易于实施、节省时间、口袋友好、自动更新等“云端优势”，使云 HR 解决方案更容易保持有用和前沿。硅谷企业得天独厚的地理氛围和技术基因，使 HR 职能的云端化比例高达 70%，支撑着大量的“微型人力资源部”（甚至 1 人部门），但这些人力资源部却管理着规模不可小觑的科技企业的人力资本运作，并从容地面对着人才快速更迭所带来的招聘配置需求。

在职能“上云”之后，单体组织具备了建立虚拟人力资源部的可能性；行业具备了数据集成、信息共享的可行性，使决策标准不局限于组织内部，可以广泛参考外部企业的最佳实践。

HR 智能趋势分析

基于本章的前述分析，我们已初步窥见 HR 数字化、智能化的变革之旅，感受到人力资源管理的新形态与新温度，设想着身处其中的组织的认知、使命和应对。毋庸置疑，人力资源管理的理念、技术与服务将进一步融合演变。

首先，从部门更名开始。越来越多的领先公司已不再把人力资源部叫 HR 部门，这在顶尖科技公司中比较常见。谷歌和优步的人力资源部都叫人力运营部（people operations，pops），脸书直接称为人的部门（people），爱彼迎（airbnb）为员工体验部（employee experience），Salesforce 为员工成功部（employee success），网飞则称为人才部（talent）。

因此，部门命名大体分作三类。一类叫人力运营（operations），强调

① 杨伟国，中国人民大学劳动人事学院院长，劳动经济学教授。

人力资源应该像业务部门一样运作，即市场主导、数据驱动、盈利为先。谷歌的前任人力 VP 拉斯洛在《重新定义人才》一书中提到谷歌命名“人力运营部”背后的原因——“在谷歌，我们寻求颠覆所有的传统思维和语言。人们总会把 HR 视作一种事务性和官僚性的职能部门；在工程师文化主导的谷歌，工程师们会把‘运营’视作一个值得信赖的职能，因为它意味着你会真正地解决问题。”第二类叫员工（employee）或人才（talent），强调员工在组织完整就业周期里所享受的全过程体验。借用网飞公司对人才文化的一个定义来解释——“我们的核心理念是员工体验高于流程”。第三类叫工作管理部（task）。未来组织的所有活动都将逐渐解构成可以外包的任务，可以直接放到平台上去实现。这一点刷新了我们的思维——组织的目标是完成工作，并不是非要找一个人来完成工作。

无论采用哪种名称，这些公司无非是希望人力部门在新的互联网科技环境下，更加突出员工个体，因为组织的成功比以往任何时候都更依赖于每一个员工的创造力。

其次，从战术转向战略。优秀的人力团队不仅要在战术层面解决业务部门的日常问题，而且还应在战略层面真正成为业务部门的合作伙伴。未来商业一日千里，故步自封、只看眼前的人力部门最终只能沦为组织内部一个简单的任务执行部门，这其实对基于人力分析的 HR 智能转型提出了要求。以网飞为例，HR 招人从来不是为当下的需求而招人，而是预测至少 6 个月后对组织需要什么样的人才，并做好准备为组织的未来去招人。因此，HR 智能将推动 HR 成为“战略预备队”。

再次，部门结构将发生巨变。在职能层面，不再突出招聘、培训、薪酬和 HRBP 等分门别类、界限清晰的专业性和模块化设置。新组织形式将强调员工从入职一直到离职的服务体验，避免“铁路警察各管一段”。在岗位设置上，除数据分析岗外，还可以设置例如教练①、心理辅导岗、创新启发岗、风险干预岗、行动洞察岗、用户研究岗、员工体验岗等新的角色。图 1-26 所示为谷歌人力运营部结构，图 1-27 所示为华为人力分析团队架构。

---

① 教练与导师不同。教练往往是直接上级，而导师不是；教练关注员工立竿见影的成果，导师关注中长期成果，重视通过贯穿整个职业生涯的指导来提高员工的工作绩效和领导力。

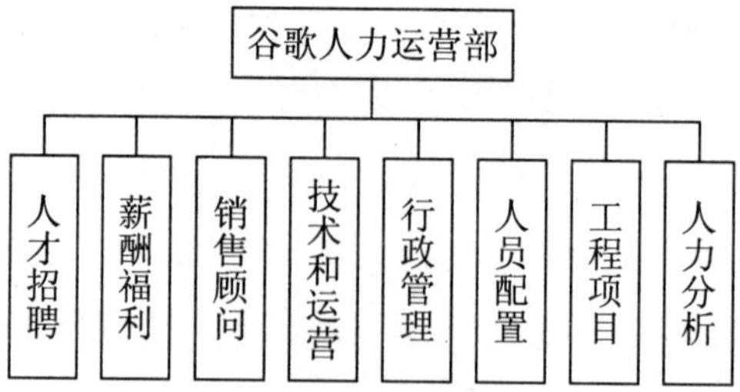

图 1-26　谷歌人力运营部结构图

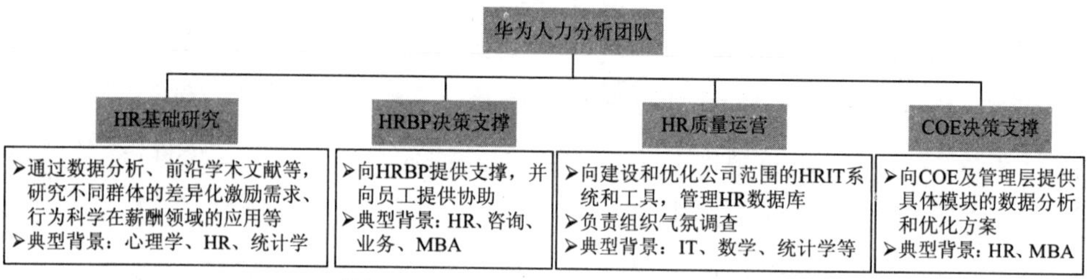

图 1-27　华为人力分析团队架构

其中，HR 智能扮演两类角色。专家智能与“专家人类”共同构成未来的专家部门。直到有一天，前者完全取代后者，部门就实现了完全虚拟化。人力资源部未来设置示意如图 1-28 所示。

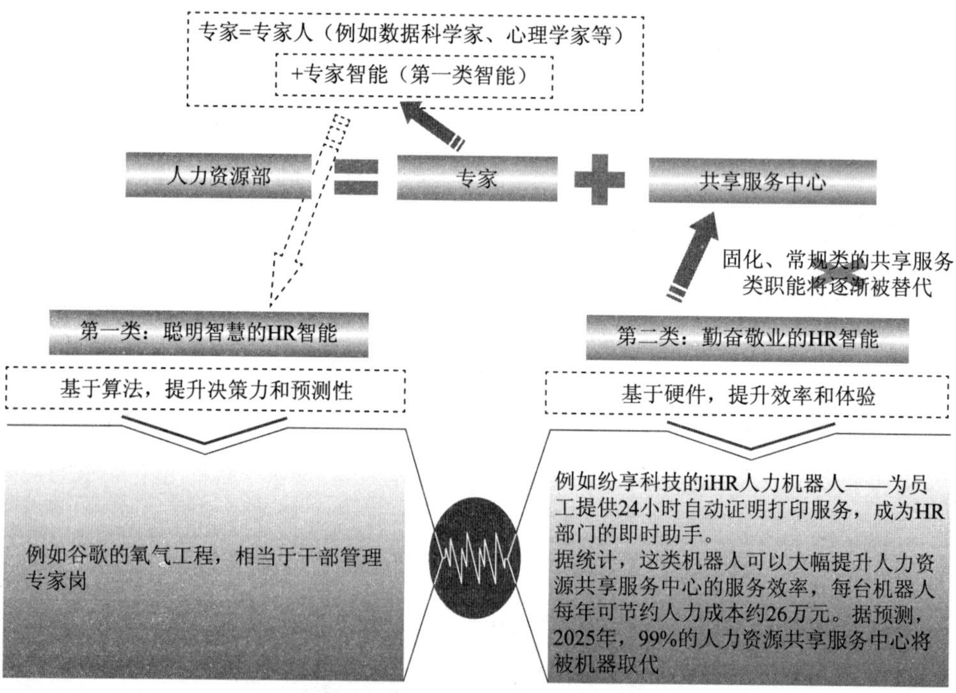

图 1-28　人力资源部未来设置

最后，技能要有新的要求。未来，新的角色需要 HR 具备新的技能。如图 1-29 所示。

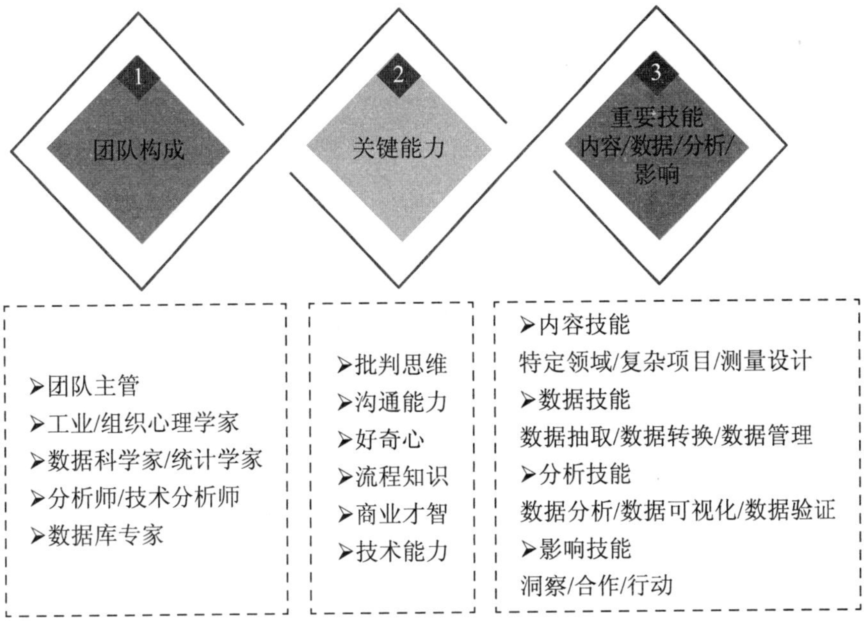

图 1-29　未来的 HR 技能清单

此外，在数字化时代，新的岗位任职者除了提高自身新技能外，仍然需要为未来可能出现的新技能培养提供支持，例如智能劳动力（机器人）管理等。

未来趋势猜想

没有人能够确定机器学习和自动化究竟会对未来的人力资源管理产生怎样的影响。尤其当影响因素不仅包括技术的突破，也包括体制与文化。因此，我们预估时间表绝非易事。我们大致选取各项研究中获得较多共识的四个时间点（2020 年、2025 年、2030 年和 2035 年），作为 HR 智能化进程展望的里程碑。如图 1-30 所示。

总体而言，我们“到达”未来的时间，取决于我们是否仍然抗拒改变。

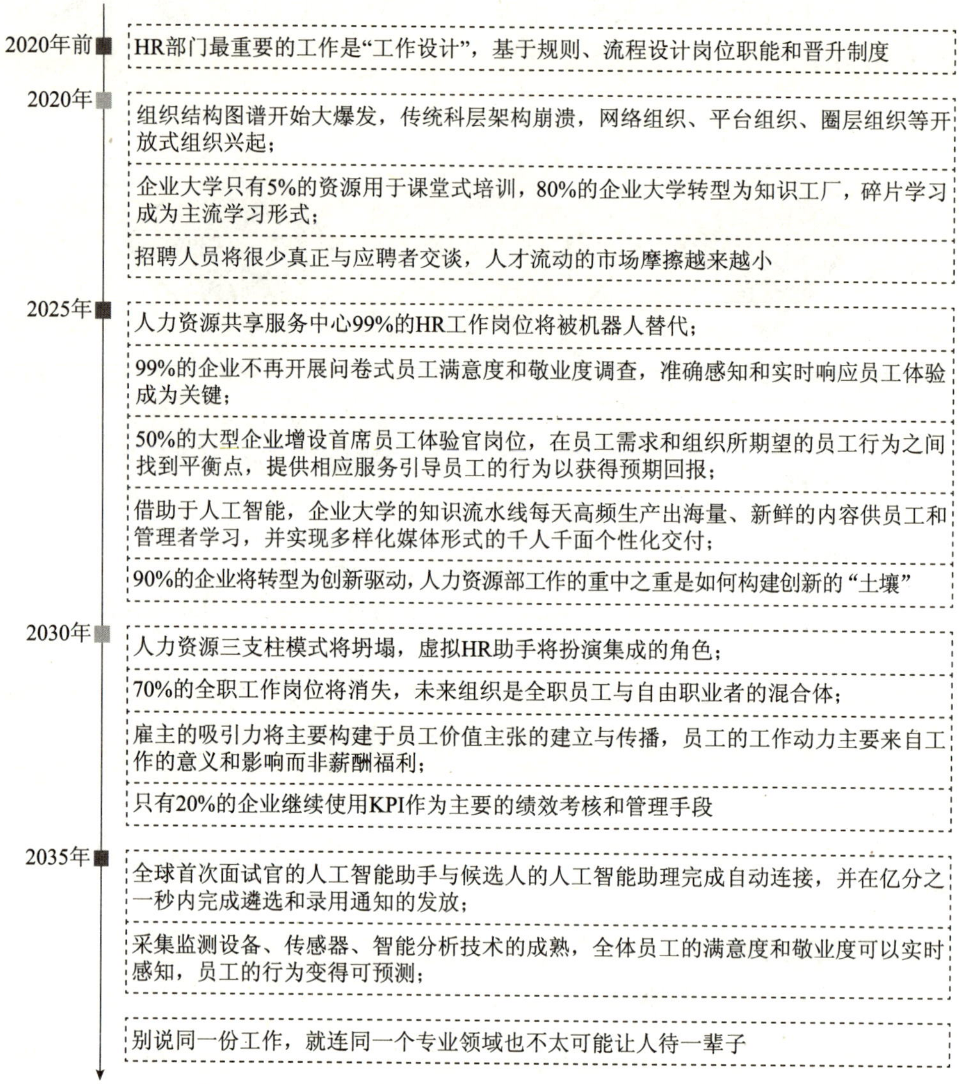

图 1-30　智能化进程时间轴

当然，我们必须认识到 HR 智能是一种建议和改进的“工具”，在未来一段时间内都不会成为一套独立的解决方案，HR 智能的数据暴露和无意滥用也有不小的风险。例如，HR 智能试图预测高绩效员工离开公司的可能性，并告诉管理者“这个人很有可能离开”，这实际上可能催发错误的行为——管理者会忽视这位员工，或者以不同的方式对待他，实际上“引导”了员工的离职。此外，AI 专家们完全认同创建“解释性”和“透明”的必要性，即每当 AI 作出决定时，它应该告诉我们为什么，这会使人类合理判定是否采纳。不幸的是，今天大多数 AI 系统都是一个完整的黑匣子。大量企业实践中也拒绝披露 HR 智能的算法，他们认为在初期必须保护“算法”，防止员工的数据操纵使 HR 智能一开始就有失偏颇。

尽管存在这些挑战和风险，但 HR 智能的优势是巨大的。管理的直觉导向始终是人才管理的价值黑洞，我们必须想办法应用数据科学的真实。随着 HR 智能的日益成熟，我们必将看到生产力和员工体验的显著提升，我们必须对此耐心、警惕，并愿意投资。

第二章

智数行动：前沿举措扫描

张五常[1]说过，进入世界500强的公司一定是做对了什么，才能成长为世界级的企业。的确，当我们去观察异军突起的领先企业，会发现它们有着共同的管理价值观——员工的成功才是公司的胜利，管理的本质是使员工真正具有自我领导的能力。毋庸置疑，人才管理的创新，是基于人本管理的回归。

89%的组织要么最近已改变了他们的人才体系，要么已经在准备改进的路上。

——德勤《2015年全球人力资本趋势》报告

“智数时代”已经来临，先进的组织领先进化，推动管理智能化从思想转化为行动。它们探讨管理与技术的衔接，不断挖掘可以复制的经验曲线向水平（各部门）或垂直领域（各层级）延伸，推动人才实践在行业和学术上的进步，探讨人才体验如何更符合人性意识的阶段性诉求。

这样的组织不只有谷歌、微软和百度等科技企业，前沿实践是长尾[2]的，值得我们深入挖掘。通过文献研究、专家分享和企业调研，我们发现，大量组织正在跳出传统管理的围墙，作出令人欣喜的尝试。我们选取其中百余家企业的百余项实践进行重点分析，它们共同定义出新时期精益组织的内涵，点明未来西北油田构建人才体系的题中之义。

正如巴勃罗·毕加索[3]所言，“当有东西可借鉴时，我必要借鉴”。有效的人才管理并不需要“白手起家”。这一点我们需要借鉴科技创业公司的

① 国际知名经济学家，新制度经济学和现代产权经济学的创始人之一。

② 通常指那些原来不受到重视的销量小但种类多的产品或服务由于总量巨大，累积起来的总收益超过主流产品的现象。在互联网领域，长尾效应尤为显著。

③ 西班牙画家、雕塑家，现代艺术的创始人，西方现代派绘画的主要代表，被视为当代西方最有创造性和影响最深远的艺术家。

敏捷思维：通过借鉴、原型开发和实验，进行快速迭代，最终达成目标。当我们掌握充分的外部实践时，这种实践“联想”就会带给我们优化的起点。

总体而言，最佳实践的探索有许多共性。例如，探索通常始于“节约”，而非“炫技”；作出改变是员工和组织的共同需要，并且先实现“益”人，后“益”组织；缺乏行动是其他实践“不前沿”的主要原因，很多企业都浅尝辄止或者故步自封，始终迈不出第一步；数据挖掘是一流公司的管理标配，但最佳实践“无关大小”——既有谷歌的系统智能化，也有小企业的一小步尝试；智能化成为人才管理发展的共识方向，并且系统布局更容易产生价值；与文化价值观一致的实践更见效，因此多数实践都从文化孵化起步；机制创新必须“有利可图”，人力资源部一定要把作出改变的价值“算清楚”；人才的诉求越来越迫切，离职决策越来越坚决，组织必须行动在即……

本章我们将充分分析前沿企业的创见和智识，解构使它们在行业中异军突起的人才管理“超能力”，寻求多维思想的碰撞与突破。积跬步，成千里；他山之石，互联致远。如果我们能从每一家企业的实践中吸收一小部分，足够汇集成一个伟大的实践体系。本章结构图如图 2-1 所示。

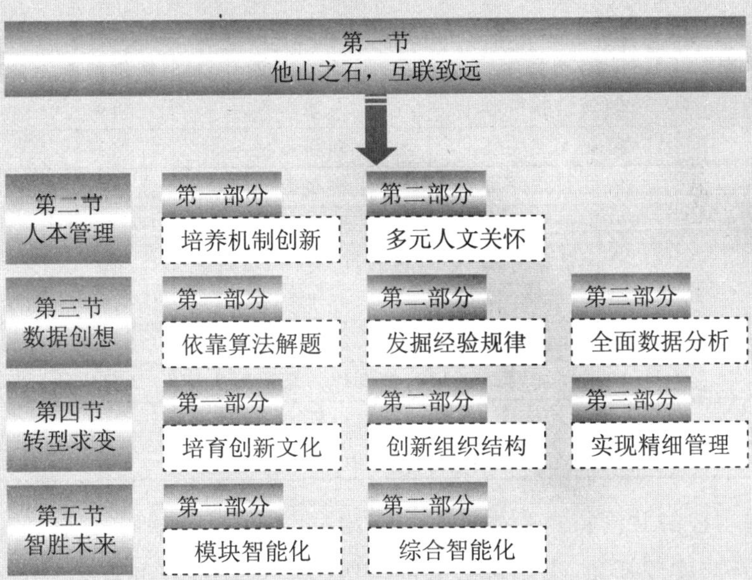

图 2-1　本章结构

第一节　他山之石，互联致远

在高度不确定的商业环境中，领先组织迎难而上，形成了大量人本化、数字化、精细化、智能化的早期实践，并在持续优化中获得价值、创造启示。

首先，"他山之石"贡献了前瞻性的实践经验，定义了精益化管理的内涵。我们盘点了2008—2018年这10年，呈现系统性、独特性、数据化、精细化、扁平化、游戏化、智能化、自组织等特征的组织实践，并汇集成人本管理、数据挖掘、机制创新和智能构建4个维度、10个方向、130项精益化人才管理实践，如表2-1所示。

表2-1　精益化人才管理实践体系

4个维度	10个方向	关键词	案例数量	实践总计
人本管理	创新培养机制	人才培养	19	30
	多元人文关怀	创新福利	11	
数据挖掘	依据算法解题	算法解决单一问题	15	32
	发掘经验规律	经验数据	7	
	全面数据分析	以数据系统解决问题	10	
机制创新	培育创新文化	促进创新	13	40
	创新组织结构	自组织、授权	11	
	实现精细管理	精细化、精简用人	16	
智能构建	模块智能化	单一模块、AI	19	28
	综合智能化	多模块、AI	9	

这些实践的共同特点是先精细、后精益，即先从细节、分解、标准、量化入手，逐步实现质量、效益和体验的升级。具体如图2-2和表2-2所示。其中，"理念上精耕细作"包括打磨人本文化，激活创新行动；"机制上精雕细刻"包括持续优化机制，提升人才体验；"技术上精益求精"包括实现数字化、智能化决策；"执行上精打细算"包括考量是否值得投资、是否产生价值。

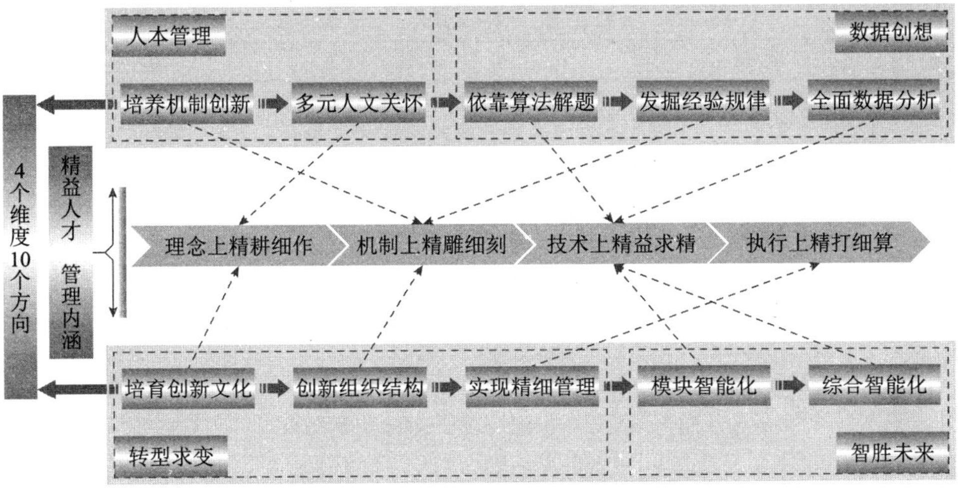

图 2-2　他山之石：定义精益化人才管理实践

表 2-2　词频分析——管理精益化的关键

前沿实践关键词	出现频率 /%	图　　示
人力分析 / 构建算法	62	
自组织 / 自主管理	43	
用户 / 产品思维	37	
创新创业	35	
招聘机器人	29	
组织网络分析	21	
干部培养	19	
管理实验室	15	
小团队	14	

总体而言，精益管理追求以最小投入创造最大价值，起源于追求“消除浪费、创造价值”的“丰田模式”。但是，“丰田模式”一味追求生产效率，“益”在组织而非员工。我们希望借鉴前沿实践，打造出精益管理的“西北模式”，以追求激活人才和智能决策为目标，真正实现“益”在人才。

其次，还原背景和环境，可以发掘出“他山之石”与西北油田面临问题的相似性，使我们可以从目标、举措和成效的关联中，形成方向和思路。基于多次内部调研，西北油田所聚焦的 10 项人才管理问题，几乎都能够在前沿实践中得到启发，如表 2-3 所示。

表 2-3　互联致远：西北油田人才管理焦点对标

序号	问题领域	问题阐释	对标企业
1	大型企业如何系统设计人才管理体系	大型企业如何应对复杂人才队伍的多元需要，如何一体化实施人才的选育用留	百度、谷歌、辉瑞、施乐
2	打破传统机制	促进薪酬绩效对等承诺，降低固有机制束缚	塞氏、海尔、胖东来、美捷步、施乐、网飞
3	知识型员工管理	把握知识型员工特性，设计符合其工作性质、协作偏好、成长需求的配套机制	谷歌、金宝汤、Spotify
4	促进人才合理流动	以轮岗为核心，培养 T 型人才；推动跨区域就职，支援艰苦地区业务发展，等等	联想、通用汽车、腾讯、华为、三星
5	畅通人才发展通道	力促青年人才成长，解决人才积压问题，淡化职级意识	小米、华为
6	科学化、数据化管理决策	构建决策模型，推动客观决策	太阳微系统、万科、弗立特、富国银行、辉瑞
7	科学化、路径化人才培养	分析人才成长规律，提供新员工职业引导，设计个性化培养方案	脸书、阿里、华为、强生、美国银行
8	创新精神与创业平台	构建内部创业机制，激发内部创新意识	海尔、谷歌、3M、宝洁
9	组织瘦身	减少管理层级，提升决策效率，推进自我管理	罗辑思维、塞氏
10	精简用人	以智能化管理支撑智能化油田，以算法模型、共享服务和未来的人工智能等方式，继续落地“油公司模式”人才战略	海尔、TNT、Strafory、施乐

西北油田人才管理挑战的四象限分析如图 2-3 所示。

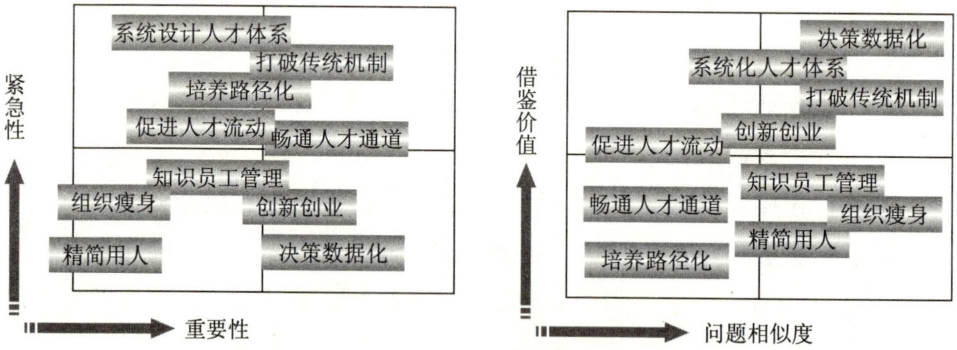

图 2-3　西北油田人才管理挑战的四象限分析

我们发现，由于对创新需求和技术支撑的需要，在数据化决策和智能化管理领域最先作出尝试的企业主要集中于谷歌、华为等互联网与电子通信行业，约占本次实践盘点的 31.50%。对于宝洁、通用电气等传统制造行业的大型企业以及美国银行等金融组织而言，由于组织规模庞大、管理理念先进及人才队伍充实，也在积极推动管理改革。最佳实践的行业分布如图 2-4 所示。

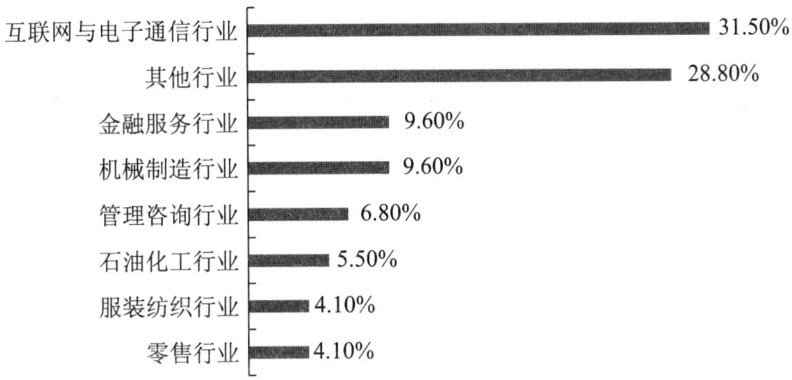

图 2-4　最佳实践的行业分布

前沿实践概览如图 2-5 所示。

1 培养机制创新	2 多元人文关怀	3 依据算法解题	4 发掘经验规律	5 全面人才分析	6 培育创新文化	7 创新组织结构	8 实现精细管理	9 模块智能化	10 综合智能化
TRACK项目	个性化致谢卡	员工 离职模型	最佳面试轮次	谷歌人力资源 实验室	思科内部创业	圈层组织	通用C会议	Google Hire “人才宇宙”	智能HR助理
双轮驱动	员工体验官	战略性人员 配置模拟模型	社交化甄选	游戏化 数据收集	百度 “百万美金”	京东三维结构	岗位经验分类	Strafory设计 “薇拉”	“全栈” 管理者
6封信训练营	健康计划	预测性人才 搜寻模型	优秀人才 绝对值	情绪考勤	工程师文化	韩都衣舍 蚂蚁军团	联想实施 发展型反馈	HireVue 人工智能	三文柱 人工智能
人才基本法	健康考核	高效招聘算法	谷歌氧气项目	情感分析软件	雇佣 最聪明的人	插件式小团队	德勤“拍摄” 绩效快照	绩效指纹	海妖情感 计算引擎
“九板斧” 管理修炼	变态福利	人才管理预测 模型	30人项目团队	雷神ONA技术	“70/20/10” 法则	海尔员工 创客平台	网龙实施 游戏化管理	社交连接 识别软件	虚拟现实 技术
“之”字形 干部模式	离职奖励	施乐招聘算法	离职信号 识别	Talent Insights	登月计划	华为平台 赋能体系	“京细化” 六项原则	优势测试器2.0 因人设岗	敬业度 智能管理
90天 转身计划	能上能下	百度人力指数	离职干预 黄金期	领英智能 追踪服务	20% 自由时间	红领源点论	病毒式奖励	Upwork推出 时薪制工作	工作行为测量
高管上任 工具箱	安居计划	埃森哲实时 绩效反馈	满意度 价值量化	健康安全 绩效分析平台	员工选拔领导	脸书特性小组	最佳面试官 算法	Brilent 智能面试官	平安HR-X项目
“地域专家” 培养高潜	遗属福利	人才投资 动态模型	百度Smart-HR	员工多样性 模型	流动工程师	罗辑思维 扁平化管理	网飞个性化 薪酬方案	“讨薪”发票	德勤人才 管理仪表盘
干部年轻化	福利工作坊	战略性 人力规划	“e-learning” 学习平台	德勤允许 员工调薪	投资明星 员工创业	TNT组织瘦身	塞氏 “利润共享”	时光机服务	每日头条 （SAP）
自由轮岗	工作环境 “娱乐化”	招聘渠道分析	行为安全算法	塞氏企业 打破传统	极客极地	宝洁Clay Street 项目	强生设定 “人才准则”	求职聊天 机器人	NeoFace 人脸识别系统
人才健康诊断	人才经验地图	“旋转门” 计划	敬业度方程式	通用启用 PD@GE	波士顿 温度平衡法	腾讯推进 敏捷绩效体系	施乐结构性 优化人才	Cursor突破 内部信息障碍	Riminder 筛选 最佳候选人
接班人考核	导师价值量化	“总裁助理” 培养高潜	人才保留算法	北森Gene 卡片技术	礼来创新中心	社会关系 测量器	欧莱雅 在线职业之旅	虚拟现实头盔	Mya 消除 面试偏见

贴近实际 近期易行　直面难题 中期可行　把握趋势 长期探索

图 2-5　前沿实践概览

这些“别人家”的实践，确实能给我们带来颠覆性的洞察与启发。我们发现企业在走向管理智能化的过程中，有基本的规律可循。

第一，以人为本。时至今日，组织如果仍然难以端正人才理念，恐怕在未来属于人才的时代会一输到底。离开人才谈创新，都是空谈。管理的着力点就是通过个体的成功来取得组织的胜利。**第二，聚焦培养。**领先企业密切关注员工的个人成长与发展，通过建立各种人才培养机制以激发员工的潜能与主动性，例如将管理者的责任与人才培养绑定，限定晋升年龄倒逼干部年轻化，等等。**第三，创造自由。**无论是相对于等级制而言的纵向自由——自我管理，还是横向自由——沟通协作，都是被实践证实的促进创新和提升体验的有效路径。**第四，数据驱动。**决策数据化几乎成为人力团队的评价标准，数据挖掘与建模分析是高级人力团队的必备职责。**第五，“软”“硬”兼施。**企业要兼顾“软件”与“硬件”的建设，既要推动管理系统的数据化和智能化开发与升级，也要重视企业文化、管理思维的转变与创新。**第六，“无”中生“有”。**自组织的实践者普遍认为，没有管理秩序，就会始终处于形成科学秩序的过程中，这比预先设定好一套不合理的机制和结构，更有利于组织的优化。**第七，“头”“脚”颠倒。**受技术积累、管理基础等条件限制，人力资源部可以先在技术要求相对较低、工作内容最为烦琐的招聘与配置、薪酬计发等领域进行模块式的智能化试点，条件成熟后再系统引入，不建议从“头部”开始。

当然，我们的借鉴，必须考虑“初期轻投入、中期易见效以及长期解难题”的原则，符合从描述性分析发展到预测性分析、从支持性功能向决策性功能转变的总体趋势，也必须融入西北精神的特定思考。至于是否适合国企，则完全取决于我们是否选择转变。

第二节　人 本 管 理

我们已经确信，移动互联时代颠覆了组织属性。在新的时期，如何看待组织中的人，如何通过技术使人与组织建立更深入、更有意义的关系，是对精益化人才管理的最大挑战。未来，无论人力资源管理的发展趋势是什么，其本质都是作出与人有关的决策。因此，“以人为本”必须真正实现，才能保持“企业”这种组织形式的生命力。

创新培养机制

关键词：加速培养、常态轮岗、双向选择、人才基本法、培养责任制、能力分级、折线成长、地域专家、干部年轻化、自由轮岗、2-in-1-box。

（001）通用汽车以 TRACK 项目加速培养人才。为了响应新时期员工更快速的职业发展诉求，通用汽车推出了技术轮岗项目，以帮助员工加速职业发展。该计划旨在吸引和支持那些倾向于在快节奏、创新环境中工作的人才。TRACK 项目的核心目标是告诉员工两年后可以到达哪里。参与者将获得针对复杂任务提供解决方案的实践锻炼、拓展技能水平的创新课程、跨职能经验以及能够建立并拓展自己在专业领域的人脉网络的机会。例如，销售、服务和市场营销的 TRACK 项目为个人提供了去尝试推动公司不同部门业务的机会，因为他们的目标是成为未来通用汽车的营销负责人。

（002）联想以“双轮计划”引导常态轮岗。通过“岗位兴奋曲线”等相关研究，联想证实了轮岗可以缩短 55% 的胜任周期，并提升岗位敬业度。因此，联想通过采用晋升性和经验拓展性两类轮岗方式，将轮岗打造成为稀缺的组织资源。轮岗的基本原则有三点：第一，“上轮下不轮”，如果上级轮岗，则下级不能轮岗，反之亦然，相隔时间至少半年，以保证工作开展的连续性；第二，只有高绩效员工、高潜力员工或后备人才，才能给予轮岗资格；第三，轮岗是晋升的重要条件。此外，联想设有细化的轮岗形式。例如，针对“回旋飞镖”项目，参与者需要承诺轮岗后仍然回到原来的团队；通过“2-in-1 box”的轮岗项目，把一位高潜员工放在他的“职业偶像”（通常是高管）的身边工作，略带“因人设岗”的色彩，轮岗者通常是“二把手”（虚职），主要任务是“影子学习”。在联想，没有人会因为轮岗而无所适从，因为定期或不定期的轮岗已经形成了特定的文化和工作方式，大家都已经习惯在不断更换上司或下属的情况下有条不紊地工作。

（003）脸书以6封信训练营实现人与组织双向选择。工程师入职后第一次打开电脑时，会看到6封邮件，其中1封是欢迎信，另外5封则分别介绍他们将要执行的任务，包括修改Facebook网站上的错误等。目的之一是让新员工充分认识到，他们拥有直接改变Facebook网站的使命和力量；二是让新员工接触很多需要人手的团队，通过与团队经理和员工的交流，了解他们的产品、参加他们的讨论。为期6周的新员工训练营，是一个最终让员工自由选择归属部门的旅程。在前4周中，导师们会指导新人完成5封信的任务，并锁定不多于3个团队的候选名单；在第5～6周，用人部门和新员工进行双向选择，新员工对有兴趣的部门可以直接沟通，并在第6个周末正式加入一个团队。

（004）强生设定“人才基本法”。强生公司的人才基本法有三项原则。首先，员工需要在现有岗位上完成“成功周期”，根据岗位的责任大小和范围的不同，一个角色的“成功周期”通常在2～4年。例如他们经历过一次完整的成功案例，包括设定目标、制定战略和策略并成功地执行与实现目标；他们展示了一个持续进步的过程。其次，员工需要兼具广度和深度的多样化经历。经历的广度包括跨文化、跨地域、跨部门及跨职能等，经历的深度包括扭亏为盈、新业务开创、成功领导跨职能或跨地域项目等。最后，从员工的目标岗位出发，系统规划员工职业发展。依据目标设定增加员工经验的行动计划，对入门级员工优先进行横向跨领域的发展而不是在同一部门内的晋升。

（005）强生诊断“人才健康”。强生会全面盘点每一个公司级关键岗位继任计划的三级成熟度，并根据继任人数来判断人才梯队的健康程度：“健康”对应 2 名 RN（已成熟）或者 1RN+1RL（待成熟）；“良好”对应 1RN 或者 2RL；“有问题”对应无 RN 或者 1RL。据此，强生将人才盘点、培养和发展职责赋予领导团队，领导者直接对人才梯队的“健康度”负责。公司明确要求高层领导晋升则必须培养至少 1RN。同时，对普通岗位而言，公司明确提出评价和盘点由直接上级负责，而发展计划则由员工本人负责。

（006）阿里以“九板斧”修炼各级管理者。阿里识别出不同管理层级的角色和能力差异，认为作为腿部力量的基层、腰部力量的中层和头部力量的高层，需要各有“三板斧”，这个模块形象地推动各级管理者“对号入座”“分级修炼”。其中基层需要修炼的三门课是招聘与解雇、建团队、拿结果，中层是懂战略、搭班子和做导演，高层是定策略、造土壤和断事用人。

（007）华为以“之”字形模式培养干部。华为长期坚持干部“之”字形、折线式培养。华为认为，一个员工如果在研发、财经、人力资源等部门做过管理，又在市场一线、代表处做过项目，那么他在遇到问题时就会具有全局思维，能端到端、全流程地考虑问题，有助于促成相互合作的作战群；如果员工一直在某个体系内直线成长，思维难免会有局限性和本位倾向。因此，任正非一直强调干部和人才的流动，要求华为片联（“片区联席会议”的简称）积极推动优秀的、有视野的、意志坚强的、品格好的员工走上“之”字形道路，培养充足的将帅团队，并不拘一格地从有“之字形”经历的员工中选拔年轻人才。

（008）华为实施 90 天转身计划。为避免新任管理者“转身”陷阱，华为制订 90 天转身计划，包括角色认知、转身教练和任前管理三部分。角色认知部分为期两个月，包括短期的封闭研讨学习和大量的实践要求。这个环节会分析在新的管理岗位上——你要承担哪些关键角色、展现哪些关键行为，以及发展哪些方面的能力。转身教练部分，会由一位导师以外的管理教练帮助新任管理者分析：从哪里开始了解新环境，如何识别该岗位的利益相关人并建立协作性的互动关系，等等。转身教练会规划 90 天转身期内与上司的五次关键谈话，并提供谈话清单。更重要的是，转身教练会与新任管理者一起，找出一个能够最快在新岗位上作出成绩的 quick win 目标，确保转身成功。

在任前管理部分（第 90 天前后），新任管理者将参加 60 分钟的任前审视会议，只有能笑着走出会议室的人才能获得任命。

（009）美国银行提供高管上任工具箱。美国银行利用大数据分析新任管理者的发展需求，对每位新任管理者提供一份个性化定制的上任计划。表 2-4 列出了成功完成第一年工作的路线图，包括哪些是需要重点发展的关系、哪些信息需要快速掌握、主要工作目标、如何发展自我以及在不同阶段利益相关者的期望等。

表 2-4　成功完成第一年工作的路线图

工　具	目　标	时　间
新任领导任职计划	为新任管理者组织各类就职活动	第一周
领导力模型工具	介绍领导力模型、自评	第一周
利益相关者会议	加速发展利益相关者网络	前 60 天
新同事融合	加速发展与新同事的关系	60 ～ 90 天
45 天利益相关者评价	反馈优势、不足，并制订改进计划	45 ～ 90 天
高层网络分析	创造机会与公司级领导建立关系	每季度
360 度反馈	根据领导力模型评估素质	180 天后

（010）三星以“地域专家”项目培养高潜。三星把一批最有潜质但没有海外经验的年轻韩国员工派到海外一年，学习和熟悉当地语言、文化及风土人情，建立人际网络，为三星未来进军这些市场铺路。“地域专家”起到三个重要作用：首先，通过“沉透式学习”，“地域专家”在一年期间完全与当地文化和社会融为一体，他们形成国际化的经营理念，能够提高对异国文化的适应能力；其次，很多“地域专家”后期被重新派遣到故地担任最高职务，他们可以推动当地业务的发展；最后，由于“地域专家”在当地各界逐渐建立了紧密联系，这将有助于为三星发掘海外优秀人才。

（011）小米竭力实现干部年轻化。伴随着小米业务部门重组，一大批年轻干部走上前台，部门总经理以“80 后”为主，平均年龄 38.5 岁。这表明小米正朝着干部年轻化的方向演进，做好了人才梯队的传承准备。“没有老兵，没有传承。没有新军，没有未来。”雷军在内部邮件中表示，小米决定着手培养、提拔一大批年轻的管理干部，构建更具活力、更有进取心的各级前线指挥团队。

此外，**塞氏企业**[①]**（012）支持自由轮岗**。在变革后的塞氏企业中，工人可以管理越来越多的生产流程，每个人都是多面手。在需要的时候，他们可以选择自己喜欢的岗位进行轮换。在这种模式下工作的工人比整天机械地重复同样工作的工人对工作更有热情和兴趣，这一切都会转化为更大的生产力。

阿里（013）以“接班人制度”强化培养责任。阿里总监级以上的中高层管理者的一项重要考核指标，就是要从管理、文化、业务等各个方面培养“接班人”。如果没有培养出接班人，就意味着自己没有晋升的机会。

脸书（014）设计愿望墙。员工可以把晋升愿望写在墙上，并且晋升没有固定的年限要求和时间规定，只要你足够优秀，可以随时得到晋升。

联想（015）设计人才经验地图。联想将一个普通员工成长为一个高层管理者所必须经历的岗位经验归纳为 9 种，在每次盘点时，都会依据这一经验地图规划继任者需要弥补的岗位经验和培养方式。

荷兰皇家壳牌公司（016）强化新员工入职引导。该公司使用“员工达成自主管理所用时间”这一指标来要求用人部门经理切实参与到入职培养流程中来。

太阳微系统公司[②]**（017）量化“导师价值”**。太阳微系统公司使用高级分析来优化导师制项目，通过大数据分析导师制在员工离职率、工资等级、导师及被指导者的敬业度等方面的具体影响，核算每一位导师能够为组织创造的价值。其中，未参与导师制项目的员工保留率为 49%，参与者的员工保留率为 72%，导师保留率为 69%，这种差异节省了 670 万美元，其中导师制项目共计花费 110 万美元。计算下来，最优秀的导师节约高达 12 万美元。

麦肯锡咨询公司（018）以“总裁助理”计划加速培养高潜。该公司总裁鲍达民先生每次在拜访客户时，都让两名高潜一起参加，这样的经历能够帮助年轻人迅速拓展视野，提升格局。

---

① 塞氏公司（Semco SA），是巴西最大的货船及食品加工设备制造商。塞氏原是一家从事工业机械等传统产业的家族企业，自现任总裁李卡多·赛姆勒接任父亲职务后，塞氏就开始了一系列大胆创新的员工自我管理实践，创建了独具特色的企业管理模式，推动企业较快增长的同时也成为巴西年轻人最想去的另类公司、世界上最受推崇的最佳雇主之一。

② Sun公司（美国太阳微系统公司，也译为升阳公司）成立于1982年，曾是世界上最大的UNIX系统供应商和全球开放式网络计算的领导者，于2009年被甲骨文公司收购。

兰德公司[①]**（019）推出“旋转门”机制。**这个机制是兰德公司构造的一种在学界、商界和政界之间保持通畅的人员转换机制，研究人员、政界名流、商界大佬的角色可以不断转换，就好比走旋转门一样。公司通过促进精英人士有规律地流动，创造最有效的人才历练，以开放的态度让最有价值的员工为兰德所用。

多元人文关怀

关键词：遗属福利、安居计划、能上能下、离职奖励、变态福利、健康考核、娱乐促进、自由上下班。

（020）谷歌布置遗属福利。如果员工在职期间不幸去世，该名员工的配偶或者伴侣将得到公司给予的长达 10 年的薪资补偿，金额相当于员工年薪的一半。去世员工的股份将转移到其配偶手中。如果有孩子需要抚养，孩子直到满 19 岁前都将获得每月 1 000 美元的补贴；如果孩子是全日制学生，这一补贴的有效期可以延长至 23 岁。

（021）腾讯启动“安居计划”。一直以来，腾讯 HR 都积极利用“产品经理”思维分析员工的真实需求，并推出相应举措。在 2011 年的人才盘点中，腾讯 HR 发现加入公司满 3 年的员工处于离职高峰期。通过离职访谈，HR 进一步发现高离职率的背后是员工无法在当地安家落户。HR 管理团队希望讨论设计出解决核心诉求、同时公司可承担的方案。2011 年 6 月，腾讯启动“安居计划”，决定在 3 年内投入 10 亿元为首次购房的员工提供免息借款。工作满 3 年、符合相应条件的腾讯普通员工均可提出申请，最高可获得 30 万元免息贷款。

（022）塞氏企业允许“能上能下”。首先，塞氏企业基于员工离职分析和弹性工作制可行性研究，允许员工自由上下班。公司让员工自己决定上班时间，并逐渐把弹性工作制延伸到工厂工人身上，员工可以在早 7—9 点间错峰上班，一天工作满 8 小时即可。弹性工作制使公司的缺勤率降到零，也极大减少了员工加班的时间。同时，公司允许薪酬“能上能下”，员工可

① 兰德公司成立于1948年，是美国最重要的以军事为主的综合性战略研究机构，被誉为现代智囊的“大脑集中营”“超级军事学院”，以及世界智囊团的开创者和代言人。

以根据企业提供的标准设计自己的薪酬。这种创新已成为自组织的标志。

（023）美捷步[①] **提供离职奖励**。美捷步公司在完成紧张的入职程序后，会为新员工提供 2 000 美元，让当中认为自己不太适应公司并且想离开的人离开，避免人岗错配的进一步损失。

（024）胖东来创造变态福利。 胖东来规定所有中高层干部，每周只许工作 40 小时。实际上，零售企业最忙就是晚上、周末和节假日，胖东来偏偏反其道而行之。例如，管理层晚上 6 点必须离开，每被发现一次罚款 5 000 元；下班必须关闭手机，每打通一次罚款 200 元。胖东来还规定管理层每月必须带着家人出去旅游一次，每年强制休假 20 天。

（025）万科将健康纳入考核。万科集团是首个将管理层的奖金与员工健康挂钩的企业。如果员工的体能和健康状况出现下降或不及格，管理层就要扣 1% 的奖金；如果员工健康状况达标，也会有相应的奖励。因此，管理者的考核就等同于员工的“健康福利”，这种创新福利显著提升了员工的满意度。

（026）Harrah’s[②] **制订“企业健康计划”**。公司利用指标评估健康计划对员工敬业度和企业盈亏的影响，从而计算出健康计划本身的价值。企业健康计划对员工生产力、整体医疗成本、员工士气和缺勤产生直接影响。据分析，不健康的员工和超重的员工平均每年使公司损失 3 天的工作量，公司依据这个数值设计健康计划的预算并积极推进。

（027） Airbnb 设立“员工体验负责人”职位。共享经济平台 Airbnb 设立了一个名称为“员工体验全球负责人”的新职位，负责推动“员工体验”的全面交付，代替此前的“首席人才官”。这项任命体现该公司“工作也是一种体验”的管理哲学，确保和企业文化及“客户导向”理念相吻合。

金宝汤[③] **（028）建立了“致谢卡”文化。**公司认为社交认可能够针对员工对非物质、个性化的报酬需要给予支持。金宝汤公司的道格·康纳特在其担任 CEO 的 10 年期间，向员工发出了 3 万张个性化致谢卡。

① 美捷步公司（Zappos）是美国一家著名的网上鞋店，2012年被亚马逊公司以12亿美元收购，一举刷新当时电子商务企业最高收购额的纪录。

② 即哈拉斯，是一家领先的赌博业消费者营销公司，全球博彩业巨头。

③ 金宝汤公司（Campbell Soup Company）创办于1869年，是当今美国首屈一指的罐头汤生产商，产品畅销全球120个国家及地区。

宝洁（029）以设计思维工作坊创新福利。宝洁 HR 部门动员各部门同事采访身边的员工，充分了解员工需求，并邀请员工参加设计思维工作坊，深挖员工需求，帮助员工构思如何解决这些需求。通过设计思维工作坊，公司已推出一系列项目，如“弹性福利”“团趣小组”等。

谷歌（030）促进工作环境“娱乐化”。谷歌发现，增加娱乐能够提升不同部门员工之间的合作水平，数据显示“娱乐”是人际吸引、人员留任和员工合作中的关键因素。因此，谷歌有意识地设计娱乐环境，甚至追踪员工们在咖啡厅所花费的时间，以最大化地开展项目。

第三节　数据创想

数据不仅可以应用于业务发展中，也同样适用于人力资源管理，数据思维已成为 HR 应对管理变革的新浪潮的必备。当前人力资源部门必须主动担起这份重任，提升自身的大数据思维与能力，力争靠近、模仿甚至超越谷歌等企业的先行实践。

依靠算法解题

关键词：离职模型、模拟配置、预测搜索、高效招聘、实时反馈、敬业度方程式、渠道分析。

（031）弗利特银行构建离职模型。作为美国第二大金融服务公司，弗利特银行拥有 5 万名员工，同时也面临着居高不下的员工流失率。通过建模分析，公司把员工当作客户进行观察，以 4 年来的员工信息作为分析对象，研究哪些管理做法最直接影响员工的去留决定，并且对这些做法进行建设性的试验和调整。最终发现，保留员工的关键在于关注员工的职业发展机会，实现其职业进步（至少是岗位流动）；普遍加薪并不是有效做法，需要关注优秀员工的调薪机制；此外，需要保持管理层的稳定。公司将研究结论实施后，在 8 个月内降低 40% 的流失率，节省 5 000 万美元成本。

（032）陶氏化学实施战略性模拟人员配置。陶氏化学设计“陶氏战略性人员配置模拟”模型工具，将员工分为 5 个年龄组和 10 个职务级别，以 3 年的历史数据（包括商业目标、发展晋升规律、市场环境等内外部变量）预测 3 年后的人员需求以及剩余员工数量，使人力资源部能够及时应对。

（033）美国富国银行构建预测性人才搜索模型。富国银行希望通过大数据分析缩小候选范围，精准引才。公司利用预测性人才搜索模型，根据候选人的背景、职业动机、业绩和生活 / 工作技能等数据进行筛选，并开发出 65 个易于回答和验证的在线问题（例如“你曾经干过几份工作”），对候选人实时评分。通过在线测试后，候选人自动进入面试。使用搜索模型后，公司发现参与在线筛选环节并得到模型优先推荐的候选人组别，与没有进行在线筛选就聘用的候选人组别，在绩效指标和留任率方面存在显著差异，这使富国银行实现了更精准的人才引进。

（034）谷歌开发高效招聘算法。谷歌开发了预测应聘者在获聘后是否具有最佳生产力的算法，促进面试的高效率、短周期、小偏差。首先，针对不同岗位类别的员工算法不同，精准识别卓越的应聘者；其次，利用算法分析已经被拒绝的简历，分辨可能错过的人才（谷歌发现仅有 1.5% 错失率），在重新审视候选人后，谷歌最终聘请了其中一部分；最后，基于算法，由团队作出聘用决策，以防止个别招聘经理为短期需要而聘请员工。

（035）谷歌开发人才管理预测模型。这是谷歌 HR 管理最具前瞻性的算法——预测人才管理问题可能在什么时间出现。算法对未来人力资源管理的问题识别、时机把握以及举措规划进行预测。例如，谷歌分析出在 3 年后将面临突出的员工成长问题，并发现最有效的培养计划，这是人力分析“量化已知、发现未知”的最高境界。

（036）施乐[①]**鉴别无效的主观经验。**招聘算法告诉施乐，应聘者是否具有相关工作经验并不重要。例如，数据表明，执行型人才倾向于坚持必要的 6 个月。所以，呼叫中心岗位员工最重要的个性特征是“执着”，他们必须在中心收回人均 5 000 美元的培训费之前绝不离开公司。经过半年实验后，公司人员离职成本减少 20%，全公司 48 700 个呼叫中心岗位招聘都依赖于算法开展，均围绕执行力等能力测评而非相关经验，问题包括“我会比大多数人喜欢问为什么”“人们是否比较相信我所说的”等。

（037）百度计算人力资本指数。百度连续 4 年开展“人力资本指数”研究，包括员工贡献意愿、留任意愿、组织创新指数、价值观指数四个维度，分析证实了“指数得分跟员工绩效呈正相关关系”。此外，研究支持驱动因素分析。例如，组织机制方面做得怎么样？团队合作配合方面做得怎么样？领军人物

① 美国施乐公司是全球最大的数字与信息技术产品生产商，全球500强企业。

（管理者）方面做得怎么样？该团队与公司的关系怎么样？团队员工最关心的问题是什么？这使研究从不同层面评价团队、管理者和员工，提供更全面的反馈。

（038）埃森哲提供实时反馈。年轻员工习惯于在日常生活中给予和接收及时的反馈。因此，埃森哲放弃年度绩效考核，转向由 APP 支撑、基于大数据的开放和持续的反馈。通过大数据分析，公司能够实时分析和识别员工留任或士气问题的早期迹象，赋予员工随时知悉的权利，而不是等待下一年度的绩效审查或员工调查。

（039）此外，**辉瑞**①**采取人才投资动态模型**。首先，公司根据国家和区域进行模型设计，完整描绘出内外部所有风险因素，精准找到人才流失的驱动因素，分析出保持劳动力稳定性的最佳办法清单，并按照模型预测的“投资回报率”给各类人才管理项目排序，支撑人才管理措施的分步实施。

（040）黑山公司实施战略性人力规划。该公司通过人力分析预测 5 年内可能发生的人才流失情况，并结合退休情况预测需要填补的人才类型以及这些人才的来源。更为重要的是，人力团队不仅仅停留于预测，最终提出 89 项重要的行动计划，旨在解决公司存在的人才短缺问题。

（041）彭博②**“按图索骥”，建模分析招聘渠道效能。**公司利用人力分析归因模型对招聘网站、社交媒体、员工推荐和大学校园进行分析，并结合专业、家庭等背景信息，评估每个招聘来源的员工表现，并根据这些数据相应调整招聘策略和预算。

（042）谷歌开发人才保留算法。这项举措支持谷歌提前预测哪些员工很有可能会离职，帮助管理者积极采取行动，并为员工留任提供个性化解决方案的建议。

（043）领英开发“e-learnIn”学习平台，通过一套学习算法，为用户提供量身定制的学习内容，供用户自主选择以匹配能力缺口，是基于算法的“学习地图”，并且支持社交互动和知识共享。**美国在线服务公司**③**（AOL）**

---

① 辉瑞公司是目前全球最大的以研发为基础的生物制药公司。

② 彭博（Bloomberg）是全球商业、金融信息和财经资讯的领先提供商，由纽约市市长迈克尔·布隆伯格于1981年创立，业务遍及全球185个国家与地区。

③ 美国在线服务（AOL）公司是美国最大互联网服务提供商之一，提供电子邮件、新闻组、教育和娱乐等服务。

（044）设计敬业度方程式。公司以优秀的人力资源团队，利用 Tableau 软件以及充足的数据，建立敬业度方程式。这个方程式可以预测敬业度的提升对企业绩效和人才保留的贡献及转化过程。

（045）摩根大通[①]**建立行为安全算法**。通过过滤员工邮件，摩根大通试图找出员工是否存在不法行为，防患于未然。

发掘经验规律

哈佛研究显示，人力资源的结构性优化势在必行。传统的管理参数，例如管理半径、层级、团队黄金人数等，都等待刷新。其中，部分企业通过大数据分析成功发掘出一些有效的经验数值及管理规律，可以为创新变革的企业提供可参照的依据。

关键词：最佳轮次、保留黄金期、氧气型管理者、满意度价值

（046）谷歌发现最佳面试轮次。以往，谷歌平均招聘周期为 3 个月，应聘者平均参加 6.2 次面试才能成为谷歌员工。谷歌人力分析小组追求 HR 服务的降本增效，他们通过数据分析和测评技术发现，4 轮面试足以成功预测候选人，如果每个候选人的面试次数从 25 次削减到 4 次，准确率可达 86%，平均招聘时间也将下降 2/3。此外，谷歌还通过分析摒弃了之前重视的、作为聘用条件之一的标准——“高 GPA 成绩 + 常春藤盟校学位”组合，因为这个聘用条件并不能预测长期工作绩效。

（047）施乐实施“社交化甄选”。施乐与 Evolv 公司合作进行人员预测分析，通过收集和研究一线从业人员的工作特性及工作绩效数据，发现适度的社交媒体活动（被定义为活跃在至少 1 个但不超过 4 个社交渠道或网络）能很好地预测客服代表的卓越绩效。基于这一信息开展招聘工作，施乐公司减少了 20% 的客户流失率和员工流失率。

（048）此外，谷歌计算出优秀人才相对值，即雇用一个顶级人才和雇用一个平均水平的人才相比，绩效至少相差 25 倍。同时，谷歌通过分析发现，在谷歌的成功团队大都是 1 名工程师经理直接管理 30 名左右的下属，在这

① 摩根大通集团（JPMorgan Chase & Co）是一家跨国金融服务机构，是美国最大的银行和金融服务机构之一。

样的团队规模下，工程师经理并不干预工作，他们的精力投入到如何为团队创造更为优质的任务环境中来。

（049）谷歌通过“氧气项目”证明，卓越领导者有 8 项重要行为[①]，糟糕的领导者则有 3 项典型行为[②]。依据这八大特征，员工每年进行两次对上司的评价，帮助管理者了解管理技能盲区，成为更优秀的经理。管理者在看到评估报告时，可以找到相关培训资源，并参加学习课程。

（050）eBay 识别离职信号。eBay 使用数据分析寻找人才流失管理的隐患点，发现如果员工在某个岗位待满 3 年而没有被提拔，也没有职责变动，那么这个人的离职倾向高于平均水平 60%。

（051）德勤发现离职干预黄金期。通过分析出勤记录、工作时长、休假时间、对客户的影响、付出的努力以及其他公司招聘信息、差旅情况（旅行的频率和距离、住宿酒店的次数、每星期到过机场次数）等大量员工数据，结合区域因素（居住城市）和经济环境（失业率），德勤发现提前 3 个月预测员工的离职决定对影响这个决定至关重要。

（052）美国百思买[③]测算满意度价值。通过人力分析技术精准判断在某一个特定的门店里，员工满意度的提升带来的收入影响。平均而言，员工满意度每提升 0.1%，将带来门店收入提升 5%。

全面数据分析

高价值活动遍布人力资源管理的方方面面，但越来越多的企业开始构建系统的分析体系，获取原来不易获取的信息，超越以单一算法构建解决单一问题的角度，帮助组织精准、快速、细致入微地影响人才体验。

关键词：智慧 HR、数据驱动一切、游戏化测评、情绪打卡、智能追踪、ONA（组织网络分析）。

---

① 包括：当一名好教练；授权团队，不必事必躬亲；关注员工的成功和幸福；富有成效，以结果为导向；善于沟通，善于倾听团队意见；帮助员工进行职业规划；团队目标明确，战略清晰；掌握关键技能，能给团队提供建议。

② 包括：无法了解和领导团队；前后不一的工作表现衡量和生涯规划；花非常少的时间在管理和沟通上面。

③ 百思买集团（Best Buy）是全球最大家用电器和电子产品零售集团。

（053）百度培养 Smart-HR。百度对人力资源管理系统进行体系化的价值升级，构建了智能化、数据化、社交化、移动化平台，利用大数据预测、控制和分析组织变革与人才发展。Smart-HR 的基础服务涵盖人事服务、薪酬福利、绩效考核、生活服务、学习发展等各种数据的存储和调用，员工每一次对服务的提取、应用又是对基础数据的补充；数据服务通过获取组织和人才的信息，对组织和人才未来可能产生的问题进行预测、预警，并据此向业务部门提出决策建议。

百度收集了超过 10 万名离职与在职员工数据及大量外部公开数据，构建了一系列人力预测和分析模型，同行评价（peer review）和离职预测两个功能最为强大。2014 年 10 月，百度 HR 开始探索使用 peer review，将其与大数据技术结合并运用到员工管理和工作评价中。通过系统挖掘员工近两年的工作关联性（通过移动社交网络识别往来圈、沟通圈、会晤圈），抓取联系频次，分析内容大小（而非分析内容本身），去噪点之后智能识别有权评价人[①]（peer），自动邀请他们对员工的团队合作、领导力和工作绩效等作出匿名评价，并向员工提供反馈报告，优化了直接上级或者 360 度评价的弊端。针对核心人才、高潜人才，百度构建了准确度高达 90% 的 90 天离职预测模型，呈现离职概率，提示管理者干预。公司运用近 3 年数据分析已离职员工的特点，倒推数据分析维度（例如近期晋升速度、涨薪情况、工作积极性等），并不停迭代，提高查全率、查准率，目前已有 100 余项预测指标（包括衍生数据）和对应的指标权重（比例根据数据实时动态变化）。

（054）谷歌成立人力资源实验室，用数据驱动一切人事决策。人力资源实验室在给高管们的建议书上，均以强大的数据“说话”，并且全面覆盖员工体验各个触点。大部分公司的 HR 都喜欢研究别人的最佳实践，然后依样画瓢。但谷歌宣称自己的每一项决策从来都不来自最佳实践，而是完全靠数据驱动。例如，为帮助员工在餐厅排队时最大限度地利用排队时间与掌握所需要信息的人交流，谷歌人力部门专门分析员工排队候餐的数据，计算工作网络关系和行为习惯，得出最理想的排队时间（3 ～ 4 分钟）和就餐指引，

① 系统设置人数限制，要求每位员工最多给20人做peer，总监、中干由12位以上的peer来评价，每位员工至少识别出2个peer。不同角色、不同维度的peer review的问卷不同，系统可以实现自动识别和推送得分加权计算。

重新设计员工餐厅布局（例如餐桌必须是长的，这样互相不认识的员工才会被迫交谈），制造有信息价值的“偶遇”。此外，团队开展很多“有趣”的HR研究。例如，通过实验判定谷歌是否使用最有效的方法令员工愉悦，奖励方式是否已经超过了员工预期。这个实验室甚至借助科学的数据和实验，通过降低员工饮食中卡路里的摄入量（例如，通过减小餐盘的尺寸，在12英寸的盘子旁边多放些8英寸的盘子，等等），来调整员工的健康和情绪。

（055）诀窍（Knack）实施游戏化数据收集。诀窍公司是一家电子游戏公司，它推出的两款APP游戏在玩游戏时收集大量数据，可以帮助组织全面分析人才。例如，你采取每个行动时犹豫多久、行动的顺序、如何解决问题等，这些数据都会在游戏过程中被记录下来，并分析你的创造力、坚持力、从失败中快速学习的能力、安排事情的能力甚至你的社交能力和个人品性，最终形成对你的心智、才能、岗位适应性、成为领导者或创造者潜能评估的详细描绘。

（056）美国在线退休保险公司（Ubiquity Retirement Savings）实施情绪考勤。公司在员工考勤上大胆创新，改变了下班打卡的意义。在公司门厅内一共有5个按钮可供自愿选择，如笑脸代表当天工作愉快，苦脸代表工作时感到悲伤。每次打卡记录其实是对员工日常工作情绪“储蓄”的记录。公司运用这些数据展开分析，结合员工的工作内容与表现，可以追踪员工激励的有效因素、分析晋升意愿和离职倾向，及时发现不满情绪并尽早干预解决。

（057）美国Kanjoya公司应用情感分析软件。该公司与斯坦福大学的科学家合作开发了应用于人力分析的自动数据分析软件——情感脉搏。这项技术可以发现在书面、对话中的意见、态度和情绪的微妙差异，也可以检测工作场所欺凌、骚扰和歧视的最早迹象。该软件可以自动进行筛选，也可以通过开放式的员工意见来了解成千上万的员工是满意还是沮丧。情感历来是管理学变量分析的重要中介和调节项，因此，公司能够实现对情感的捕捉、测量和分析，将为人力分析打开广阔的“超能力”。

（058）雷神[①]利用ONA技术。组织网络分析（ONA）源于社会网络分析（SNA），是一种员工价值创造网络的“底层”诊断工具，可以网络化呈

① 雷神公司（Raytheon Company）是美国大型国防合约商、全球在发展国防技术以及将这些国防技术运用到商业市场的领先者。

现组织痕迹，促进有效变革、团队协作和落地重大项目。首先，雷神通过分析员工之间的价值创造关系，智能挑选出当员工需要协作时会向谁求助，并将这些人转化为落地战略性工作的“催化剂”；其次，整合人力资源，识别技术与地理孤岛（例如，查明各团队间的“空白处”，识别关键节点的员工及缺少他们的严重影响），基于此，建立跨团队、强联系的信息流；同时，确定专门技术存在于组织的什么地方以及如何获取它们；最后，识别未来的领导以及那些有贡献但没有被充分了解的价值创造者。

（059）领英推出 talent insights（人才洞察）功能。这项功能通过数据分析帮助高管和企业用户作出更快速、明智的人才决策。例如，talent insight 允许企业在领英数据库中进行搜索，以发现那些与企业已经录用的人才特征相似的人才，并“定位”他们目前的位置与动向，以及这类人才正在进行比较的目标企业等。

此外，**领英（060）提供智能追踪服务**。此服务能够识别企业有多少员工加入竞争公司，又有多少员工来自竞争公司，从而帮助企业评估市场竞争力，反思管理问题，不断调整完善。**加拿大黄金公司（061）开发健康安全绩效分析平台**。公司利用平台分析员工在工作日产生的 7.92 亿个数据，系统识别问题和解决方案。例如，公司发现婚姻状况、年龄、情绪等因素是事故产生的重要原因。公司利用对这些方面的认知来改善工作方法和加强员工训练，以减少员工受伤的风险。**辉瑞（062）建立员工多样性模型。**与大多数公司不同的是，公司运用大数据来处理员工多样性问题，解决员工的差异化管理和应聘员工的差异化预测，即分析不同群体员工（女员工、少数民族、特定学历、特定籍贯等）在招聘、留任和升职时“薄弱”的本质原因，分析结果将应用于招聘、留任和升职等决策。

第四节 转型求变

任何一个现代组织的发展都需要两个纽带：一个是物质、利益、产权的纽带，另一个是文化、精神、理念的纽带。“硬件”与“软件”互相支撑，缺一不可。企业在走向智能化管理的过程中，面临的不仅仅是科学技术、硬件设施创新与发展的挑战，也应当结合时代与市场的需求，对企业文化、组织架构、管理思维等方面进行转型升级，以求实现更好更快的发展。

培育创新文化

关键词：极客极地、打破传统、员工选拔领导、流动工程师、明星员工创业投资、自由时空、“百万美金”计划、登月计划。

（063）双西格玛投资公司创建“极客极地”。这家公司的使命是再造投资管理，组织文化围绕“成为优秀极客的最佳之地”这一目标展开。公司几乎每天都有员工自发的互动活动，例如，员工利用上班时间喝咖啡、下棋等。团队每天开展“例行站会”（敏捷会议），用 15 分钟的时间开放沟通。工作环境也与传统投资管理公司昂贵精致的设计风格不同，双西格玛的办公室明亮且简约，办公区是开放的无隔断设计，大部分地方都比较安静，利于思考。

（064）塞氏取消传统规章制度。通常，传统的规章制度会导致人们的注意力偏离公司目标、管理者产生错误的安全感、出现冗余岗位等问题。塞氏 CEO 塞姆勒认为复杂的规章制度往往阻碍企业的创造力和适应性，规章制度和创新是不可兼容的。因而，塞姆勒力主取消所有象征等级的规定：门卫例行检查、考勤制度、着装规定；拆掉经理们的办公室，推行“走动管理”，取消为公司高层保留车位的做法；同时消失的还有名片、办公室家具、地毯上的身份等级标识。丢掉规章制度后，员工开始更多地自主决策，并且往往比他们的主管做得更好。

（065）塞氏支持员工选拔领导。塞氏的全体员工都可以参与企业决策，领导者的责任只是创造一个环境。上班时间、工资福利、工会组织、办公环境等都由员工自行决定。管理者在被雇用或提升到领导岗位之前，都要被所有将成为其下属的人面试并得到批准。每隔 6 个月，管理者就要由下属评价一次，评价结果会公诸于众。评价得分一直很低的管理者通常都会以不同的方式离开塞氏。塞氏几乎成为目前自组织实践的典范。

（066）脸书培养流动工程师。每 18 个月，所有脸书的工程师都必须离开自己的岗位至少一个月，参与其他项目团队的工作。这个项目叫作“黑客一个月”（Hack A Month）。一个月后，工程师可以选择回到原来的工作团队，大约 1/3 的工程师最后决定加入新团队。这种内部流动是脸书维持创新的重要因素。

（067）谷歌投资明星员工创业项目。谷歌的创新文化甚至延伸到了对离职员工的支持，尤其是经过绩效验证的明星员工。当明星员工希望离开公司进行创业时，谷歌会先帮助其审视商业计划，如果方案成熟，则会提供相应支持，并且在创业失败后接受“回流”。这种替代终身雇佣制的联盟制关系，可以塑造互惠的未来。

（068）思科投资内部创业。思科也有与谷歌类似的举措，鼓励工程师用业余时间创业。员工为了创业可以离开思科，思科将提供资金支持，并作为投资者而非管理者。若项目成功，思科享有优先收购权；若项目失败，公司也节省了人事、架构调整方面的麻烦。

（069）百度重奖“小团队”创新。在百度内部，有许多项目组式的小团队。“百度最高奖”针对 10 人以下的普通员工团队，提供“百万美金”的奖励，以“是否对公司产生卓越贡献”为标准。例如，是否在技术上、用户服务上有着重大的战略意义和价值。此外，从 2012 年开始，百度在每个周末举行“Hackathon（黑客马拉松）”竞赛，所有工程师都可以参与，自行组建小团队，自行定义方向，把想法做成一个成品或实验品，最终由公司各位技术 / 产品副总与员工现场评选出“黑马大奖”。百度认为真正的创新不是体现在员工有多少想法，而是员工把多少想法做成实际产品的过程，所以这个活动也叫“行胜于言”。很多好的想法在评选会当期就被业务团队认领，直接应用到业务上。而这个机制覆盖的人群更广，在这样一个环境下，没有士兵和将军，不再有组织的中心化、层级化概念，任何人都可以去实现梦想。

（070）此外，**德勤允许员工自主调整薪酬**。员工可以调高或调低对自己工作、职业期望以及报酬的要求，调整依据取决于个人需要以及这些因素伴随职业生涯的变化。

（071）**Spotify**[①] **培育工程师文化。**为了激发员工的主动精神，Spotify花大量时间来辩论什么是“最低可接受的行政管理”，即如何在混乱无序和严密管理之间进行微妙平衡。他们先明确了两种极端状况下的危害，然后找到一些标准，保证在降低风险的同时不会因烦琐的流程而负担过重。

（072）**谷歌只雇用最聪明的人**。谷歌的人才不只局限于互联网领域，在谷歌员工中不乏脑科神经专家、火箭专家等诸多领域的优秀人才。开放自由的企业文化铸就了谷歌公司高效率、扁平化、多元开放的团队，这是谷歌推动创新的基础性人才政策。

（073）**谷歌遵循“70/20/10”法则。**公司在投入70%的工程资源用以发展基本业务的基础上，拿出20%的工程资源来保证企业核心业务的发展，余下10%的工程资源将用于一些在未来可能爆发出巨大能量的边缘创新领域。

（074）**谷歌以“登月计划”探索空想式创新。**公司最注重的是有野心的想法，研发人员必须在一种倡导创新、民主的工作氛围中不断创造价值。因此谷歌建立了一套超前的空想式产品开发流程，并将其命名为“登月计划”。“登月计划”使创新项目彻底摆脱了各级管理者的定期审查与干预，并给予“登月计划”参与者当期充分、未来可期待的薪酬保障。

（075）**谷歌为创新者保留20%的自由时间**。谷歌员工在日常工作中，可以拿出20%的工作时间完成自己想做的事情。谷歌许多经典产品及服务都是员工在这20%的工作时间中创造的，如谷歌广告、谷歌新闻和谷歌邮箱等。

① Spotify（中文译为声田）是一个正版流媒体音乐服务平台。

创新组织结构

组织结构的创新是适应变化的根本。

关键词：拆掉金字塔、三维组织、蚂蚁军团、平台插件、创客平台、跨部门团队、特性小组、组织瘦身。

（076）塞氏拆掉金字塔，建立圈层组织。传统企业大多数都是金字塔结构，层级很多，很多大公司通常有 12 ～ 14 个层级，即使在“扁平化”的组织也有 6 ～ 7 个层级，而且只允许少数人晋升，大多数人长期处于“塔基”。这种组织结构既限制了个人发展，也使决策权只掌握在少数人手里，过多的层级又妨碍了信息沟通。塞氏开创性地设计了只有 3 个层级的圈层结构：第一个圆环包括副总裁以上级别的人，被称为“顾问”；第二个圆环包含 7 ～ 10 个业务部门的领导，被称为“合伙人”；第三个圆环包括所有其他人，被称为“伙伴”。伙伴中的骨干成员作为各部分的“协调人”。

在这个圈层结构中，每个员工都可以对工作进行自主决策，如果在某个问题上没有把握，伙伴可以向协调人咨询；协调人的问题可以在一周一次的小组会议上向该业务部门的合伙人咨询；对于影响所有业务部门的决策（例如一次公司范围内的加薪），则会被提交到周二的顾问会议上。新体制保证了每一个人的建议或要求能立即达到协调人，协调人在下一次例会时就可以直接与合伙人讨论。因此，工人们通常在几天内就能得到回复，而在传统体制下他们的诉求很容易被置之不理。

（077）京东建立三维组织结构。京东的三维组织结构包括：建立用户导向性的网络型组织、建立价值契约的钻石型组织和建立竹林的生态型组织。在新的组织结构下，京东的人力资源管理不是管人，而是管任务市场。京东 HR 积极围绕任务组合、整合人才，推动任务市场内部化、内部任务外部化。

（078）韩都衣舍成为蚂蚁军团。韩都衣舍的组织模式主要是基于小组制的蚂蚁军团组织，这是创始人赵迎光改造版的“阿米巴”[①]，他把企业内部划分成几百个 3 人小组，不同于其他企业的流程串联式组织模式，建立并

---

① 阿米巴经营模式是指将公司组织划分为被称作“阿米巴”的小集体，各个阿米巴的领导者以自己为核心，自行制订所在阿米巴的计划，并依靠阿米巴全体成员的智慧和努力来完成目标。

联式组织模式。每个小组都由 3 个人组成，这 3 人小组包括产品设计师、页面详情设计以及库存订单管理三个核心岗位，资历和能力强的人兼任组长。这种并联式的模式把公司变成一个平台，让所有的小组变成平台上的插件，获取平台的资源支持，直接面对消费者。这种组织模式使组织变成一个赋能体系，通过行政资源的支持、生产、品牌的运作、储运、供应链等，为数百个小组提供赋能。小组排名机制激活了团队，同时，整个利益机制是非常透明和稳定的。

（079）Spotify 搭建“大平台 + 小团队”。有如下结构的创新：首先，以自主运营小队为基本组织单元，这是包括 8 个人的跨职能小组，成员往往具备设计、开发、测试和产品发布所必须的全部技能与工具。其次，团队有高度的自治性和授权，可以自行决定处理方法，选择产品策略和功能开发优先级。其次，工作实现了自由秩序，有“小频次发布 + 解耦发布①+ 自助服务 +‘赶火车’②+ 交叉授粉③”等多项机制支撑。最后，文化是敏捷组织最基层的部分，同时也是转型最难的部分。Spotify 坚持信任＞控制、从失败中学习＞避免犯错、分享＞拥有，在“各自独立自主，整体最优”原则的支撑下，成功打造小团队和工程师文化。

（080）海尔搭建员工创客平台。在提出互联网转型后，海尔推出员工创客平台，鼓励员工创新，根据市场需求寻找商业机会。海尔几个年轻人做了一款叫作“雷神”的游戏本，很快就成为细分类目的冠军。这使员工成了独立的创客（创业者），创客之间形成“动态合伙”关系；员工从岗位的执行者转变为拥有用人权、决策权和分配权的创业者，工资也依赖于用户付薪。此时，创客与海尔的关系是合伙人关系。创客可以通过员工跟投、海尔创投、市场风投和其他投资方式，进行融资。其中，起步阶段通常是创客本人出资，海尔创投通过跟投、对赌超利分享、创客孵化、股权激励模式来进行投资。目前，海尔生态圈的创业模式有脱离母体孵化、企业内孵化、生态圈孵化、众筹孵化四种方式。其中，企业内孵化的创业小微的成员是“按单聚散”，

---

① 解耦发布是指Spotify为解决小分队间协作和同步中可能存在的沟通问题，专门设计了解耦发布结构，即小分队可以并行独立发布自己负责的部分产品。

② 公司设定频繁的“发布火车”，包括定期的发车时间表、发布控制中未完成的功能等。

③ Spotify内部开源工具，强调任务可视化、小团队密集的交流等。通过可视化的产品状态图，实时保证敏捷开发的顺畅进行。

竞单上岗，同时团队成员间采用官兵互选方式，成员间的构成也是动态的。针对生态圈孵化，海尔有大量的生态圈资源（如用户资源、产业资源等），与创客小微建立共创共赢生态圈。在生态圈中，有平台主（搭建培育创业团队的平台）、小微主（组建创业团队）、创客（创业者、合伙人）。最后，众筹孵化是指海尔通过开放用户产业资源，发展众创、众包、众筹、众扶等创新创业模式，为创客提供汇聚全球资源的加速平台。例如，海立方线上交互平台（主要提供创业者和创业资源的对接）；线下平台，包括创客学院（创客培养）、创客实验室（创意交互展示）、创客空间（创意落地）、创客工厂（产品试制生产）、创客金融（产品投资）和创客市场（产品销售）等。

（081）华为以"平台＋项目制"打造赋能体系。华为的铁三角包括功能型组织、委员会组织和项目型组织。功能型组织主要提供支持服务，委员会组织主要提供决策，项目型组织主要是执行、冲市场。华为最强大的就是真正深入一线的项目型组织，但是背后的核心力量是共享服务体系——既有拓展项目的支持，还有功能岗位的支撑。这种"人随任务走"的模式支持围绕任务进行人才的聚集，由不同部门、不同专业的人组成技能完整的"特别小组"，成为有效的创新模式和执行力量。

（082）红领[①]提出源点论。红领近年来提出具有生命特征的极致扁平化组织概念。这种扁平化组织的最核心思想就是源点论，源点论的核心思想是"四去"——去领导化、去部门、去科层、去审批，使整个组织走向简化，强调强组织、自组织。强组织是强调企业内部虽然没有领导，但是遇到新问题不允许拍脑袋、找领导，而是当事人带着解决方案在内部发起会议，大家研讨解决方案，由相关职能岗位流程管控中心建立虚拟组织研究，建立规范和标准，并固化到流程上，由自组织去执行。所以建标准、建规则是通过跨团队、跨职能的强组织，解决问题是靠自组织，这解决了统一性和个性化的问题。

（083） 此外，**脸书成立特性小组。**团队规模小的为 2 ～ 3 人，一般不超过 9 人，超过则拆分。同样，小团队内部形成闭环，团队构成包括产品经理、设计师和工程师，最大限度地保障创新和效率的均衡。

① 红领集团是一家生产经营高档西服、裤子、衬衣、休闲服及服饰系列产品为主的大型企业，近年来通过管理改革逐渐成长为中国个性化服装定制巨头。

（084）罗辑思维[①]**实施扁平化管理**，大企业通常会有 5 ～ 6 个层级，而互联网企业仅有 2 ～ 3 个层级，甚至，拥有 500 万粉丝的罗辑思维运营团队除了创始人之外，不存在层级，公司仅有一个部门就是财务部门。

（085）欧洲国际物流公司（TNT）中国区瘦身组织。调整前，TNT 从总裁到一线员工共 13 级，在 33 个城市布有网点，每个分公司都有一个总经理，网点之上还有三个大区。在这个结构下，信息传递沟通成本高。2015 年 4 月，TNT 在中国区进行了最大规模的组织调整。调整后，总经理数量从 30 多位减少到 10 位。通过减少管理层级，降低管理成本，并将节省资金的 80% 投入到一线员工的培训或加薪中，调整后，人员流失率从 19.2% 降到 13.9%。

（086）宝洁设计 Clay Street 项目。该项目是一个创意孵化器，由跨部门员工组成不同的团队，目的是设计出更符合企业经营目标的产品。宝洁近年来最成功的产品——佳洁士深层洁白牙贴便是跨部门团队的创新。

实现精细管理

关键词：C 会议、岗位经验分类、绩效快照、病毒式奖励、个性化薪酬、人才健康评价、最佳面试官、利润共享、敏捷迭代。

（087）通用电气创造“Session C（人才盘点会议，简称“C 会议”）”。C 会议是一种自上而下、由领导者主导的高潜力人才鉴别与继任管理标准工具，是 GE（通用电气）一年一度的战略性人才规划活动。它建立在校准考核和成长对话的基础上，具有强化的行动 / 决策重点和严格约束的跟进机制。在 C 会议开始前，系统会采取书面化的、非正式的方式对每位员工进行评估；并安排每位被盘点对象与自己的直接上级讨论个人发展计划，拟定下一年度需要参加的培训。在 C 会议上，GE 高级人力资源副总裁会与每个业务单位主管和人事主管讨论领导力与组织问题。在长达 12 ～ 14 小时的会议中，与会者将对业务单位有潜质的人才作出评估，系统审视人力资源对业务目标与计划的支撑情况。例如，讨论谁应该得到晋升、奖励和发展，应该怎么去做；谁没有达到业绩目标。通过这一机制，选拔和评估员工成为通用电气的一项

① 罗辑思维是互联网时代的一家知识服务商和运营商，旗下产品包括同名微信公众订阅号和知识类脱口秀视频节目，以及知识服务APP。

核心能力。

（088）加拿大皇家银行（RBC）细化“岗位经验分类”。银行人力资源部通过对组织中的成功领导者进行访谈，确定了他们取得成功的关键岗位经验，并对这些经验进行分类。这些经验进行归纳后共包括10类经验（表2-5）。针对每一类经验，银行明确了相应能力的提升期望。例如，对于“创业”经验，主要是培养管理者更好地处理外部压力、管理风险，以及向下描绘并传递发展方向。对于“领导跨职能团队”经验，主要指培养管理者多元包容、团队领导和非权力影响力方面的素质。

表2-5　10类岗位经验

序　号	发展型岗位 / 任务	定　　义
1	创业	创造一项新的业务
2	领导跨职能团队	与不同的跨职能人员一起工作
3	变化工作职责范围	承担更大的岗位职责、业绩目标或增加下属人数
4	兼并收购	参与兼并收购
5	与关键领导者工作	与成功的领导者一起工作或接受辅导
6	解决问题	解决棘手的业务问题或者项目
7	从失败或错误中学习	学习在决策或行动中产生的错误经验
8	负责业务结果	对影响业务的决策结果负责
9	管理不熟悉的领域	在不熟悉的业务领域担任管理者
10	推动变革	为组织培养与引入新的观念、事物

（089）联想实施发展型反馈。联想在实施人才盘点后，会对被认为是高潜力、有晋升可能性的人员的职业发展进行一次系统的反馈。反馈者通常由比候选人高出两个级别的三位高层管理者担任，并且他们都与候选人不在同一个部门或事业部。三位反馈者与候选人以及候选人所在团队的HR，将以会议的方式进行沟通，整个反馈会议的时间持续两个小时以上。发展型反馈的目的包括：发展——深入评价候选人的优势和发展机会；选拔——深入、全方位衡量候选人的领导能力，降低或避免因提拔不合适人选而造成的昂贵代价；加强核心领导层对人才发展的责任感。

（090）德勤“拍摄”绩效快照。德勤新的绩效管理系统中最重要的工具之一便是“绩效快照”，它让公司迅速、准确了解所有员工的表现，让公司能将更多时间用在和员工互动上。绩效快照的特点是：第一，问题简洁明了。

回答的问题都是针对打分者的行动，而非被评分者的特质或行为。例如，“你是否愿意把自己的奖金分给他？”第二，仅由直接上级打分，德勤认为直接上级是最了解员工的人。第三，问题是动态调整的，如果打分的差异化不高，说明问题无效，应该剔除。第四，在每个项目结束后做该项目的“绩效快照”，尽可能不给管理者造成过多负担，因为如果评价过于消耗精力，那么就不会产生可靠的数据。第五，绩效快照能显示实时“真相”，如直接上级的想法。因为，如果直接上级得知员工能够看到所有数据点，就容易美化评估结果，以免后续沟通过于尴尬。目前，德勤会将员工的快照分数汇聚成年终评价，在年终总结时公开数据，然后提供给员工详尽清晰的反馈。

（091）网龙公司①实施游戏化管理。公司通过系统的机制设计、持续的工具开发，以及一整套有效的任务运营系统，让员工“自然而然地”在游戏中落实各项管理工作。公司以积分奖励为核心搭建行为牵引机制，实现内审、悬赏和竞拍三大游戏化管理核心系统的联动：悬赏是正面引导，内审 bug 是负面“挑刺”，竞拍是积分“出口”，并将虚拟积分作为激励资源驱动公司倡导的行为，通过行为塑造文化，改善绩效。同时，网龙还推出游戏化星级，将员工的行为和业绩通过系统予以记录，以星级展示，并配套福利。

（092）京东明确“京细化”六项人才管理原则。第一，backup 原则，要求所有总监级及以上管理者任职一年期满时，必须从价值观、业绩、能力和潜力角度找到经人力资源部和 A、B 两级确认的、至少在 3 年内可以继任其岗位的候选人。第二，七上八下原则，针对价值观良好，能力达到目标管理岗位任职资格要求 70% 以上的内部员工，大胆提拔和任用；针对成熟业务及体系的经理级及以上的管理岗位空缺，要求 80% 以上通过内部提拔。第三，九宫淘汰原则，公司每年从绩效和潜力双维度盘点内部人才，根据人才盘点九宫格位置实施相应的管理举措。第四，815 原则，要求设置机构满足一定数量的管理幅度要求，一般情况下，管理人员的管理幅度（含实线和虚线下属）不低于 8 人，仅在实线下属多于 15 人时才能设置部门。第五，会议三三三原则，即会议核心内容不超过三页 PPT（演示文稿），会议时间不超过 30 分钟，决策会议不能开超过三次。第六，考核铁人三项原则，要

① 网龙网络公司（NetDragon Websoft Inc.）是中国网络游戏、移动互联网应用行业的领军者，也是中国在线教育、企业信息化行业的领先力量。

求所有员工和管理者考核的KPI（关键绩效指标）都不超过三项，超过项列入警示或监测项。

（093）IGN[①]——病毒式奖励。游戏化与薪酬和人才发展具备很高的关联性，它以积分、徽章和排行榜为三个要素，可以让工作活动变得更加引人注目，让激励对员工更有价值。IGN公司的“病毒式奖励”即游戏化的一种手段。该公司通过1美元的代币和员工分享一定比例的利润。这些代币根据每名员工的绩效贡献进行分配。尽管具体分配是保密的，但IGN公司会公布那些最成功员工所获金额，以此作为激励其他员工的一种方式。

（094）谷歌分析“最佳面试官”。人力团队挑选出具有连续多次成功招聘经验的面试官，对其面试过程中的行为和面试策略进行分析，根据参与面试次数、可靠性、反馈质量和及时性等进行评分，并接受监督质疑。每个面试官都有关于其对候选人的面试评分和候选人是否被录用、录用后跟踪绩效的历史记录，通过判断评分准确率、建议可靠性，建立面试官评价机制。此外，谷歌还请所有应聘者接受面试后调查（VoxPop工具），得到的反馈结果将被用于完善面试全过程。例如，组织办公室参观、提供午餐、给予面试者5分钟提问及缩短差旅报销时间。通过这些改进，80%被拒绝的面试者都会继续推荐亲友到谷歌工作。

（095）网飞[②]制定个性化薪酬方案。公司实施个性化薪酬方案的主要目的是当业务增长时，将薪酬设计的复杂度降到最低；希望不需要规则和流程，通过高薪吸引高质量人才。网飞公司以最简单化的方法，由员工设定薪酬并匹配绩效承诺，并不考虑内部薪酬比较和外部薪酬水平。

（096）塞氏推进“利润共享”。塞氏企业传统的工资构成与多数中国企业如出一辙：固定工资+浮动工资，其中浮动工资作为奖金，根据绩效而定。但是，没有人对此满意。在决定变革之前，塞氏企业调查员工认为企业能赚多少钱，结果显示员工普遍认为公司过度贪婪，利润高达收入的20%～30%。至此，管理层坚信让员工了解全部真相是明智的选择。塞氏认为，如果员工在他们最关心的问题上感觉不到公平和透明，民主管理的所有努力

① IGN（Imagine Games Network）是一家多媒体和评论网站，主要对象为视频游戏，现已发展成为全球规模最大的游戏娱乐媒体。其母公司是IGN Entertainment（GameSpy、Rotten Tomatoes、AskMen持有者）。

② 网飞（Netflix）是美国最大的在线DVD（数字多功能光盘）租赁商，订阅服务范围涵盖北美洲、南美洲、澳大利亚、新西兰、欧洲部分地区、日本等。

充其量是营造一团和气而已。因此，公司启动了“利润共享”计划。在分享财富之前，塞氏公司首先公开各级员工的薪水以及公司财务业绩信息。其次，通过协商，从企业总利润开始算起，将扣除40%的税金、25%的股东分红、12%的再投资后剩余的23%分配给员工。最后，公司明确，没有利润的时候不发安慰奖。

（097）此外，**通用电气启用PD@GE应用程序**，废除了传统的“活力曲线”，开展实时管理评估。通过安装APP，员工可以在平台上设置自己的工作优先规则（priorities）；直属经理可随时多次就工作重点与员工快速交流（touchpoints）；员工可以在任何时间、地点借助“真知灼见”功能（insights）给予或征求反馈意见，反馈意见的来源不局限于员工直接上级或部门主管。

（098）**波士顿咨询公司采用温度平衡法**，将公司成员分为“温度计”和“调温计”。“温度计”指能够显示公司冷热状况，看到公司问题的人，这部分人往往是一线员工；“调温计”是能够设定温度的人，这部分人就是思想领袖。在“温度计”发现问题、提出改变之后，“调温计”要尽早参与，才能快速促成改变。

（099）**腾讯通过敏捷迭代优化绩效体系。**腾讯人力资源部门针对绩效考核体系在一年半的时间内进行了3次迭代，优化了10项规定。第一阶段在人力资源团队内部试点，覆盖1.5%的员工，共有300多位人力资源从业者参与；第二阶段选择较大的业务部门进行试点，覆盖10%的员工，共有3 300多名员工参与；第三阶段在全公司进行推广，最终打造出一套比较完善的绩效管理工具。在迭代过程中，员工的认可度持续提升。

（100）**施乐正本清源，利用大数据实现人才结构性优化。**公司首先将员工数量裁减一半，同时利用数据分析为公司聘请最优秀的人才，并提供有巨大吸引力的工资，寻找人才保留的有效措施，竭力打造最纯粹的精英团队。这与网飞公司有异曲同工之妙，网飞CEO的看法是，公司要追求“人才密度”，即先招到市场上最好的人才，然后大量淘汰，保证每个岗位都是明星员工。

（101）**北森推出Gene能力卡片技术。**这是一种充分考虑到“应变”原则的素质建模敏捷技术。在预先做好准备的情况下，几个小时的会议就可以用卡片这种轻松的方式来构建一个岗位序列的通用能力模型。正因为建模过程十分敏捷，才能确保灵活应对岗位快速变化的管理实际。

（102）宝洁依赖“创新众包”提高研发能力。宝洁发现，公司投入15亿美元研发资金，研制出2.7万项专利，但仅有10%用在了宝洁的产品上，投入产出效率亟待提升。此外，公司发现很多成功产品都是不同部门合作的结果，因此扩大“交叉授粉”的范围将会催生更好的产品。基于这两个原因，宝洁依靠“创新中心”[①]等众包渠道，把公司外部创新比例从15%提高到50%，将过去由员工执行的工作任务外包给非特定的问题解决者，这使宝洁的研发能力提高了近60%，创新成功率提高了2倍，而创新成本却下降了20%。目前，公司的全职研发人员有9 000多名，但外围网络的研发人员高达150万人。

① 创新中心由医药制造商礼来公司赞助。这个网站聚集了9万多科研人才（解决者——solver），包括波音、杜邦和宝洁等跨国公司就是求助者（seeker），它们把最头疼的研发难题抛到“创新中心”，等待网络高手来破解。seeker除了需要向“创新中心”交付一定的会费外，还要为每个解决方案支付1万～10万美元的费用。“创新中心”的难题破解率为30%。

第五节 智胜未来

当前，不少企业开始在招聘与配置、薪酬管理、人员培训等单一领域展开智能化尝试，也有部分技术领先型企业尝试开展综合性的智能化管理。这些举措均为最终实现全面的HR智能管理提供了宝贵的经验。

模块智能化

关键词：人才宇宙、“薇拉”面试官、HireVue面试官、社交网络吸引、时薪制工作、因人设岗、欧莱雅在线职业之旅、绩效指纹、时光机服务

（103）谷歌通过Google Hire管理“人才宇宙”。每年谷歌聘用的人中超过半数都是由人才搜寻智能工具Google Hire找到的，使招聘团队可以利用更多的时间与人交流。Google Hire有四项核心功能：第一，谷歌将其称为“可知的宇宙”运动：Google Hire几乎可以定位某个公司或行业中的所有人或某类型的人，供公司分析决定招聘哪些人。第二，在几秒内一键完成面试安排，包括查找日历空闲时间、预订房间、预备面试官、自动建议面试者和理想时间段等；如果面试官在最后一分钟取消，Google Hire不只提醒招聘团队，它还推荐可用的面试官，并快速邀请面试官。第三，自动突出显示简历重点，Google Hire分析岗位职责，在简历中突出显示相关单词（包括同义词和缩略词），自动提示招聘人员。第四，单击“致电候选人”，可自动记录包括筛选候选人、进行面试、跟进录用等数十次的电话交谈，这可以方便招聘团队成员知道谁已经与候选人通话，而不是多次拨打同一个候选人。

（104）俄罗斯圣彼得堡一家初创公司Strafory设计机器人“薇拉”

（Vera），长相与人类极为相似。目前薇拉正帮助百事可乐、宜家、欧莱雅等几大顶尖跨国公司对应聘者进行面试。薇拉利用人工智能技术，从多个工作地点调取申请人简历，根据相应的工作要求筛选出候选人。Srafory 为薇拉配备了先进的语音识别功能，让其能进行复杂对话并完成复杂任务。所以，薇拉会打电话给候选人，告诉他们相关工作信息，最后薇拉会通过电话或视频的方式与最佳候选人进行面试。薇拉可以同时面试上百名申请人，这一能力为公司节约 1/3 的招聘成本。目前，该公司正在教薇拉如何识别愤怒、高兴和失望等情绪。未来，薇拉将能正式雇用或解雇任何员工。

（105）联合利华、耐克等公司应用 HireVue 人工智能系统。 HireVue 是一款基于视频文本的软件，它能基于面部表情、语言词汇，从视频面试中提取 25 000 个数据点来选出表现最好的人员，甚至可以对人员的同情心、决断力等抽象特质进行评估。英特尔、联合利华、耐克等公司都在使用 HireVue。

（106）Koru Careers Inc 公司开发“绩效指纹”。公司总部位于西雅图，以华尔街为主要客户群，正在花旗集团和其他银行进行技术试点，帮助不同的公司测试分析员工的高绩效特征，即公司的“绩效指纹”，然后“检测”申请者，识别出最适合该公司的候选人。Koru Careers Ine 公司向其客户收取的指纹费用和检测许可证费用均未披露，但随着申请指纹的人数增加而增加。申请者还可以录制简短的视频，在视频中谈论自己的职业品质和职业抱负。Careers Ine Koru 公司为客户筛选视频，不仅分析申请者说话的内容，还综合分析他们的表达方式（包括肢体语言和说话速度）。

（107）领英基于社交网络关系吸引人才。 在大型组织中，当一个顶级候选人被发现时，公司招聘 HR 可以应用领英的“社交连接识别软件”，找到公司员工中谁与候选人有强社交网络关系，然后安排有最强连接的员工（提前对该员工做一些辅导）和目标候选人接触并建立联系，提高成功获取目标人才的概率。

（108）脸书应用优势测试器 2.0 因人设岗。 盖洛普优势测试器 2.0 能帮助个人了解和描述才能，管理者通常使用它来了解并发挥员工的优势。脸书不考虑公司是否有职位空缺，只要聘用到最聪明的人就可以，然后利用测试结果了解新员工的才能，并为每一位新员工创建一个适合他们的工作岗位。

（109）Upwork 推出时薪制工作。在 UPwork 平台上，自由职业者除了可选择传统固定薪酬的工作之外，还可选择独具特色的时薪制工作。自由职业者在工作时，可打开计时软件 New Upwork Team，该软件每 10 分钟就会自动截屏捕捉键盘活动，并发送给雇主，成为工作监督与支付薪酬的依据，有效保障雇佣双方的权益。该平台还可以根据用户具体需求，对结算金额、工作量安排进行灵活调整。同时，Upwork 每季度都会发布“最受欢迎的自由职业者技能”报告，自由职业者的薪酬水平与每个人技能和曾经雇主的美誉度息息相关。

（110）SourceCon（北美猎头公司）开发智能匹配机器人 Brilent。SourceCon 公司举办竞赛，要求参赛者从 5 500 份真实简历中，筛选出最匹配公司要求的产品经理、系统管理员和地勤人员 3 个职位。参与竞赛的除北美地区最顶尖的 8 名猎头，还有 1 台能够进行人工智能匹配的机器人 Brilent。机器人只用 3.2 秒就筛选出合适的候选人，精确度在所有参赛者中排名第三，而获得第一名的猎头，却用了 25 小时。

（111）Felix 支持实时移动付薪。Felix 移动程序能够帮助自由职业者与雇主之间建立“自动转账”的关系。它能够让自由职业者按周记录工作时长，然后向那些同意自动付款的雇主发送“讨薪”发票。这类发票每周产生一次，如果双方存在争议，那么客户可以在 48 小时内取消支付薪金。由于移动平台上产生了大量实时、动态的数据，未来的薪酬报告很可能由这类平台依据技能、岗位等维度，按季度、月度甚至实时发布。

（112）谷歌应用时光机服务。互联网档案馆（internet archive）提供了一种时光机（the wayback machine）服务，会对 2 400 多亿个网页做备份存档，可查询的记录能追溯到 1996 年。谷歌利用这个方法对几家非常出色的公司进行分析，汇总了全部员工名单，评估哪些人适合来谷歌工作并很可能取得成功。之后，谷歌会接触候选人的人际网络，建立关系——一封邮件或一个电话，甚至一次会议上的一面。通常，关系的建立由招聘人员完成。

（113） MeetFrank 用聊天机器人提升候选人求职体验。下载该 APP 的用户可以和聊天机器人 Frank（“耿直男孩”）进行一次快速的“入职谈话”——从设定好的各种选项中选择他们拥有的技能、经验、为何要换工作、目前职位、薪水等，省去自己写简历、填表格的烦恼。并且，用户不需要提供任何可识别的个人身份信息，仅通过能力去匹配潜在的工作机会。MeetFrank 有效缓解了被动求职和人才空缺匹配的压力，降低了“换工作”的门槛。

（114）**Cursor 突破员工交流障碍。**Cursor 是一种降低员工交流不足的危害内部信息搜索工具，其目的就是确保某些经常被询问的问题，不会只有一个人知道解决方案。用户可以对搜索得到的信息进行评价，这些信息还会被贴上元数据标签以帮助员工更好地搜索信息。例如，如果产品团队的某个员工需要一些东西（如代码片段等），那么他们就会以一种直觉般的方法找到它，而不是发一封邮件给数十个人慢慢找。

（115）此外，**阿莱克斯·彭特兰**[①]**设计了社会关系测量器**，用于收集人们在生活状态中的一系列行为信息。这些信息能够准确反映出人们的心理状况。将这种技术应用于薪酬谈判中，HR 只用半分钟便可以得出应聘者对薪资水平的接受度信息，HR 可以及时调整薪资水平来获得想要的人才，科学设定“双赢”薪酬。

（116）**欧莱雅开发在线职业之旅（REVEAL by L’Oreal）**，面向全球提供在线职业测评系统，可以帮助求职者找到最适合自己的职业。

（117）**通用电气“戴上”虚拟现实头盔**。公司将虚拟现实用在了校园招聘会中，通过让学生戴上虚拟现实头盔，参观公司石油和天然气回收机设备，在丰富体验的同时合理控制成本。

（118）**Mya Systems**[②] **公司致力于消除招聘过程中的人类偏见**。Mya 是一个很像招聘人员的聊天机器人，能对面试者进行面试和评估。Mya 和一些招聘人员不同，不关注长相、性别和名字；它会问客观地基于人员表现的问题，避免人类可能作出的潜意识判断。

（119）**法国初创公司 Riminder 能够帮 HR 更高效地筛选简历、更精准地找到最佳候选人**。数据显示，每个 HR1 年平均要用掉 21 个工作日筛选简历，1 年要扔掉 67 500 份简历，阅读这些简历要消耗一个 HR 每年 42 个工作日。此外，入职 offer 及试用期转化率仅 50%。这样计算下来，Riminder 可以帮 HR 节约大量时间、帮助公司节约大量成本。

① 阿莱克斯·彭特兰，麻省理工学院东芝分院教授，全球七大权威大数据专家之一。他引领了大数据、个人数据、世界经济论坛的隐私权倡议的思潮，是可穿戴技术、发展中国家科学技术、图像理解方面的先锋人物。

② 2012年成立的一家人力资源智能科技公司，公司战略是减少人类对招聘的影响。

（120）NEC[①] 推出人脸识别系统 NeoFace。 NeoFace 能够识别人的表情，可以在面试、工作场景中应用，进而分析出人的情绪状态，并通过数据积累来追踪和分析人的行为。

（121）思爱普（SAP）推出“每日头条”智能服务， 支持预测主动离职，评级为 3 的高绩效员工最有可能主动离职，其他依次为评级为 5 的员工、任期时长少于 1 年的员工等（图 2-6）。

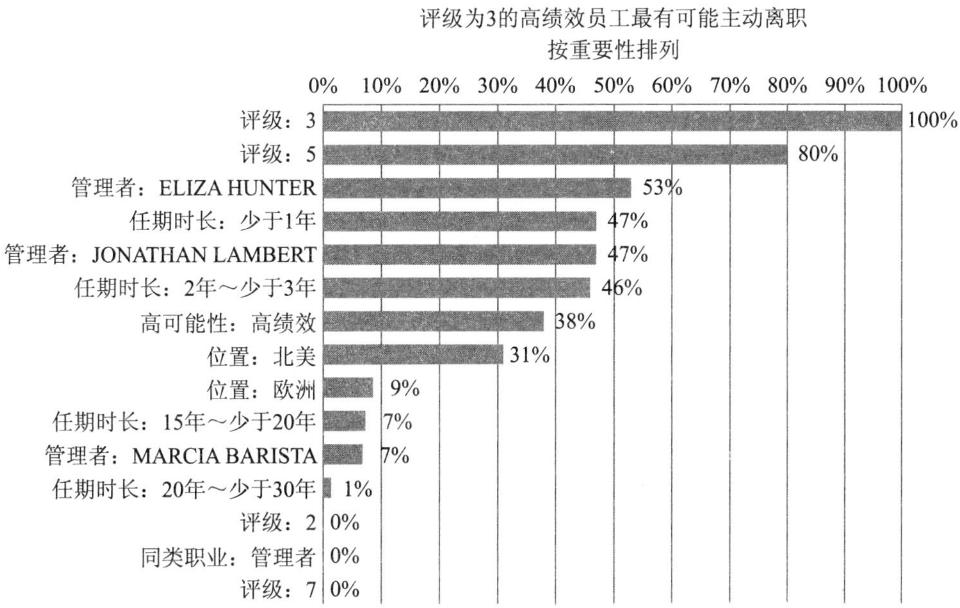

图 2-6　SAP 每日头条提供动态离职预测看板

综合智能化

关键词：智能 HR 助理、三支柱机器人、海妖情感计算引擎、人才管理仪表盘。

（122）Leena AI 成为智能 HR 助理。 HR 和行政人员每天需要解答内部员工大量的问题，包括“年假还有几天”“怎么报销”“怎么请假”等。这些问题其实都有明确的答案，但 HR 需要分别答复。通过构建聊天机器人，Leena AI 可以帮 HR 回答常规问题，将 HR 从琐碎的员工沟通中解放出来。

---

① 日本最大的信息技术提供商。

当员工想请假时，不用再找“请假”模块进行操作，而是直接对机器人说一句“请假”，就自动进入请假流程。Leena AI 能够实现数据库的自动化更新以及 HR 常规问题查询。员工可以向 Leena AI 询问工资、考勤、报销、审批、假期等各类常见问题；机器人还会将员工与职位导师联系起来，让导师提供建议或推荐课程；此外，它还能帮助 HR 自动观察和判断员工状态、情绪、关心问题、离职和休假可能等，从而提示及时采取相应的措施；员工入职时，机器人会指导手续、流程；员工离职时，会收集员工反馈。目前，Leena AI 每周都会与员工进行 1 000 次对话。所有数据都反馈到神经网络中，从而将 Leena AI 训练得更好。

（123）IBM Watson 扮演“全栈”管理者。IBM Watson 是认知计算系统的杰出代表，通过自然语言处理和机器学习，帮助决策者从大量非结构化数据中获取重要信息。IBM Watson 能够协助组织收集应聘者在网络上的言行，再配合面试时的数据综合分析，如果某些特质并不适合该岗位，就会拒绝聘用。例如，IBM Watson 让候选人打字给机器人，机器人就会在几秒钟内出具一份完整的候选人性格报告。又如，IBM Watson 还可以通过员工考核，分析员工工作表现，向人力资源部门提供员工的职业规划建议，将合适的员工放到合适的位置，实现人尽其才。此外，IBM Watson 还可以结合实习生的表现，决定如何培养和任用实习生，从而提升优秀人才的留存率。

（124）BizReach 实现三支柱人工智能。日本高端人才招聘网站 BizReach 与雅虎及美国客户管理平台 Salesforce.com 合作开发了一款人工智能工具，能够通过收集员工的工作数据，系统性完成招聘、员工评价和分配工作岗位等任务。这些数据通过智能机器人进入人力资源管理部门之后，能够帮助人力资源的三支柱形成全面联动，将现在缺失、隔离的数据进行串联，打破现有的信息孤岛局面，辅助业务决策，从而扩大人力资源部的影响力。

（125）中国初创科技公司推出海妖情感计算引擎（EmoKit）。海妖情感计算引擎是一款关于情感计算的免费应用程序编程接口，可以进行情绪的识别、优化和表达。海妖情感计算引擎可通过 APP、穿戴设备、智能家居、车联网、机器人等途径采集人的情绪。情感算法基于专家模型，并通过机器学习不断提升精度，还可以根据用户的情绪匹配音乐等内容，帮助用户优化情绪，从而解决情绪问题。海妖情感计算引擎现在已更新到第六代，能够运用于人力资源的员工管理场景，例如。将其纳入员工援助计划（EAP），接入一些可穿戴设备并与组织管理后台数据库相连接，让组织实时感知员工的情绪，并及时作出相应的解决方案。

（126）此外，**德国铁路公司应用虚拟现实技术**。虚拟现实技术主要运用在员工招聘与员工培养两大方面。公司利用虚拟现实眼镜进行员工招聘，候选人有机会在虚拟空间中体验所申请岗位的实际情况，从而降低试错成本。同时，公司也利用虚拟现实技术让内部员工体验未来的工作环境，以便让他们做好准备，迎接挑战。

（127）**Glint（美国实时员工敬业度平台）实现员工敬业度智能管理。** Glint 将人工智能引入员工敬业度管理，支持实时发现、记录超过或低于敬业度基础分的员工，并对存在问题的团队自动发出警示。

（128）**VoloMetrix 公司**[①] **可以测量工作行为**，允许企业更好地了解员工如何花时间在工作上。例如，它允许公司查看员工在销售中与客户的交流时间，或者不同团队如何在一起（或者不在一起）工作。所有这些数据都被匿名化收集在公司的通信系统中。

（129）**平安集团推进 HR-X 商业化**。通过平安 HR-X 项目，每个员工都能看到自己的基本信息和归属自己的活动，实时发送认可并进行工作互动，形成平安人才的大数据画像，提供人才决策依据。未来，平安的 HR-X 将作为平安的 HR 智能产品，拓展服务于更多的大型企业。

（130）**德勤设计人才管理仪表盘**，采用 10 种不同的衡量标准实时分析团队敬业度和绩效，并将信息传达给公司所有团队领导和资深管理人员，这种及时的反馈能大大提升员工的敬业度、使用度和员工体验。

① VoloMetrix公司成立于2011年，是一家销售、生产力及人力管理初创企业，它的产品旨在帮助企业弄清楚员工如何分配他们的时间。

第三章

颠覆：管理智能全景图

善于获取数据、分析数据、运用数据，是领导干部做好工作的基本功。各级领导干部要加强学习，懂得大数据，用好大数据，增强利用数据推进各项工作的本领，不断提高对大数据发展规律的把握能力，使大数据在各项工作中发挥更大作用。

——2017年12月8日，习近平在中共中央政治局第二次集体学习时的讲话

要建立灵活的人才激励机制，让作出贡献的人才有成就感、获得感。

——2016年4月19日，习近平在网络安全和信息化工作座谈会上的讲话

数字化不是将来时，也不仅仅是展望，而是正在进行时。在新的时期，未来感就是使命感。

本章我们将从“别人的实践”向前更进一步，从研究、推演思维转向布局、设计思维，在HR智能先行者的基础上，完成对精益化人才管理的系统思考和整体布局，提出西北油田未来10年人才管理的智能化方案，开启一场着眼于未来的长期探索。

在管理智能的未来设计中，我们需要从数字化和智能化的角度，解决三个人才管理的关键目标：管理者、员工与组织资源三者之间的匹配，人才管理的“一体化”，以及如何让人才获得自由与成长。

人才不是核心能力，对人的能力进行管理的能力才是企业的核心能力。

——任正非

解决这些问题，我们需要明确四个要点。**首先，共识共担、共创共享。**HR智能的实现是多方协作和一致行动的结果；从人力资源领导者的认知与远见，到技术手段的成熟，再到HR科技产品的不断支持，HR智能始终扮演着关键的角色。**其次，人才客户化与服务产品化。**人才管理机制需要像研究客户与产品一样，坚持问题导向和体验导向，突破传统的管理思维。**再次，创新大于继承。**基于历史，基于现实，也基于未来，我们需要准确把握继承

与创新的关系，找到西北油田人才价值观的新边界，系统性、前瞻性地思考管理的基本哲学、体系逻辑，淬炼出人才管理的西北模式。**最后，远视野、高目标、长周期**。一个大公司做一件事情，不是半年一载，而是“十年磨一剑”。西北油田发展到今天，作为一个领先企业，如何站在未来看待人才，如何承接数字化、智能化时代新的使命与愿景，为全球实践贡献让人耳目一新、直指人心的观点，这是西北油田管理战略的新要求和新焦点。为此，我们需要形成一个有高度、有创新、有眼界的人才管理战略性规划。

我认为，一个公司的成功与失败，真正对接到一个问题上：这个组织在发挥人的能量和才能上，到底做得怎么样。

——托马·斯沃森

因此，我们将通过全面的准备和有序的规划，使西北油田的人才管理走上人本化、科学化、智能化的轨道，持续探索人才体验的升级和管理场景的创新，赋予管理实践以科学精神和数字之美。其中，第一节探讨我们应如何从理念和团队上做好准备；第二节系统设计智能化人才管理纲要，规划与布局未来10年西北油田的人才管理体系、模式和行动计划；第三节和第四节代表了每一阶段性规划的里程碑，“员工体验的升级”标志着人才管理从初始阶段进入发展期，“超级HR的诞生”标志着人才管理进入成熟阶段。

当然，规划设计的过程也是自我确认、调整认知的过程。我们正处于数字化思维模式的早期采用者阶段，**人力资源部门必须学会如何“数字化”，而不仅仅是“购买数字产品”**。

本章结构图如图3-1所示。

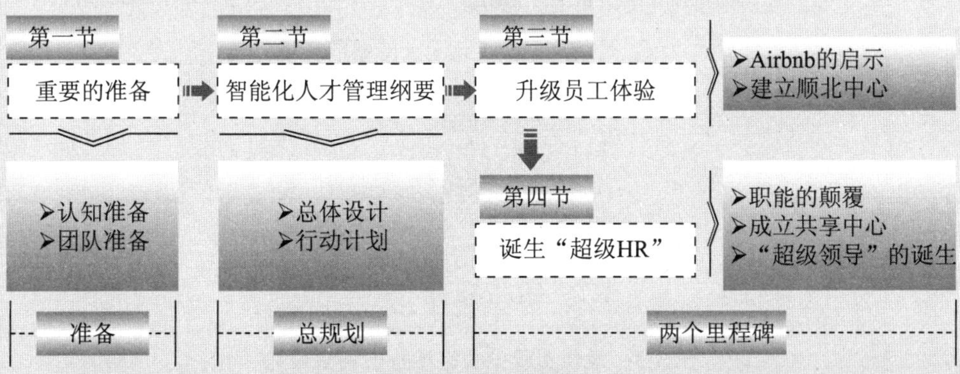

图3-1 本章结构

第一节　重要的准备

外部洞察决定“我们可以看到多远”，是否做好准备决定“我们能够走出去多远”，因为管理变革的规律往往是“ready or nothing”。

美国国际集团（AIG）等较为成功的数据管理型组织，大都花费了超过1年的时间在规划和结构布局等步骤上。谷歌等企业的实践也表明，人力资源的智能化战略需要大量前提，团队能力、管理者的支持和快速的成功案例均非常重要，如图3-2所示。作为国企HR智能化的探索先锋，西北油田需要从理念和团队上做好准备。图3-3所示为最佳实践中关键准备的词频统计。

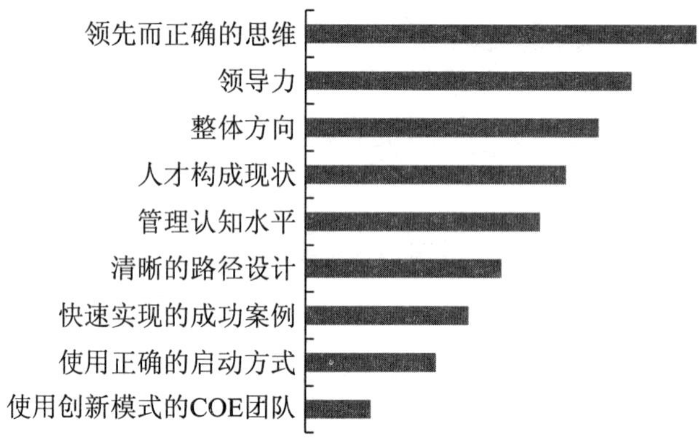

图3-2　谷歌观点：数字化人才战略的环境需要

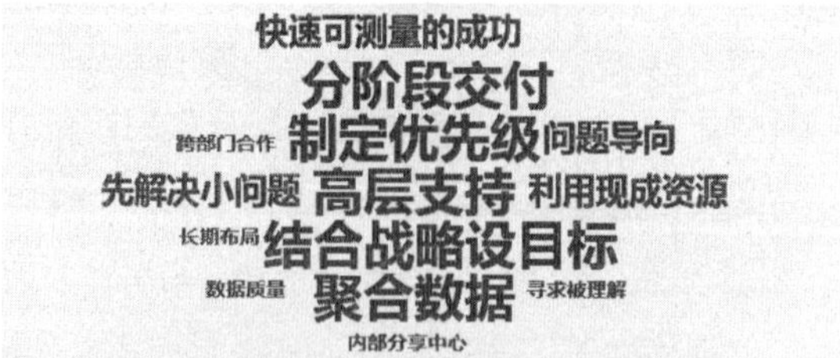

图3-3　最佳实践中关键准备的词频统计

认 知 准 备

任何管理价值的发挥，首先都是理念的进化。个体力量的崛起，彻底改变了组织和人的关系。尤其对以知识型员工为主体的西北油田而言，人才需求层次的快速变化倒逼着组织变革与创新，人才对自主的尊重、机会的提供、赋能与发展空间的需求，不容忽视，刻不容缓。

在具体构建 HR 智能体系之前，我们必须充分认识到，**“一元论”管理体系正在瓦解。**知识型员工真正拥有了更多剩余价值索取权和话语权，人力资本和货币资本真正进入了相互雇佣的共治时代。我们必须回到纯粹考虑人的需求的层面上探讨人才管理设计，管理工作才能继续。此外，**“一大波”工作挑战正在赶来。**我们必须认清，高精尖的人工智能、大数据、移动互联网、区块链技术虽然“高大上”，但它们在当前管理应用中的价值还处于智能时代的前夜。人才管理需要倚靠的不是“高精尖”，目前，仍需要保障战略性和运营性两者兼备。

具体而言，管理智能化面临以下七项挑战。

从小团队开始。为避免新建团队的成本和风险，初期，我们首先以人力资源部“转型立项”的方式开展，在逐渐扩大团队影响力的同时，保持对组织内外模型构建、数据挖掘、管理重构等方向的优秀人才的关注，优先吸纳熟悉西北油田管理需要、具备数据思维的内部人才，或参与实施相关前沿实践的外部人才。小团队逐渐成熟后，再进一步“走出”人力资源部，丰富跨职能、跨组织的协作，建立人力分析专业部门。

从小数据开始。人力资源的数据通常是非线性、非结构化[①]的，分析难度较大。但是，获取数字化投资回报并不意味着组织要进行全流程数字化转型，我们应该依据人力资源战略按需递增，针对数据基础薄弱的情况，从“现成”数据起步，再通过工具和技术，把人力资源领域活动进行简化、量化以及数据的结构化，逐渐积累，最终实现像高级人力分析团队那样，通过应用多个数据源、绘制个性化的职业轨迹来实现更多的决策价值。

① 没有预先确定的数据模型，并且没有按照预先确定的方式组织起来的信息。

你应该问一个非常具体的问题，旨在确定一个最佳实践方案，而不是试图去煮沸整片海洋。

——迈克尔·豪斯曼[①]

从问题入手。我们不能急功近利地推动各项管理流程进行数字化转型，而是需要找到关键问题所在，避免"盲目"上项目。例如，我们可以从一个具体问题（最好从一个有趣的问题开始，例如每转岗一名员工的投资回报率）入手，尽快向内部客户（员工）展示人力分析的价值，不必等待完整的主数据仓搭建与所有的人才数据收集完毕后再形成决策价值，这样容易使实践过于"艰巨"。此外，很多高级人力分析团队提出，为员工成长提供导航是HR智能的最大价值。据此，西北油田可以优先探索为员工提供"路径导航"，个性化支持员工的职业发展。

系统规划信息资源。无用输入只能带来无用输出。因此，维护好数据质量比获取大量数据更加重要。这需要我们建立立足全局的各职能部门的功能模型、数据模型和信息体系结构模型，构建统一、标准的数据平台，防范未来可能存在的孤岛隐患，理顺企业的数据流。

西北油田实践：打破信息孤岛，构建人力资源集成平台

至2018年底，西北油田已建成的人力资源管理信息系统均以单一业务为核心，包括SAP-HR系统、人才盘点管理系统、培训管理系统、薪酬管理系统、价值积分管理系统和处级干部考核系统等。这些系统虽能有效支撑相应业务的需求，但在客观上存在着多次登录使用不便、功能缺少集成、数据缺少共享等问题。随着西北油田未来人力资源管理信息化的深入，管理工作精细化水平的不断提高，信息系统建设的增多，势必会出现新系统各自独立、加剧数据孤岛出现的问题。

① Evolv前首席数据分析官。Evolv是一家人才管理SaaS公司，致力于运用预测性分析和学术研究来改进人员招聘与管理工作。

> 因此，西北油田进一步建设了人力资源综合应用平台。该平台能够消除数据孤岛、降低数据冗余，实现底层基础数据共享，从而最大程度发挥数据价值。人力资源工作从而能够进一步强化数据挖掘，从一次描述性数据走向二次分析性数据，将人员的基本信息、岗位职位、绩效考核、薪酬福利、教育培训等信息集成，实施大数据分析，为管理决策提供有力支撑，为员工成长提供路径指导。与此同时，集成后的系统能够为未来新建信息系统提供统一建设标准和运行接入平台，强化信息系统管理，提升公司整体信息工作管理水平。

接受质疑。常见的内部质疑包括：人力分析团队通常要花几周时间才能完成少量数据分析；交付的报告大多是不易理解的原始数据和图表；依赖其他部门或外部的数据，处于数据链的末端，因此分析滞后；可能出现数据预测结果与公司其他团队的数据冲突；告诉大家已然了解的“显然”信息；人力分析优先级与公司发展优先级不一致，缺乏需求调研与沟通，等等。此外，如何避免使员工产生“监视感”和隐私顾虑，也是我们需要关注的挑战。

持续投入。HR 智能化，一定与“钱”有关。通常，人力分析预算占总体人力资源预算的 5% ～ 10%。相比而言，华为的投入更加“慷慨”。任正非对 IT 建设的要求，是把全球建成一个办公室，任何人在任何时间、任何地方都能实时办公，在任何时候都能进行指挥调度；创造无障碍办公条件，把很多信息放在云端，手机就是一个总指挥台，随时可以发出指令。因此，华为每年在 IT 建设上的投入是销售收入的 2% 左右，从公司成立持续到现在。

坚持创新。HR 智能体系必须由创新来支撑。这种创新不能依据招聘、薪酬、员工关系等传统管理思维路径开展，而必须从员工认知加工到态度改变的整个历程、环节和触点上进行创新式设计与服务。

总之，对个体的尊重，是所有管理行为科学化、法治化的前提。我们在应用未来“黑科技”的时候，确实应该“如履薄冰”。我们必须从“轻”发落，以“小”见大，尽快形成西北油田 HR 职能体系的 MVP[①]（最小可行化产品），赢得更高效的迭代和更广泛的信任。

① MVP（minimum viable product）是一种产品理念，指开发团队通过提供最小可行化产品获取用户反馈，并在这个产品基础上持续快速迭代，直到产品到达一个相对稳定的阶段。它的成本较低，但能较简单地呈现产品的主要特色，较快对接客户需求，快速试错。

团 队 准 备

大数据面临的最大挑战是将数据转化为洞察力，尤其是当未来的数据丰富到让我们“不堪重负”的时候。这一转化，主要依赖于专业团队的分析能力。

德勤在 2017 年 11 月发布的“高影响力人力分析研究”中提到，69% 的大型机构[①]现在拥有一个“人力分析团队”。如默克公司[②]的人力分析团队，该团队共有 15 名成员，服务全球 80 多个市场的 69 000 名员工。此外，德勤还建议大型企业先建立一个“卓越人才分析中心”，并在中心团队的专业背景上，侧重关注多学科与多技能性，例如，由统计学家、IT 专家、数据科学家、商业情报专家和业务分析师等组成多元的人才分析中心。当然，大量公司初期的人力分析团队都由 COE 团队直接组建，这样可以促进尽快过渡。一般而言，建立一个内部人力分析团队需要 2 ～ 3 年时间，但这种分析能力所带来的产出很快就能弥补其建立成本。

人力分析团队通常设有职能的“三支柱”（图 3-4）——专家咨询、高级分析、报告和数据可视化，三项职能紧密合作，履行八项核心职责[③]（图 3-5）。

图 3-4　人力分析团队职能的“三支柱”

① 以超过10 000名员工为标准。

② 美国默克集团（Merck & Co Inc）是世界制药企业的领先者，总部设于美国新泽西州，是一家以科研为本，致力于研究、开发和销售创新医药产品的跨国制药企业，也是德勤构建人力分析团队实践的重点客户。

③ 研究来源：ARUN CHIDAMBARAM。

1	2	3	4	5	6	7	8
把握管理需要和定期召开研讨审视会议	项目立项	开发项目理论框架	数据准备和维护	开展项目分析	展示项目结果	结果传递和咨询	建立分析能力
盘点需要	理解问题与目标	探索相关外部研究	协调内外部数据提供者	识别、比较和对比算法	可视化的定量总结	向内部客户提供结果展示和项目后咨询	数据维护升级
设定项目计划	设定项目边界	识别因变量和自变量	创建数据库	编写统计代码	可评论的定性总结		延伸分析与研讨
	对研究问题进行头脑风暴	建立理论模型	更新数据库	优化统计模型			引入外部工具或与供应商合作
			修复和重新构建数据库	解释统计输出			

图 3-5　人力分析团队承担的八项职责

人力分析团队的“起步动作”，通常有两大类。一是寻找变量间的关系。例如，为了分析员工敬业度和离职率之间的关联，我们需要先研究三组关系：员工敬业度与工作效率、薪酬与员工保留、工作平衡与员工保留的关系。二是测量具体的影响和回报率。例如，我们希望推动南北疆的一次大规模岗位轮换，需要设置实验组和对照组，量化比较这项举措的投资回报率。

人力分析团队的负责人，要避免将团队工作变成无休止、重复的报告生成计划，要坚持创造力生产和数据驱动决策，尤其不要妥协于以数据使决策合埋化。

人力分析团队负责人岗位职责如图 3-6 所示。

01 正确地定义要解决的问题

02 利用包括预期结果在内的正确变量

03 理解需要接触的利益相关者、决策过程、程序和可视化技术，这些最有可能让分析观点付诸实践

04 获得所需的外部和内部数据源，以及可能需要收集的任何新数据

05 明确要接触的合作伙伴

06 数据隐私和文化问题

图 3-6　人力分析团队负责人岗位职责

第二节　智能化人才管理纲要

经过前述研讨与准备，我们逐渐明确了“未来在哪里”和“别人在做什么”。为有步骤地达成西北油田“以智能化人才管理构建精益组织”的总体目标，我们需要以不同于传统人才规划的长篇累牍的形式，用数字简化目标（数字导向），依实效聚焦方法（问题导向），制定一个面向未来的人才管理纲要，引领国有企业人才管理的蜕变之路。

纲要的基本路线，同时也是本书的内在逻辑。基于对智能化、自组织、大数据、强合作、智联网的趋势判断，本章第二节将系统设计战略理念、基本政策、框架体系和方法工具，形成共同价值守护与共同平台支撑下的人才生态系统。未来，西北油田将沿着**“三年模拟、五年规划、十年展望”的路径，落地“十项系统工程”与“五十项行动计划”**，分阶段实现人才管理的智能化与精益化。

以创新激活、职能重构、自我管理为核心的西北油田人才管理纲要 1.0，未来仍将持续沉淀与迭代，以 2.0 或 3.0 版本，标记大型企业变革转型的时代历程。

总 体 设 计

智能化人才管理纲要的理念设计与行动规划，是我们基于内外部因素的思考过程、对标实践的转化过程和西北模式的探索过程。

背景与目标。我们面临“万物感知、万物智能和万物互联”的时代背景，这是新时期赋予的机会和挑战。在分析集团内外部环境变化的基础上，基于西北油田新的愿景与发展战略，我们确定了**“让组织充满活力”的核心目标，**通过对传统管理模式的继承与扬弃，**构筑“物质”与“精神”两个驱动力，激活“沉淀层”和“新生代”**。

路径与标准。达成目标，首先，需要我们在管理哲学层面上建立对人性的根本认识，以及在环境趋势层面中建立对未来技术发展的认识。前者要求人才管理必须科学化地反映出管理对人性的深刻洞见，后者要求未来的人才管理始终追求精益化和智能化。其次，我们需要营造数字化人才管理环境，通过“量化已知、发现未知”来优化管理决策和人才环境。过程中，我们会面临**两个关键转型**，分别是职能重构带来的“岗位变成任务，以任务组织人才”和打破权威带来的“领导变成教练、员工自我管理”。最后，未来人才管理面对的对象不再是传统的“领导和员工”两类，而是**奋斗者、贡献者、潜力者、劳动者和怠惰者**。我们需要激励奋斗者、奖励贡献者、培养潜力者、善待劳动者和淘汰怠惰者。

规划与行动。我们设计了包括三个阶段的十年规划，从全面对标学习到建立西北模式。具体包括以他山之石开阔视野的“三年模拟”阶段，兼容并蓄、以我为主的“五年规划”阶段，因我而创、西北模式的“十年展望”阶段。其中，我们以“员工体验的升级”和“超级HR的诞生”为两个里程碑，逐步落地“十年十策”、10项工程和50项行动计划。智能人才管理纲要如图3-7所示。

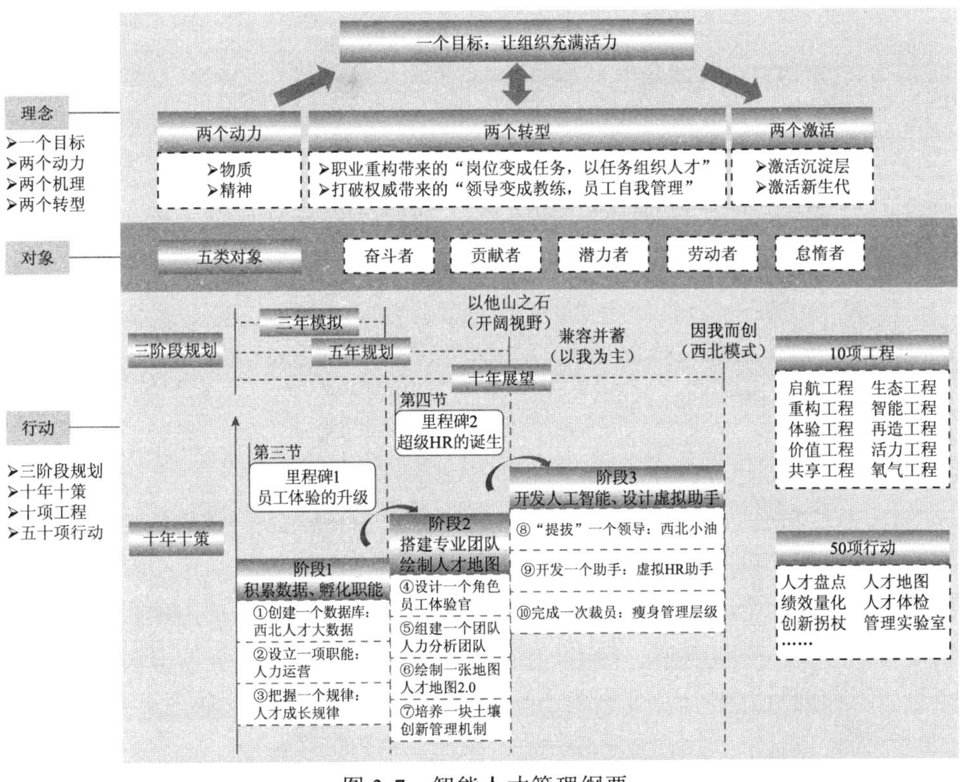

图3-7 智能人才管理纲要

行 动 计 划

对实现 HR 智能这个目标而言，获得数据、组建团队、开展分析仅仅是开始，更重要的是推动和优化组织各个层级相互协调的改变与行动。有行动的“数据”是“信号”，无行动的“数据”只是“噪声”。

在第一阶段（2019—2021），我们以**积累数据、孵化职能**为核心任务。通过创建一个数据库——西北人才大数据，维护西北油田人才的全生命周期数据源，设计数据共享规划，为 HR 智能化奠定高质量的数据基础；通过设立一项职能——人力运营，像财务部一样计算并着力提升人力投资回报率，像谷歌一样用数据“说话”；通过把握一个规律——人才成长规律，分析人才成长的若干个西北路径，为未来人才的科学化、路径化培养奠定基础。

在第二阶段（2022—2023），我们以**搭建专业团队、绘制人才地图**为核心任务。通过设计一个角色——员工体验官，不断深挖员工需要，系统研究员工价值主张，设计精良的人力资源服务化、用户化产品，关注前沿探索，将人才管理提升至战略高度；通过正式组建一个团队——人力分析团队，由人工工程师（人力资源专业工作者和数据工程师）优化人力运营职能；通过绘制一张地图——人才地图 2.0，开发一个像百度地图一样的可交互、搜索、更新、提供信息支撑的智能化人才地图；通过培养一块土壤，激发创新与人才活力，丰富和完善创新人才的管理机制。

在第三阶段（2024—2028），我们以**开发人工智能、设计虚拟助手**为核心任务，是 HR 智能化的攻坚阶段。通过“提拔”一个领导——西北小油，塑造拥有超级权力的超级领导，逐步孵化“无领导”组织环境；通过开发一个助手，使每个员工都有一个虚拟 HR 助手，实时提供数据共享与人才培养服务；通过完成一次“裁员”，彻底瘦身管理层级，尤其减少中基层管理者的职责和人数，实现自组织的稳定运行。

通过上述三个阶段，逐步实现数据化决策、共享化服务的 HR 智能环境，以及管理自主、文化自信、能力导向的 HR 智能氛围。在进一步分解 HR 智能化战略，明确目前管理体系与理想体系的距离之后，我们具体设定 50 项行动计划（详见附录 1）。十大系统工程和行动计划分别如图 3-8 与图 3-9 所示。

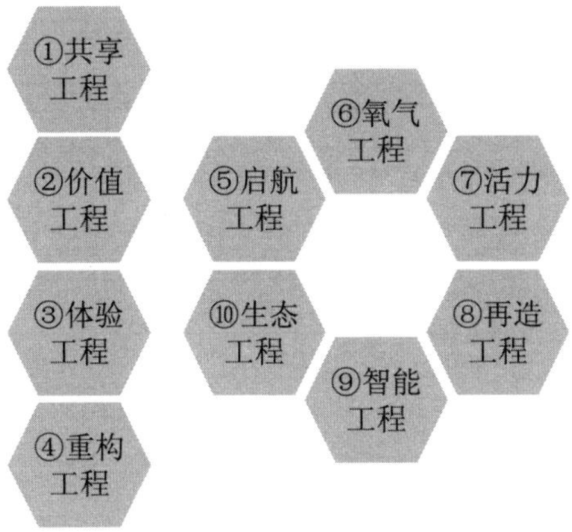

图 3-8　十大系统工程

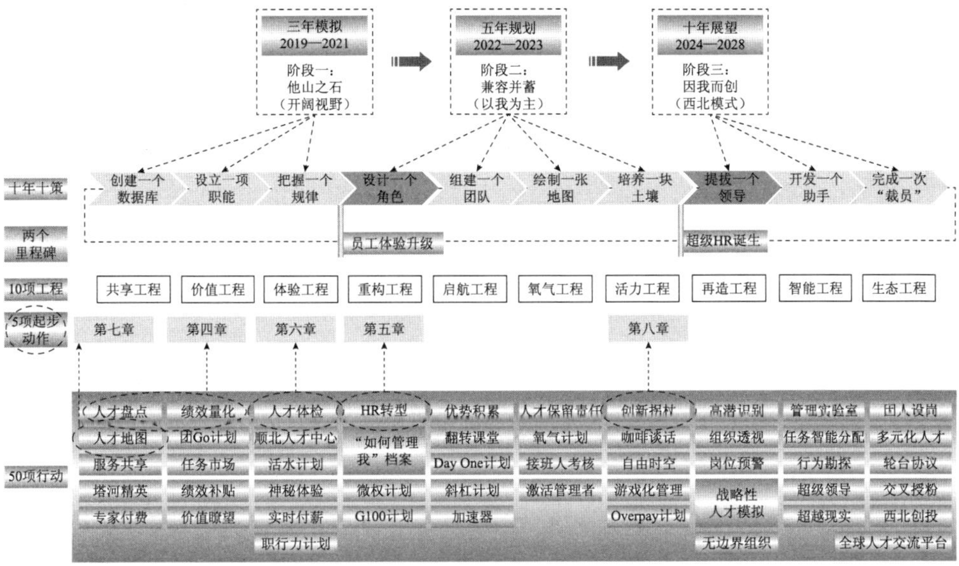

图 3-9　行动计划

第三节 升级员工体验

我们通过不同的方式为我们的员工服务。无论是建立一个令人满意的健康膳食计划、为员工提供最新的科技、招募最聪明的人与我们共事，还是保证我们有最好的工作环境，员工体验团队将触及方方面面。我们的目标是让全体员工更加健康和快乐，使他们时刻保持最佳状态进行工作。为之，我们乐此不疲。

——Airbnb[①] 员工体验团队使命

打造极致员工体验，可以让我们在有限的预算内找到心仪的员工，而且一旦被雇用，就再也不想离开。

——Airbnb 员工体验官马克·利维

人才争夺战从未如此激烈。人们正在转向非传统的谋生方式，例如在Etsy[②] 上创造产品，在 Airbnb 上出租房屋，为优步（Uber）[③] 或 Lyft[④] 开车，在 Upwork[⑤] 等网站上成为自由职业者，等等。小米联合创始人黎万强提到过一句话：团队第一，产品第二。在这样的世界上，越先进的公司越认同：

---

① Airbnb是AirBed and Breakfast（“Air-b-n-b”）的缩写，中文名是爱彼迎。爱彼迎是一家联系旅游人士和家有空房出租的房主的服务型网站，它可以为用户提供多样的住宿信息。Airbnb目前正在进行一轮融资，使其估值达到300亿美元。此估值比起世界上的大部分主要连锁酒店还要高。并且在Glassdoor 2016最佳工作场所中排名第一，Airbnb 致力于为员工带来多样化的工作体验，并且打造重视员工体验的企业文化。

② Etsy是美国一个在线销售手工工艺品的网站，集聚了一大批极富影响力和号召力的手工艺术品设计师。在Etsy，人们可以开店，销售自己的手工艺品，模式类似eBay和中国的淘宝。

③ Uber（Uber Technologies，Inc.）中文译作“优步”，是一家美国硅谷的科技公司，旗下“Uber”APP是全球第一家即时用车软件。

④ Lyft是美国知名打车应用，Uber是其在美国市场的主要竞争对手。

⑤ Upwork 是全球最大的、最规范的综合类在线工作平台，前身是Elance和Odesk。目前拥有超过1 200万的注册自由职业者和500万的企业客户，是全球最大的在线人力服务市场。

得人才者得天下。即便组织暂时不为人才流失而担忧，也会为不容乐观的敬业水平而担忧。面临员工队伍年轻化的必然趋势，“一言不合”就会提出离职申请或者降低工作投入的情况，将非常普遍。

未来的工作，都与员工体验有关。以前，组织只需要列出一份工作，并提供一个做工作的地点，其他都不重要，几乎没有组织系统关心员工的体验。而现在，专注于参与、灵感、授权，设计友好的工作场所，制订灵活的工作计划和引入现代科技……以谷歌为代表的一些企业甚至追求提供人才想要的所有东西，因为员工体验跟企业的非凡程度休戚相关。

组织一直认为可以创造一个人们“需要”在那里工作的地方，现在组织意识到必须创造一个人们“想”在那里工作的地方。

本节基于对未来管理趋势的洞察，针对人才管理纲要的重要里程碑——升级员工体验，**西北油田计划建设一个“顺北人才中心”，兼具理念象征和人才基地的双重使命，负责推动“员工体验”的全面交付。**之所以以“顺北”命名，是希望“顺北人才中心”像顺北油田的发现①一样，以科学的理念和战略性布局加速新时期西北油田的人才管理进程，成为像GE的“克劳顿村”一样的令全球人才向往的圣地。

Airbnb的启示

硅谷共享经济新贵Airbnb最近任命原人力资源总监马克·利维为“全球员工体验官”，替代了方兴未艾的“首席人才官”一职。这个“新鲜”的职位将招聘、人才发展等传统人事职能与营销、房地产、设备管理、企业社会责任与公共沟通等职能融合起来。围绕提高员工体验这一中心目的，新任命的员工体验官可以调度各种资源，营造和谐的工作环境，为员工提供友好的工作体验。

---

① “顺北油田”是中国石化在塔里木盆地新地区、新领域、新类型获得的重大油气突破，扩大了中国石化在塔里木盆地的勘探领域。油气田资源储量达17亿吨当量，为奥陶系碳酸盐岩裂缝-洞穴型油藏，原油品质高，平均埋藏深度超7 300米，具有超深、超高压、超高温的特点，经鉴定为亚洲陆上最深油气田。

Airbnb 的职位创新，赋予人力资源管理一个新的角色，从“流程设计者”转变为“体验设计师”。它使人力资源部门重新思考工作的方方面面，包括工作环境、员工互动方式、经理工作方式以及公司如何进行人员的选用育留，体现出人力资源行业的发展趋势——从聚焦“人力资源管理”转变到聚焦“员工体验”。

马克·利维是当前披露的企业实践中唯一一位员工体验主管或首席员工体验官，未来，我们将会看到更多这样的角色出现。马克·利维加入 Airbnb 时，公司的人力资源职能被分成多个部门，包括人才、招聘和一个名为“地面控制”（ground control，GC，可以理解为“政策落地团队”）的负责企业文化的部门。马克·利维质疑：“如果 Airbnb 有一个客户体验小组，为什么不创建一个员工体验小组呢？”马克·利维希望员工体验通过新的专业化创造出来，如薪酬和福利、设施和餐饮项目。员工体验“专业化”的三个原因，如图 3-10 所示。

图 3-10　员工体验“专业化”的三个原因

因此，Airbnb 没有人力资源部和人力资源主管，只有一个职能丰富的员工体验团队（员工体验部），其架构如图 3-11 所示。他们关注的员工体验也不仅是环境或硬件上的体验，而是他们认为更重要的和员工体验相关的软硬件配套，二者的建设和配套都遵循一个共同逻辑——企业文化。员工体验部的关键职位是环境设计主管（environments design），它以“让 Airbnb 工作环境变得友好，帮助员工提升工作效率”为职责。任职者 Aaron Taylor Harvey 说：“我们想建设一个在同一个空间内差别非常大的总部，希望它成为每一个员工的定制家园。”

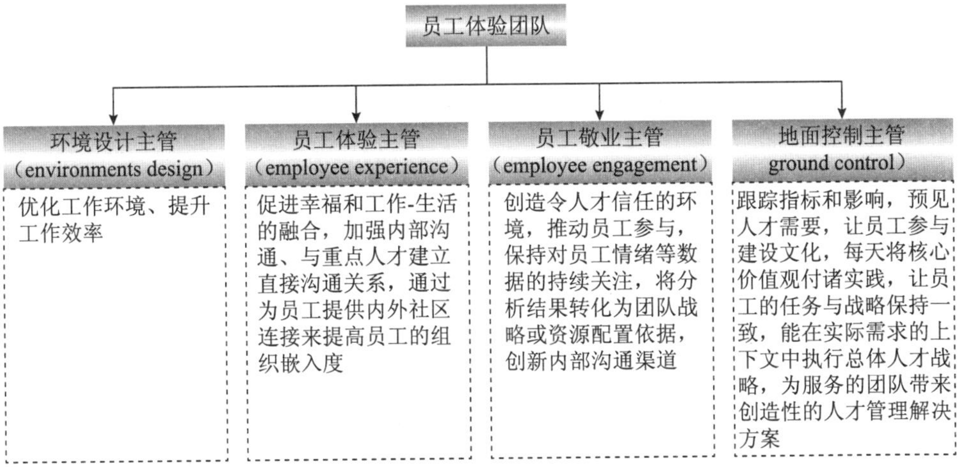

图 3-11 Airbnb 员工体验团队架构

Airbnb 启示我们，**企业想要达成什么样的客户体验，第一步就是创建相应的员工体验。**Airbnb 希望让旅客在旅途中有家的感受，于是他们先让员工在工作中体会到家的氛围；迪士尼乐园想为游客创造一个梦幻王国，于是先让员工能够感受到快乐和热情；海底捞想让客户得到关心，他们先从关心员工开始，打造内外兼修的体验，如图 3-12 所示。企业感动 5 位员工的意义远远超过感动 10 位客户，因为员工会将感动体现在工作中，从而传递给更多的客户，这是一个很容易实现的良性循环，符合管理的基本逻辑：员工如何工作，取决于企业待人的态度和方式。

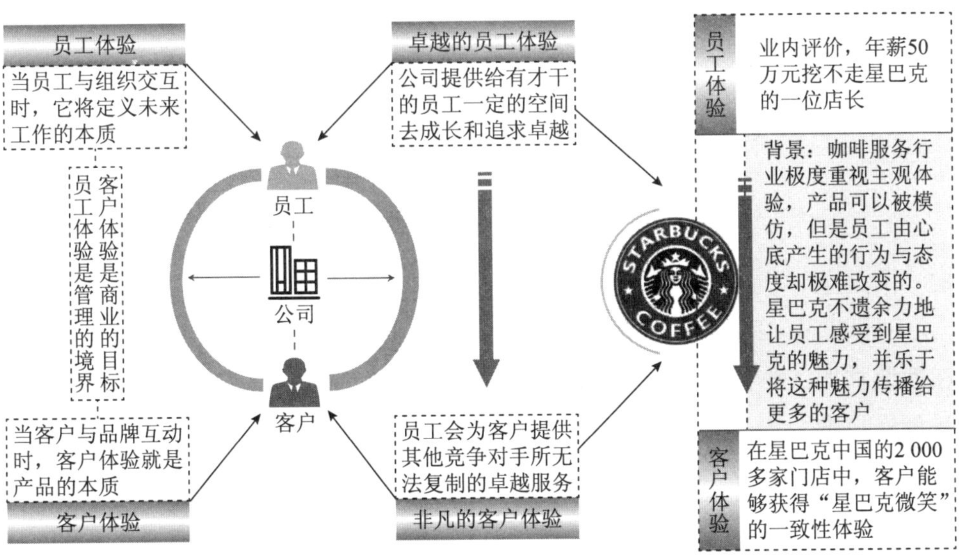

图 3-12 打造内外兼修的体验

建立顺北中心

在先行实践的启发下，西北油田拟建设“顺北人才中心”（以下简称“顺北中心”），成为与 Airbnb 目标相同、形式不同的员工体验专业化机构。除 Airbnb 这一理念原型外，GE 的“克劳顿村”也是我们打造人才中心过程中从理念到实体的标杆，谷歌的“任性福利”也是重要参照。如图 3-13 所示的“五星级”人才管理菜单设想。在短期内，“顺北中心”仍将与人力资源部并行履行职责，同时又以独立的“克劳顿村”模式（承担人才研究与培养实践）孵化职能，直到组织完成人力资源管理的职能重构之后，再探索员工体验的“Airbnb”模式（成为替代人力资源部的新部门），面向全体员工交付全流程需要。

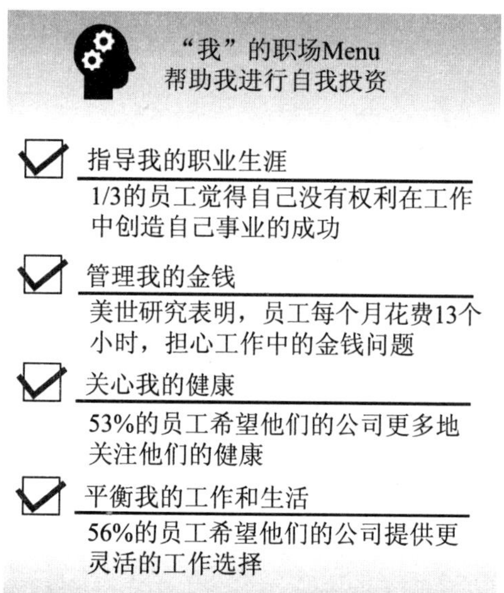

图 3-13　“五星级”人才管理菜单设想

“顺北中心”需要回答一个问题：**在做大做强之后，如何告诉外界员工在西北油田工作的体验？**当然，正如“顺北”两个字本身意味着的持续探索和创新之道，定义“顺北体验”将是一个动态而持续的过程。员工体验方程式的变化研究如图 3-14 所示。

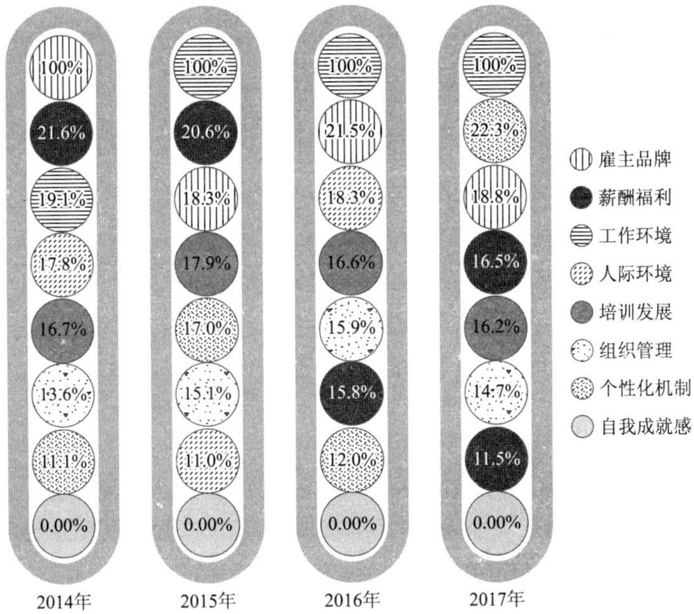

图 3-14　员工体验方程式的变化研究

根据谷歌对员工体验的深度研究，我们设定了“顺北中心”的基本模式，如图 3-15 所示。

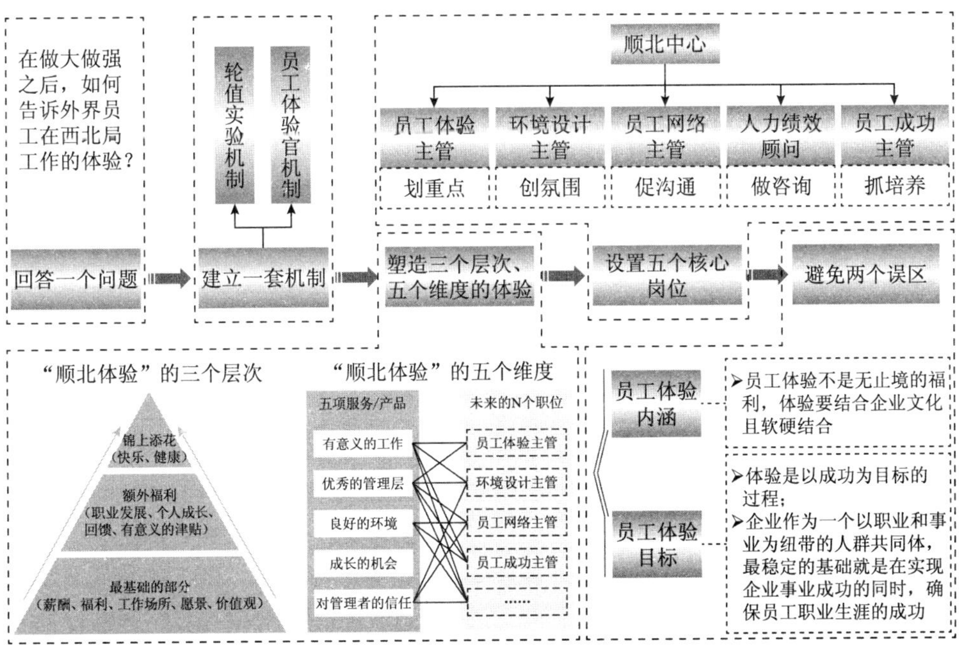

图 3-15　“顺北人才中心”概览

基本管理机制。为全面了解员工需要，深刻分析员工思维，“顺北中心”采取“轮值实验”机制，致力于生产出科学的人才理论与实践指引。除核心岗位外，中心团队由“轮值员工”按年度计划进驻工作。例如，符合标准的员工每半年在中心工作一天，参与多个研究专题调研。未来，中心也将邀请外部调研者参与。

在轮值计划的设计上，我们借鉴 Forrester[①] 的员工体验官机制，即重点邀请入职 2 年内的新员工。Forrester 发现，入职 2 年内的员工往往因为工作流程不合理，工作绩效低而萌生离意，因此，公司员工体验官的重要任务就是使员工在入职前 2 年有难忘的工作体验，与企业产生深厚的情感联系。

西北油田实践：以员工诉求系统提升员工体验

目前，为充分关注员工体验，充分发挥“互联网 +”优势，西北油田已经构建了员工诉求管理系统，彻底打开了员工诉求表达通道，为“顺北中心”提供了基础平台。

该系统实现了员工自上而下、随时随地、通过固定或移动互联网设备、实名或匿名、文字或语音表达诉求功能，共包括以下五个环节。

（1）诉求发起环节。诉求人可通过电脑网页端、微信端和手机 APP 端三种方式，实名或匿名、文字或语音方式发起诉求。

（2）诉求辨别环节。收到诉求后，信访工作人员辨别诉求是否合理、是否涉法涉诉、是否需要提交局办领导审核，涉法涉诉问题移交法律部门予以解决。

（3）领导批示环节。目前 98% 的诉求均经党政主要领导亲自批示，信访工作人员根据批示结果流转至相关责任部门办理。

（4）责任部门办理及诉求反馈环节。相关责任部门或单位及协办部门或单位按照领导批示情况办理并填写办理结果，信访工作人员将结果反馈至诉求人。

① Forrester Research公司是一家独立的技术和市场调研公司，针对技术给业务和客户所带来的影响提供务实与具有前瞻性的建议。Forrester在全球出版了众多畅销书籍，如《体验为王》《数字颠覆者》和《移动思维变革》等，帮助企业管理者和市场营销专业人士启发和改变思维，以高瞻远瞩的姿态迎接新的变革和挑战。

（5）满意度调查环节。诉求人根据反馈结果表达对处理结果的意见。选择“满意”，此次员工诉求流程结束；选择“不满意”，支持重新发起诉求。

西北油田员工诉求建议系统界面如图 3-16 所示。

图 3-16　西北油田员工诉求建议系统界面

系统运行至今，收到的员工诉求均受到党政领导的高度重视和亲自批示，问题得到及时解决，政策宣传更加深入人心。同时，通过分析、梳理员工建言，西北油田得以精准了解、掌握企业改革过程中最具普遍性、最受关注的问题，从而有针对性地开展管理工作，为西北油田改革发展营造了和谐稳定的政治生态和管理生态。

核心岗位设置。“顺北中心”设置员工体验主管、环境设计主管、员工网络主管、人力绩效顾问和员工成功主管五个常设核心岗位，如表 3-1 所示。

表 3-1　“顺北中心”岗位设置

岗　　位	角　色	核心职责
员工体验主管	划重点	以数据分析预测需要，了解并管理员工期望，总体设计体验升级规划和措施
环境设计主管	创氛围	通过环境设计和技术引入，打造友好和谐的工作环境和文化氛围
员工网络主管	促沟通	依托移动访问功能和增强工具等社交技术，加强员工互动；让员工在社交协同中，发现更有效的技术支撑和情感归属
人力绩效顾问	做咨询	设计个性化的能力与绩效提升方案

续表

岗　位	角　色	核心职责
员工成功主管	抓培养	关注员工的情绪和心理，为员工提供职业成长平台，鼓励员工参与自身人才管理和职业发展规划，给予员工工作的自由度和团队归属感，帮助员工建立个人价值感

其中，**员工体验主管**类似于“员工倾听官”，他们的主要职责就是对员工期望进行管理。管理员工期望并不是压低员工期望值，而是客观分析员工情况和现实资源，帮助员工务实地获得职业成长。**环境设计主管**参照GE克劳顿管理学院的设计，基于组织文化、工作内容、员工特点和偏好等信息数据，对员工的内外部工作环境进行设计和改进。其中，外部工作环境包括工作区域的布局和风格，设施的质量、数量，绿色植物的种类、数量，等等；内部工作环境主要指组织内的工作氛围和员工个体的工作感受，包括企业文化、工作氛围、员工关系等。除了工作空间联系外，员工之间也存在着一张无形的网络，**员工网络主管**就是这张网络的编织者、维护者、补充者。通过社交技术维护正常的工作社交，强化情感社交，通过技术和情感双管齐下，促进信息的深度交流，增强员工对组织的嵌入度。**人力绩效顾问**融合了经典三支柱模型中的专家中心和业务合作伙伴的功能，在绩效领域发挥人力资源管理的专家支撑，对直线管理工作提供经验、体验的支持，设计个性化的能力与绩效提升方案。针对员工培养，设置**员工成功主管**职位，为员工搭建职业成长平台，制定职业发展规划，扮演员工成长的“孵化器”。

案例

GE克劳顿管理学院

GE克劳顿管理学院创立于1956年，位于神秘而神圣的纽约州哈得逊河边“克劳顿村”，距纽约市约30千米，占地58英亩，山脉起伏间大树和绿草如茵，风景秀丽。GE克劳顿管理学院被视为GE高级领导干部成长的摇篮，自成立之初起，就立志“激励、联结和发展GE的今日精英和明日之星”。为此，他们精准化建设教师团队（超过50%来自GE高层经管人员，其中包括GE前CEO韦尔奇先生以及现任CEO杰夫·伊梅尔特先生），多元化选择培训方法（采用咖啡冰沙式的混合培训方式），专业化打造培训体系（包含从新员工到

案例 初级、中级领导等不同层级的一系列领导力培训项目），未来化设计硬件环境（到处都是提升体验的“黑科技”！）。迄今为止，出自GE公司跻身财富500强的CEO达150位以上，克劳顿学院因此被《财富》杂志誉为“美国企业界的哈佛”。

员工体验主管关注的问题如表3-2所示。

表3-2 员工体验主管关注的问题

序号	问　题
1	怎样才能使工作更有乐趣？
2	你认为客户对我们的生意有什么看法？
3	如果你是首席执行官，并能作出所有决定，你会怎么做，为什么？
4	如果你能改变我们在这里做事的方式，会怎么做？为什么？
5	你想得到怎样的工作回报？
6	对于我的管理风格，你有哪些不喜欢？
7	我能做些什么使你更好地工作？
8	你工作中最大的问题是什么？

案例

环境设计主管的职责

某公司环境设计主管针对一些员工因长期存在国际时差所导致的睡眠问题，引入目前最新技术，通过一系列睡眠管理改善措施和工具来改善员工睡眠状况。例如，通过自动护眼软件调节电脑和iPhone屏幕的蓝光；通过刺激被抑制的睡眠荷尔蒙褪黑激素分泌，改善睡眠质量；提供员工个性化行程安排的应用程序，实现时差反应最小化优化。

案例

麦肯锡的员工成功主管

麦肯锡一直在思考如何制订个性化的员工参与和保留计划。他们的建议是运用数字化平台把正确的人放在正确的工作岗位上，找技能差距，帮助员工获得新的能力，从而更好地关注员工职业路径，并为企业培育下一代领导人。

设立工作标准。因为员工体验是主观、多变的，因此员工体验团队要避免每天忙于回应需求，却没有时间专注于核心目标。经验提示，“顺北中心”需要多做调查和研究，通过调节自变量、观察因变量，把握工作重点。通常，企业会选择将因变量设置为员工敬业度，而非员工体验感。

例如，依据图 3-17 所示的实证数据，我们将聚焦于社交活动和庆祝活动，通过改善工作场所乐趣来提升员工敬业度。

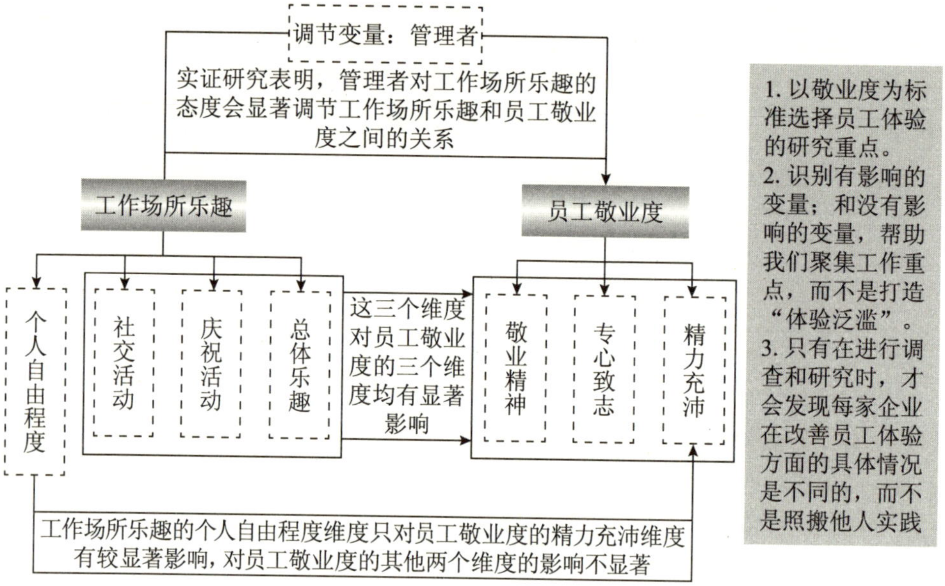

图 3-17　一个实证研究

避免以下两个误区。

首先，员工体验不是无止境的福利，体验要体现企业文化且软硬结合。几乎所有人都曾为谷歌园区里能带狗上班的政策、丰盛的餐吧、丰富的娱乐设施、有趣的会议室等感叹不已，但深入了解后，我们知道这一切绝不仅仅因为谷歌有钱任性。这些安排都源于谷歌希望员工更愿意待在公司，希望为待在公司的员工创造更好的互动和协作的便利，最终促进他们持续创新、甚至在工作时间外创新。当然，只有这些硬件上的良好体验还不足以达到目标，谷歌以极客文化、异常严格的招聘标准和流程、强调员工自我挑战的 OKR（目标和关键成果）绩效管理等与硬件体验相互配合，确保良好的体验投入“用得其所”，公司留住的不是“懒蛋”。

其次，体验是以成功为目标的过程。“体验”是过程，成功才是结果。我们已经达成共识，良好的员工体验是达成管理使命的手段和过程，但若把员工体验当成结果就有点本末倒置了。**体验再好的公司，如果不能让员工取得职业生涯上的成功，也终究不能长久，这就是为什么北森将“人力资源部”更名为“员工成功部”的缘由。**我们在深度实践人性化管理时，一定要明确，企业作为一个以职业和事业为纽带的人群共同体，最稳定的基础就是在实现企业事业成功的同时，确保员工职业生涯的成功。表 3-3 所示为“顺北中心”打造极致员工体验的内容设想。

表 3-3　“顺北中心”打造极致员工体验的内容设想

序号	内　　容	灵感来源
1	允许员工互赠假期，这项政策充分考虑员工需求和体验，旨在打造一个有温度的工作环境	谷歌
2	关注员工健康，在办公楼每一层设立“冥想（静观）区域”	Salesforce
3	关注员工社会责任，提供 7 天带薪假期作为“志愿日”	脸书
4	给予所有全职员工长达 4 个月的带薪育儿假	脸书、推特
5	建立“黑客文化”，充分给予员工（包括实习生）参与重大项目的机会与自由，鼓励有创造力的员工去改变世界	脸书
6	员工没有固定工位，每天可选择自己最舒适的方式办公	Airbnb
7	将会议室设计成典型的现场作业场景	Airbnb
8	发给员工一些旅游奖金，鼓励员工平衡工作与生活	Airbnb
9	聚集最有才华的人，让员工与精英同行	苹果
10	为员工提供“职业选择方案”的专业咨询项目；鼓励员工利用公司资源（例如导师、教练）来规划个人发展路线	亚马逊、微软
11	重视多样性，特别是为女员工设立培训项目	亚马逊
12	如果发现会议中讲的东西毫无价值（相当于浪费时间），员工完全可以马上起身并迅速离场	特斯拉
13	推出“Fifth Friday”项目，即一个月里如果有第 5 个周五，那么这个周五的下午也并入周末休息时间	阿迪达斯
14	以积极沟通与协作的员工来命名会议室	迪士尼

员工究竟呈现怎样的心理状态才能证明员工体验工作卓有成效呢？最近，工作繁荣（thriving at work）成为积极组织行为学的新研究领域，描述个体在工作中产生活力和学习体验，是个体成长状态的标志。当员工处于工作繁荣状态，员工会提高工作满意度和工作绩效，也会持续投入到工作中，为企业和自己创造价值。作为一种心理状态，工作繁荣已被证明“对提升个体工作效率、实现个人和组织绩效有显著贡献”，它可以作为“顺北中心”优化员工体验的目标。

未来，当员工都处于工作繁荣状态时，就说明组织真正兑现了提升员工体验的承诺。

第四节　诞生“超级 HR”

科技和创新让人力资源管理找到了新大陆。既然新的时代下，大量工作角色已被取代，人力资源工作者面临“不转型、就转行”的困境，我们何不通过自我颠覆寻找出路，在虚拟组织之上，进一步探索“虚拟部门”“虚拟领导”的可能性？

从传统人力资源管理阶段走向战略性人力资源管理阶段后，未来将进入“超级人力资源管理”阶段，我们所谓的“超级”，既指人力资源管理职能，也指人力资源管理工作者。这一阶段的特点可以用三个词形容——颠覆、集成和替代，如图 3-18 所示。

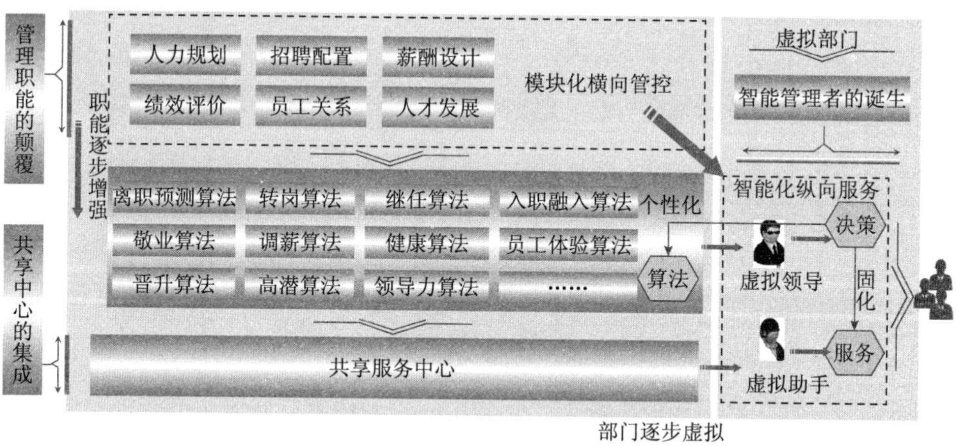

图 3-18　颠覆、集成、替代——超级人力资源部

当然，这一阶段需要一个发展性过程。在职能颠覆、共享中心成立及算法构建的并行推进下，在人工智能技术产品的支撑下，智能部门才能最终实现。智能部门的构建过程如图 3-19 所示。

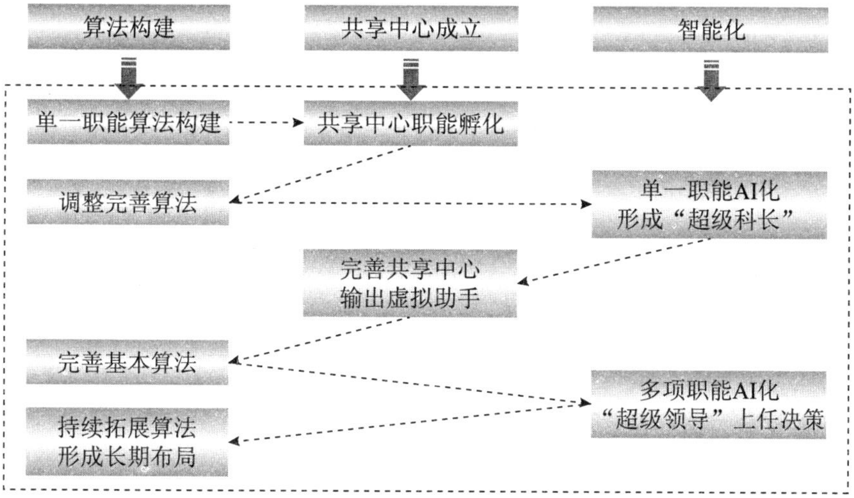

图 3-19 智能部门的构建过程

职能的颠覆

人浮于事，小打小闹，礼崩乐坏，投机取巧，朝令夕改，好高骛远，哗众取宠，离经叛道，倒行逆施，散兵游勇……这些词语曾是传统人力资源管理者试图回避，甚至深恶痛绝的评价。未来，正如《言论的边界》中的那句话——“给你所憎之思想以自由”，人力资源管理职能将具备以上“颠覆性”的特点。

礼崩乐坏。打破传统的架构、流程、等级、机制，给真正有能力的人快速出人头地的机会，避免人才沉淀。

战略预备队	识别新员工潜质，选拔纳入快速培养的“绿色通道”，超配资源，着力快速培养成为关键岗位后备
转岗快车道	依据团队情况，识别通道“拥堵”，以政策引导人才转岗发展

离经叛道。统一、控制、秩序、约束、流程，这是传统大型组织科层式的特色，过多的条条框框使组织与创新绝缘。2030 年，预计有 90% 的企业将转型为创新驱动，人力资源部工作的重中之重将是如何构建创新的“土壤”。创新有时需要人力资源管理者有胆识和能力去“离经叛道”，让企业处于多元化、自由、混沌甚至偶尔失控的状态。

鼓励“自由主义”	知识型工作者可以自主决定工作内容和工作时间，并对结果负责。西北油田在未来尊重和欢迎这些具备自我管理能力的自燃型工作者
鼓励“旷工缺勤”	相比一个经常加班但总干不出业绩的员工，一个不经常到办公室却能出色完成任务的员工可能对公司更有利①
支持“内部创业”	鼓励员工用业余时间创业②，西北油田将作为投资者而非管理者用资金支持员工

朝令夕改。这是组织对于内外部反应的敏捷性适应，因为能够更快响应员工诉求，朝令夕改也成为一件值得鼓励的事。

24 小时观察期	对新发布的人事政策，如果通过内部社交平台的大数据分析捕捉到一定标准的员工“负面情绪”，则立即取消政策③

散兵游勇。根据《任仕达职场 2025》的调研，47% 的受访公司和 57% 的受访员工表示，到 2025 年，企业的“贡献者”将不是“雇员”，而是绩效表现更好的非正式员工。大量人才尤其是优秀人才未来会选择更为自由灵活的工作方式。①②③④

“散兵”计划	扩大人才池，联络供应商、客户、顾问、未来可能加入公司的员工、校友、股东、联盟、平台等有影响力的所有人或公司，提高人才使用率而非占有率④

小打小闹。组织胜败的逻辑并不是规模的较量，而是创新能力。因此，小数据和小团队意义重大。

微创新项目	鼓励所有改良工作方式、节约生产成本、优化管理建议的微创新，给予合理的认可与奖励
创新团队	鼓励小团队，最佳 3 人，最多不超过 5 人
小数据思维	“以小见大”，逐步构建人力运营职能

投机取巧。主动迎接人机融合的工作时代，积极推进事务性工作的 AI 转化。研究表明，人才的工资高低将取决于他能否与机器人默契配合。“普

① 来源：《云工作时代》。

② 借鉴思科前CEO约翰·钱伯斯的管理方式。

③ IBM Connections于2012年推出，该软件即包含高级分析和实时数据监测功能，并可以通过云服务加快组织内外的网络协作，可以支持企业对员工满意度的实时感知并及时调整。

④ 这种方式的联系对人才而言称为弱连接。斯坦福大学社会学教授马克·格兰诺维克强调了弱连接的作用，他称强连接是“创新破坏力”，没有办法带来更多的知识和信息，弱连接却会带来更多的信息、机会和价值。

通人类 + 机器 + 出色程序”的组合，胜过了单纯的强大机器，更值得注意的是，还胜过了“人类中的高手 + 机器 + 一般程序”的组合[①]。如图 3-20 所示。

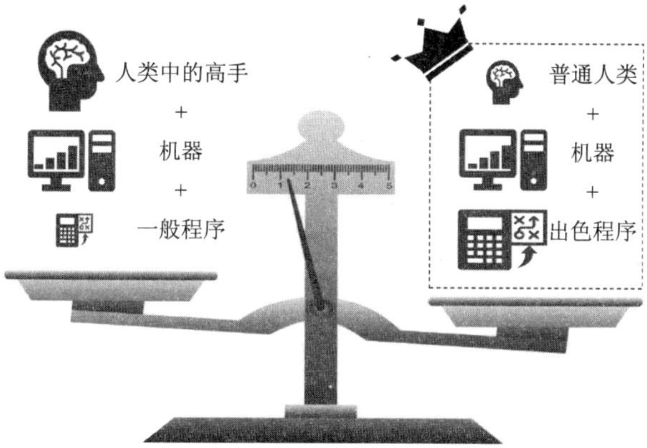

图 3-20　两种组合对比

构建算法	基于内外部变量和数据，形成一整套人力资源管理算法，提供行为预测和决策依据
采购设备	采集监测设备、传感器、智能分析技术等，使全体员工的满意度和敬业度可以实时感知，员工表情、语音、行为都可以被记录分析。例如智能机器 EmoKit 可以判断各种情绪数据，包括语音、表情、心率等，通过面部识别技术、语音识别技术，这些分析工作都可以被快速完成

总体而言，人力资源管理职能将连同组织管理体系，完成一次蜕变。管理职能新旧比对如表 3-4 所示。

表 3-4　管理职能新旧比对

方　　面	过去职能表现	未来职能表现
经营理念	强调大而全	强调专和强
运营模式	自力更生、单打独斗	广泛使用外包、内包
资源获取	挖掘内部资源	整合外部资源
资源分布	散布于众多职能部门	集中于核心竞争力
经营原则	循规蹈矩	开拓创新
职能部门	高度重叠	拥有共享中心
业务模式	粗放	集约
市场反应	迟钝	敏捷
利润来源	规模效应	价值创造
员工主要行为	重复性劳动	创造性工作

① 埃里克·布伦乔尔森，安德鲁·迈菲克. 与机器赛跑[M]. 闾佳，译. 北京：电子工业出版社，2014.

成立共享中心

在人力资源管理领域，三支柱模型深得信赖。但是，三支柱模型中的人力资源共享服务中心，与我们今天探讨的共享中心并不相同。前者强调通过集中开展事务性工作以提升管理效率和服务质量，我们探讨并计划构建的共享中心是基于 HR 智能的数据共享、人才共享和服务共享平台。依据我们对“超级人力资源部”的设想，基于算法的构建，伴随职能的颠覆，引入智能硬件，就会形成“聪明”且“勤奋”的共享中心，提供未固化的个性化决策外的所有服务。共享中心的定义如图 3-21 所示。

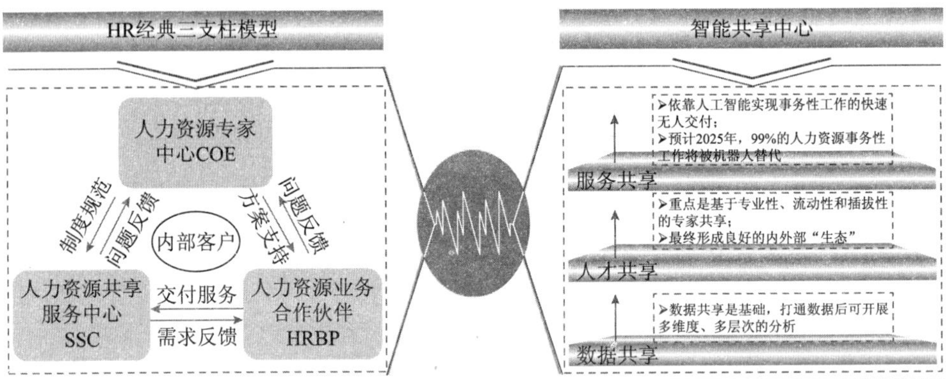

	经典三支柱模型	智能共享中心
内容	人力资源专家中心、共享服务中心、业务合作伙伴	数据共享、人才共享、服务共享
范围	标准化、事务性工作	事务性工作以及人才、数据、服务的算法化工作
➢智能共享中心是三支柱模型的继承和发展，内容涵盖更丰富，范围覆盖更广。其中，服务共享与三支柱模型中的共享中心的含义重叠度最高		

图 3-21　共享中心的定义

数据共享是基础。例如，情绪行为与绩效表现的数据打通后的分析结果可以实时传递给员工的直接上级，提示管理者关注员工的情绪波动并及时干预。人才共享，重点是基于专业性、流动性和插拔性的专家共享，要求共享中心会集专业人才，形成良好的内外部“生态”，以专家角色解决不同团队的专业问题，成为在西北油田内部“流动”的力量。服务共享更多依靠人工智能实现事务性工作的快速无人交付。预计 2025 年，99% 的人力资源事务性工作将被机器人取代。

案例

一站式自助办公服务

目前，越来越多的人力资源管理者对一站式自助办公服务抱有极大兴趣和采购意愿，希望能从事务性工作中解放HR，让他们专注于关键性战略任务。

例如，纷享科技的人力机器人可以为员工提供24小时自动证明打印服务。文思海辉发布的智能服务终端提供考勤、请假、薪资查询、打印、人事流程申请及进度查询，员工还可以下载远程服务应用RSA（公开密钥算法），通过移动端及时提交申请，实现多种功能，大大提升共享服务中心的服务效率。smHRty也是一款AI聊天机器人，它能使用机器学习算法回答员工向HR提出的常见问题，可以帮助员工查询大部分人力资源的相关文件，像真人一样有趣和平易近人。

在西北油田目前的管理基础之上建立共享中心，我们首先需要盘点当前共有多少流程能够进入自动化和共享化。这不仅包括人力资源职能，也包括人力资源之外的具备“共享特征”的职能，为西北油田组织管理的全面共享做好准备。其中，“共享特征”就是共享的前提，即规则标准化和集约优势明显。判断一项管理职能是否适合共享化需要考量实行目标、适用范围、推行成本、已有效果等因素。不同于人力资源管理共享已具有较成熟的外部实践经验，其他管理职能的共通共融仍处于探索过程中。通常，全面共享包括中台共享和后台共享。以互联网公司为例，中台共享是所有业务都需要的用户/流量、账号体系、支付、LBS（位置服务）、仓储/物流、制造、搜索技术、用户数据等职能的共享；后台共享是财务、人力资源、行政、法务、公共关系、政府关系、品牌建设、内审等职能的共享。其中，中台共享与后台共享的最大区别，在于市场化结算的难易。阿里巴巴就是通过构建“大中台”，成功迈向了赋能型组织。其次，通过“员工维护数据”建立数据共享，我们应该探索使员工对基本信息、绩效数据、工作内容等数据负责的新方式。通过这种发挥规模效应、节约成本的方式，迅速丰富数据。最后，高度关注新技术的应用和新思想的萌发。前者能为管理服务提供新的思路和实现路径，后者以对前沿的关注（例如OKR绩效管理思想、社会企业崛起等）促进管理思想创新，两者共同推动共享中心的迭代。

案例

阿里巴巴的中台共享

阿里巴巴的中台在企业内部提供共享的技术、数据、产品和标准，维护更新交易体系、营销体系、支付体系。针对必须长期投资的基础技术，如搜索、算法、图像识别、语音、定位等，阿里巴巴将大中台转化为创新研究院，结合业务场景进行深入研发。“大中台”所提供的集成的运营数据能力和产品技术能力，有助于前台业务轻装上阵，充分发挥集团的数据优势和敏捷性。

“超级领导”的诞生

构建未来的管理范式，拥有系统思考的领导者尤为关键，“超级领导”就是这样的系统思考型领导。HR 智能时代，我们似乎找不到理由继续设置人力资源部的各个职能室，以模块化的方式负责各项工作。人力资源部已经从横向模块化转向纵向平台化，队伍构成从**“领导＋员工”转为“专家＋机器人”**。

受到 VITAL、微软小冰等管理机器人的启发，我们计划“提拔”一位高级人力资源经理——“西北小油”。基于数据挖掘与智能创新，为员工提供从招聘到退休的人力资源服务，**“西北小油”将成为兼任首席人力分析官、首席人才官的 Pocket HCM（口袋经理）**。管理机器人（AI）成熟产品概览如表 3-5 所示。

表 3-5　管理机器人（AI）成熟产品概览

VITAL	2015 年香港风投公司 Deep Knowledge Ventures 任命了机器人 VITAL 成为公司董事会成员。VITAL 是一个用于先进生命科学的投资验证工具，根据自身的逻辑进行投资分析，董事会成员将首先讨论 VITAL 作出的投资分析，而所有的投资决策将严格基于 VITAL 提供的数据。VITAL 已被接纳为董事会中平等的一员，这意味着它和董事会中其他受过高等教育的成员享有平等权利	超级领导
微软小冰	作为当下最为先进的智能机器人之一，已经具备较强的与人对话的能力，未来微软小冰将介入员工关系模块。员工可以和微软小冰倾诉生活和工作中的烦恼，舒缓心情，从而提高工作积极性和效率，与微软小冰对话可以保护员工的隐私	超级科长

续表

机器人面试官	英国沃达丰（Vodaphone）公司就正在利用人工智能，对应聘其呼叫中心和客户服务职位的5万多名求职者进行面试，而第一步就是视频面试。德国电信（Deutsche Telekom AG）和萨瑟兰（Sutherland）等公司也已经开始使用聊天机器人来改善求职者的体验，提升面试效率，筛掉那些完全不适合的求职者，避免进一步浪费资源	超级科长
HireVue	使用基于视频文本的软件分析面部表情、语言词汇，从视频面试中提取25 000个数据点选出表现最好的人员，甚至可以对人员的同情心这类抽象特质进行评估。英特尔、联合利华、耐克等公司都在使用HireVue	超级科长
亚马逊土耳其机器人	Amazon mechanical turk于2005年11月2日推出，是亚马逊创造的人工智能众包互联网市场，平台有两种参与者："工作者"完成任务，"请求者"发布工作并设定任务报酬，支持远程完成，没有工作地点限制。任务是典型的"微任务"，请求者通过向员工支付工资以在线执行微型任务	超级科长

"西北小油"先从单一职能的AI化入手，主要集中在人才管理和任务配置领域。"西北小油"职能设计如表3-6所示。

表3-6 "西北小油"职能设计

单一职能	AI化方式	借鉴
人才选拔	游戏化+视频识别	Pymetrics+ HireVue
人才报表分析	定期按照不同权限推送给管理者和员工的虚拟助手	百度才报
微任务管理	工作分解+任务发布	亚马逊土耳其机器人
员工EAP计划	情绪疏导+异常提示	微软小冰
共享中心	服务台	smHRty

我们进一步以"人才选拔"场景为例，取消以往述职、360度测评和多级评审会等浩大声势的举措，制订智能化方案，其工作流程如表3-7所示。

表3-7 "西北小油"替代人才管理科长组织人才选拔（竞聘）的工作流程[①]

步骤	工作内容
1	依据晋升算法，符合资格要求的候选人将收到"西北小油"发布的邀请邮件（短信），并提交述职资料——不需要简历
2	候选人需要花20分钟在Pymetrics平台上玩12个基于神经学的科学游戏[①]。如果测试结果与职位要求相符，进入下一步

① 这种方法在联合利华北美公司的面试体系中已验证，并在68个国家实施，采用15种语言进行。12个Pymetrics游戏的完成率为98%，使招聘效率从4个月提升到4周，节约了65%的招聘成本。

续表

步　骤	工 作 内 容
3	候选人通过 HireVue 进行线上面试（候选人只许通过手机，对着摄像头进行回答），HireVue 记录他们对预设问题的各种反应。技术支持分析关键词、语调和肢体语言等内容。上述过程都可以在智能手机或平板电脑上完成
4	如果候选者顺利通过这两个测试，会被邀请到相应岗位的办公室体验一天。一天结束时，直接上级会反馈给“西北小油”最重要的选拔建议
5	“西北小油”随机计算人员排序，推送给人力资源负责人的虚拟助手，接受返回命令后即刻发布公文通知及庆祝短信——员工 A 当选

未来“西北小油”将实现多种场景的管理职能，从计划、组织、协调、控制和决策层面，更完整地“扮演”领导角色，实现干部晋升、人岗配置、高潜识别等全面的智能化管理服务，打造智慧管理团队。关于虚拟助手，我们将赋予更多“C 端”功能，负责收集关于员工的情绪、态度、行为等数据，做好数据准备。虚拟助手甚至可以帮助你更新简历！

人力资源部管理架构图如图 3-22 所示。

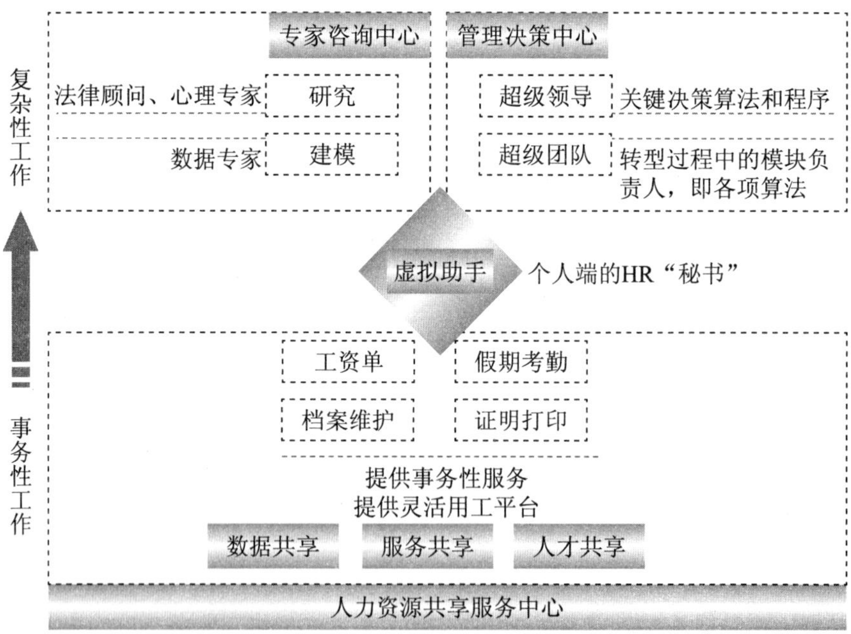

图 3-22　智化三支柱：人力资源部管理架构

第四章

轮台[1]点将：盘点与量化

① 轮台，位于轮台县，西北油田前线指挥部基地所在地。

在智能化人才管理规划的基础上，西北油田通过实施人才盘点和量化绩效价值，已经迈出了关键的两步。这两项起步动作，分别通过人才盘点建立全生命周期数据库，通过价值量化打通内部价值标准；它们以不同的方式，深度挖掘组织数据，为西北油田实现人力分析与运营、构建数据驱动的管理文化奠定基础。如果人才盘点是在量化“过去”，那么价值量化就是在量化“结果”。

此外，为了深入量化“行为”，我们在雷神公司的启发下，引入了组织网络分析技术（ONA），尝试呈现出更加真实的“西北油田”。组织网络分析技术能够实现行为轨迹的客观呈现，使组织行为洞察从主观化、个体化的**时点数据**转变为客观化、群体化的**数据流**，能够解决许多以往无法解决的人才管理难题。当然，实现组织网络分析的过程极具挑战，截至目前，我们仍未实现本质突破。

如果 HR 部门的领导者想要进入战略决策者的行列，本章就是关键的第一步——构建数据能力。**因此，本章紧密围绕“数据”展开三步探索，是实现人力分析价值的“上篇”。**我们首先回顾人才盘点的推进过程，对现有基础数据进行梳理，并明确盘点升级的具体规划；其次，量化绩效价值，为构建分析算法、评价管理措施找到最不易量化的结果数据，为实现人力分析价值奠定计算基础；最后，引入组织网络分析技术，挖掘“前所未见”的网络数据，整体提升数据品质。

本章结构图如图 4-1 所示。

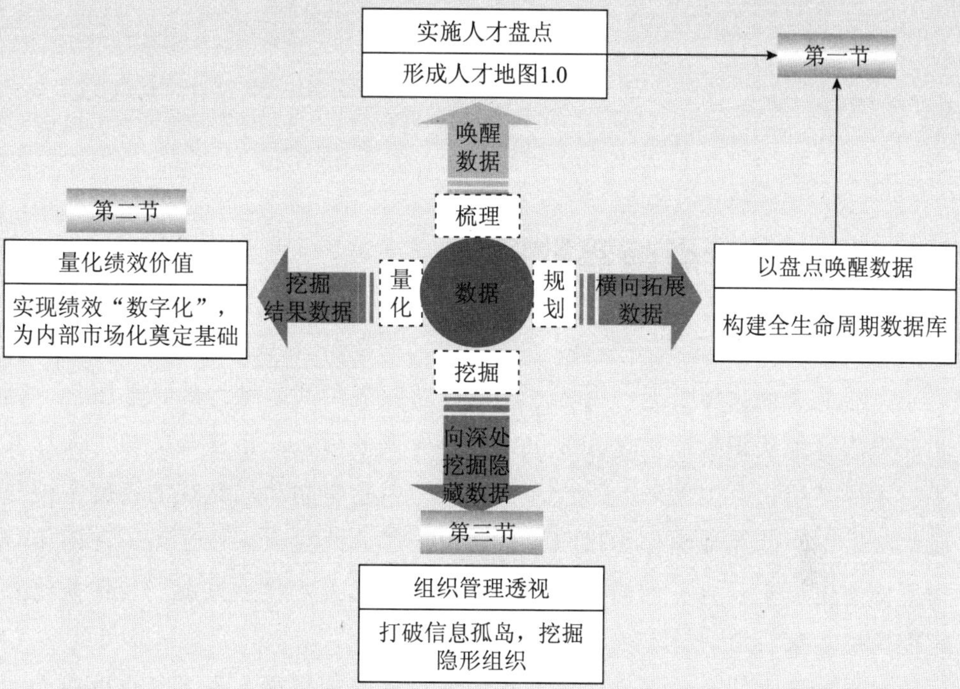
实施人才盘点
形成人才地图1.0
第一节
唤醒数据
梳理
第二节
量化绩效价值
实现绩效“数字化”，为内部市场化奠定基础
挖掘结果数据
量化
数据
规划
横向拓展数据
以盘点唤醒数据
构建全生命周期数据库
挖掘
向深处挖掘隐藏数据
第三节
组织管理透视
打破信息孤岛，挖掘隐形组织

图 4-1　本章结构

第一节 以盘点唤醒数据

深感于“企业感叹无可用之才、员工感叹无用武之地”的长期困境，西北油田清晰地认识到，优化人才供给，补齐人才短板，搭建全体员工人尽其才、才尽其用、人生出彩的平台，十分紧迫。在集团和局党委的高度重视与战略部署下，西北油田作为试点单位，迈出了人才盘点探索之路，在两年时间里构建出一套具有石油精神、石油特色的西北人才盘点方案，为精益化人才管理奠定基石。

作为大量中外企业深度认可并长期践行的管理举措，人才盘点以对人才的识别和评价为核心，探索人才可量化的标准，通过诊断人才现状，提出系统解决方案，作用于选才、育才、用才、聚才等人力资源全价值链。鉴于此，我们将人才盘点作为探索智能化人才管理体系的起点，既可以“盘清家底”，又能够形成驱动人才管理闭环的关键力量。西北油田人才盘点目标如图 4-2 所示。

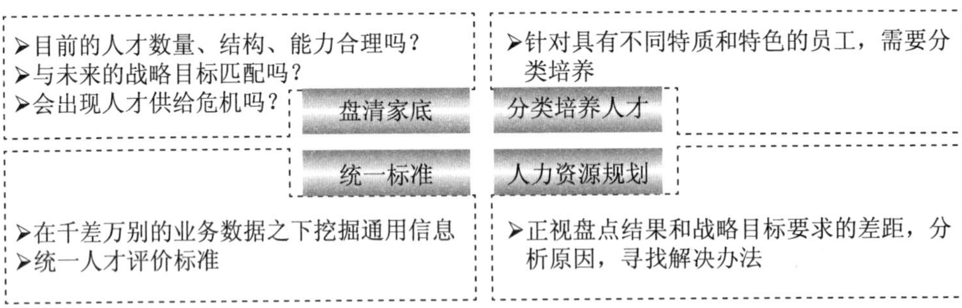

图 4-2 西北油田人才盘点目标

清晰的人才战略、开放的组织文化、坚定的高层承诺、人力资源的行动整合，共同保障了西北油田人才盘点的成功推行（图 4-3）。自 2016 年启动试点工作以来，西北油田系统推进改革试点任务，共开展了 110 人次的中层管理人员和专业技术骨干一对一访谈，组织了 3 场人才专业能力素质建模研讨会和 5 场人才盘点专项研讨会，完成了 70 余万条数据的收集和处理，以及 3 335 人（4 875 人次）的管理数据盘点和结果分析，共梳理出 224 个岗位的 2 000 余项素质要求，初步建成了人才盘点制度和软件操作系统。

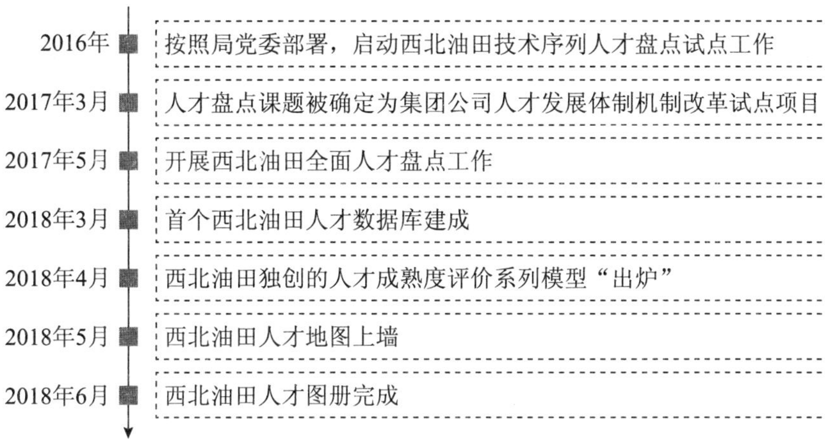

图 4-3　人才盘点工作推进

盘点设计思路如图 4-4 所示。

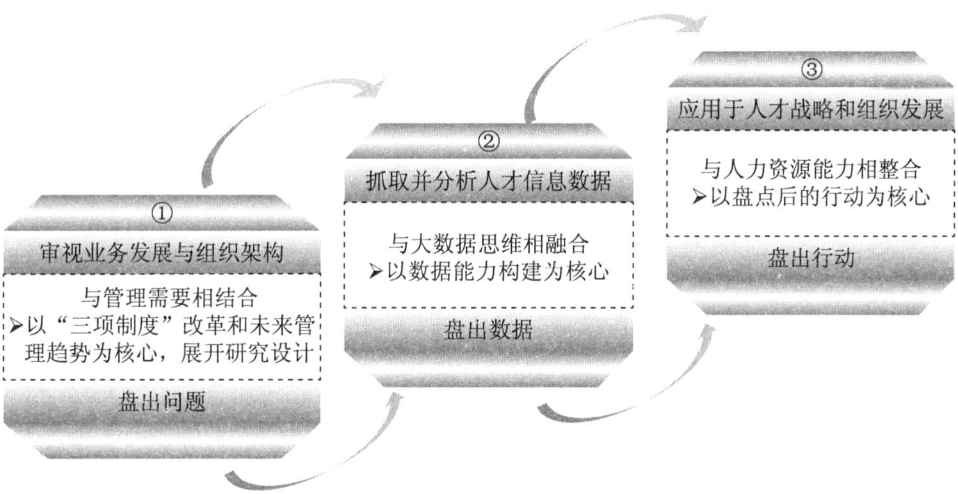

图 4-4　盘点设计思路

西北盘点方案

盘出问题

西北油田在推进人才盘点的过程中，高度关注**人才盘点与管理需要的结合、与大数据思维的融合以及与人力资源能力的整合**，力求回答出关于组织和人才发展的四个关键问题——**“需要什么人才、拥有多少人才、如何配置人才、如何发展人才”**，通过摸清人才“家底”、找准问题“痛点”、明晰供给需求，为科学制定人才强企工程行动方案提供方向指南。从“三个结合”和“四个问题”（图 4-5）出发，我们进一步构建出可操作、模型化的人才盘点方案，体现出人才管理数字化的坚定信念。

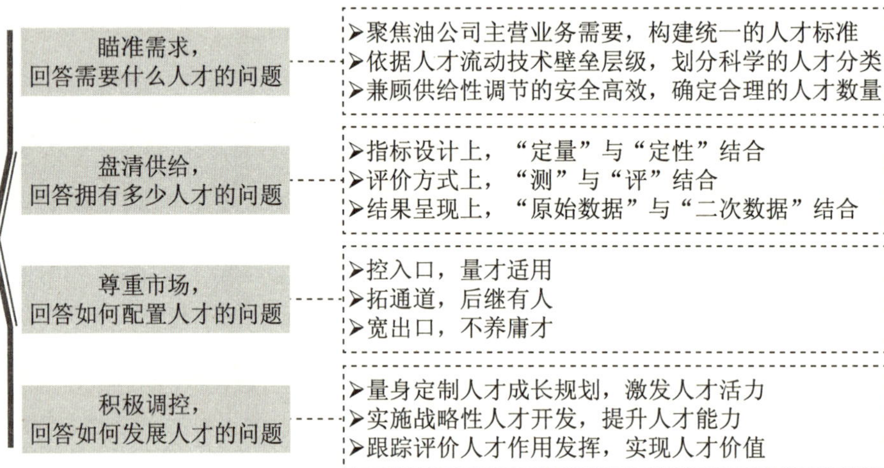

图 4-5　人才盘点四个问题

盘出数据

通过 3 338 人、4 123 人次在线填报，西北油田借助这次人才盘点试点工作收集整理了全局员工在近 30 年中的共计 16 万条基础数据，完成对全局上下 3 000 余名员工的全方位扫描，将员工个人基本信息及工龄、职位、技能等工作信息分类汇总纳入总体人才库中。其中，有效的结构化业绩数据共计 1.7 万多条，足以支持我们通过数据穿透，对不同领域、单位或职位的人才成熟度进行比对，为人才规划与发展提供重要依据。图 4-6 所示为员工热烈讨论人才盘点结果。

图 4-6 员工热烈讨论人才盘点结果

盘点数据可以清晰展现出人才规模与结构。其中，人才规模是指三支序列、各单位（部门）、各专业人才梯队的人才数量。西北油田在梳理油公司核心业务的基础上，将业务板块按照学科专业性划分为油气勘探、油气开发、石油工程、通用技术、安全生产、经营管理、党建政工七大领域，并在每一领域下按照人才流动技术壁垒的高低设置了 30 个专业，并细化为 98 个方向，如图 4-7 所示。“支撑业务”的人才分类为盘点专业人才规模奠定了坚实的基础。人才结构是指年龄、性别、学历、职称等多种属性的组合。合理的人才结构，不仅是人才数量有效积累的表征形式，更是人才个体形成人才团队、支持企业战略发展的必要条件。

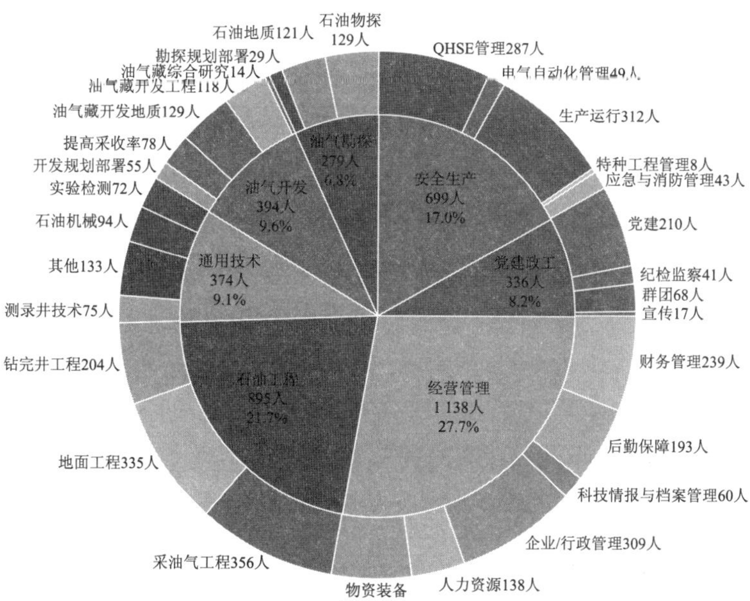

图 4-7 人才类别与总量（7 个领域、30 个专业、98 个方向）

在盘点规模与结构的基础之上，西北油田进一步盘点人才质量。西北油田设置了**成熟度、充足率、准备度、饱和度、活力值和均衡性**六个人才质量评价维度（图 4-8），使用每个维度都有不同的侧重点。其中，成熟度为个体质量高低的体现，充足率为支撑业务发展的体现，准备度为职位接替是否有序的体现，饱和度为人才通道是否畅通的体现，活力值关注队伍年轻化，均衡性关注单位间、专业间的协调发展。

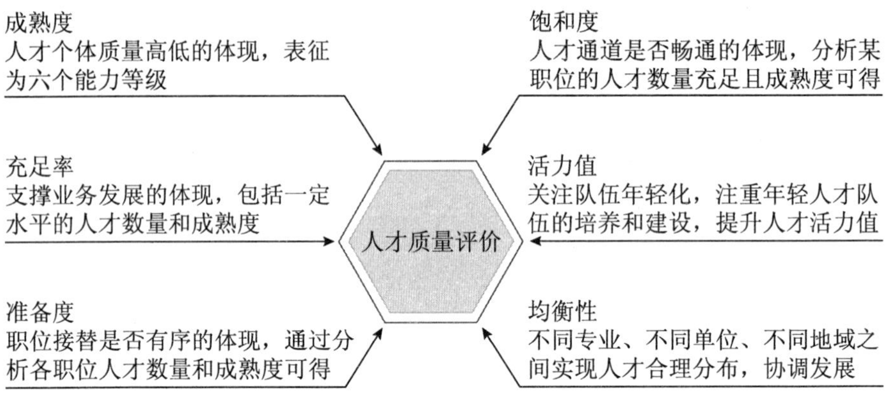

图 4-8　六项人才质量评价维度

通过设定这六项“指标”，初步实现了人才信息的数据化表达。更重要的是，全面的人才评价体系，超越职称、职位、工龄等传统标准，更有利于不拘一格地识别人才。

成熟度。西北油田基于 70 多万条数据的分析，通过结构化建模和降维处理，建立了各类成果、奖励、荣誉、专利等与人才能力水平的函数关系，采用 0 ～ 6 的数字作为成熟度，表征人才的能力水平。得出三个关键结论，即主业领域人才成熟度较高、80 后人才成熟度较高以及部分专业方向缺少人才“头雁”的局部人才洼地，提示我们需要从人才培养模式上进行深入探索。

充足率。为保障油公司必需专业学科体系完备性，充足的人才供给要求有一定水平的人才数量和成熟度，不能简单地以数量判定人才是否充足，二者缺一不可，如图 4-9 所示。目前，大部分专业人才充足率较高，但也存在部分专业大而不强，部分专业“后继乏人”（或人数不足，或成熟度不高，或近年有人员退休，或已转岗从事其他工作），这都为学科建设、业务开展带来了挑战。

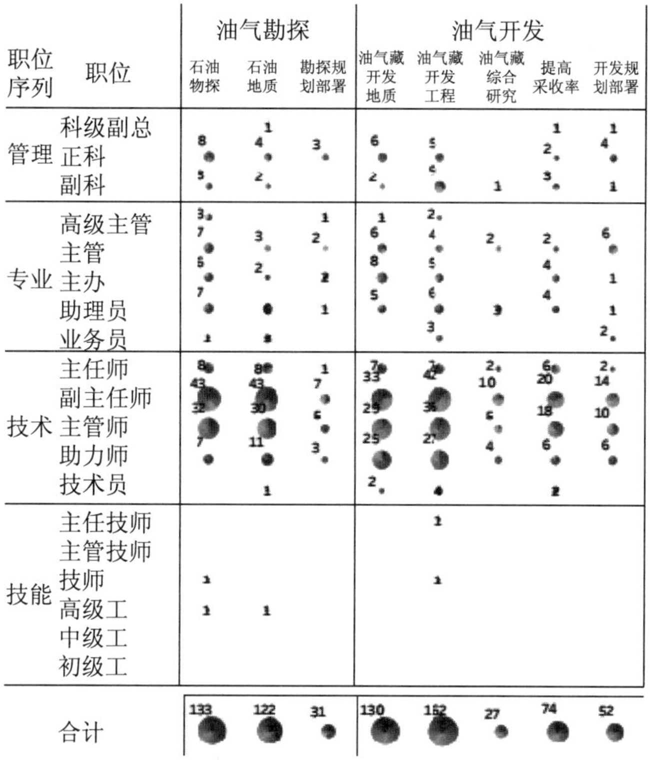

图 4-9　各专业人才成熟度和充足率（节选）

准备度。人才经过多岗位历练，按职位层级由低到高逐级晋升，符合人才成长的一般规律。分析下层级职位人才数量和成熟度，可提前为人才接替做好准备。某些专业的人才集中在副科、主管、主管师等职位，下 1 ～ 2 个层级人才规模明显不足，后继乏人，这些人才专业性极强，提示我们在人才引进时应统筹考虑成熟人才和校招之间的数量比例。

饱和度。当某专业下某职位的人才数量充足且成熟度整体偏高时，应作为上一职位通道建设的“标示灯”，避免局部人才过于饱和的情况。如某些专业在主任师、副主任师等职位上积累了一大批高成熟度人才，下一步需要加大专家选聘力度（目前西北油田已完成选聘工作）。各专业人才接替准备度和饱和度如图 4-10 所示。

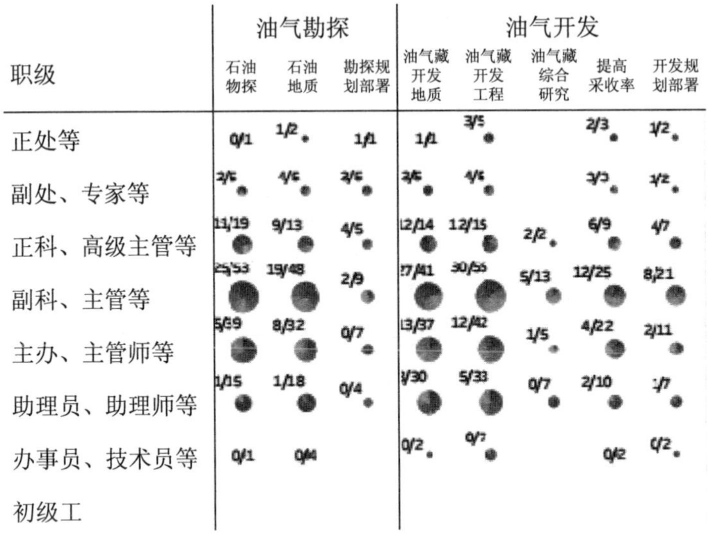

图 4-10 各专业人才接替准备度和饱和度（节选）

活力值。通过盘点，西北油田大部分领域在 30 岁左右就开始涌现高成熟度人才，而在油气勘探、油气开发、石油工程等主业领域，35 岁左右人才已成为核心骨干，人才“早熟”已成为西北人才的显著特点。在其他专业以及各采油气厂均聚集了大量的年轻人才，再次凸显年轻人才的培养、梯队建设已经成为当务之急。各专业人才活力值如图 4-11 所示。

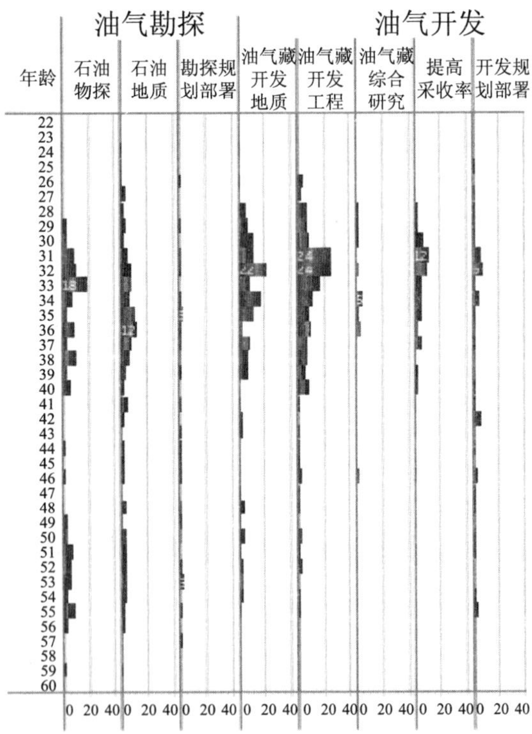

图 4-11 各专业人才活力值（节选）

均衡性。根据业务性质和组织模式，高成熟度人才该集中的集中，该分散的分散，优化分布，实现不同单位间、不同专业间的均衡发展。在单位人才均衡性上，油气藏开发地质、油气藏开发工程、采油气工程、地面工程等专业拥有一大批高成熟度人才，但四个油气生产单位之间还存在局部不均衡。在专业均衡性方面，从事后勤保障的人数相对富余，而宣传、科技情报与档案管理方面的人才相对匮乏，提示在人才培养和内部调配上要统筹考虑。各专业人才均衡性如图 4-12 所示。

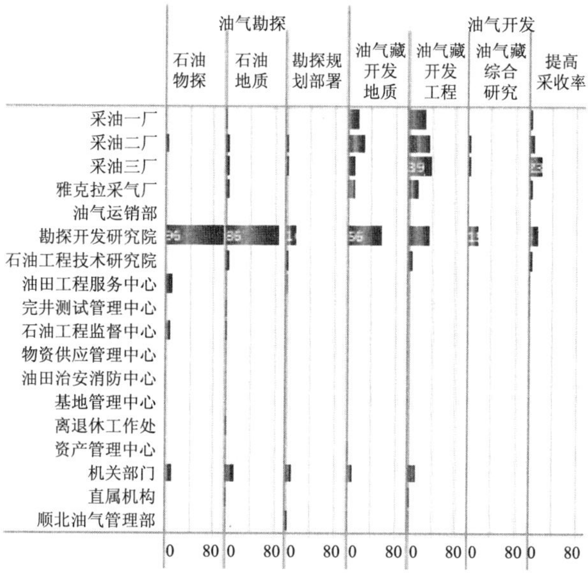

图 4-12 各专业人才均衡性

最后，我们通过数据挖掘和数据可视化，推动三表（人才资产负债表、人才流量表、人才利润表）和三图（人才地图、接替地图、学习地图）的形成，实现人才现状、动态和发展路径的精确化、直观化展示，初步支撑数据化决策。人才三表意义如图 4-13 所示。

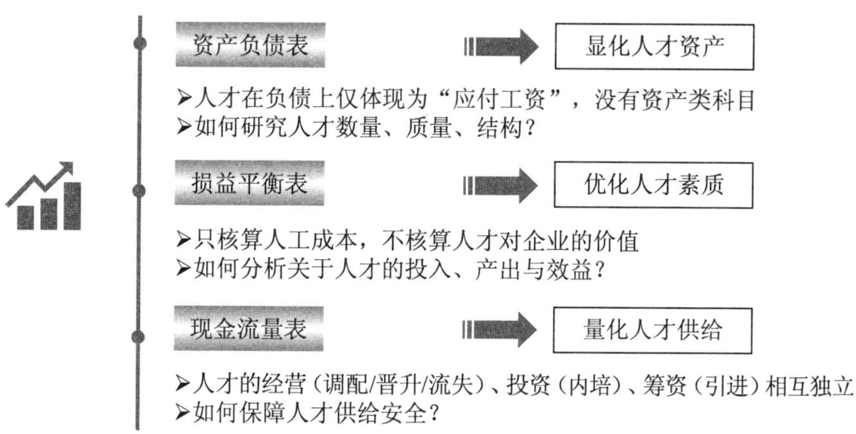

图 4-13 人才三表意义

盘出行动

数据使我们“大有可为”。

在盘出问题和数据之后，我们将从人才的专业、职位、所属单位以及组织战略层面，诊断组织正在面临或未来可能存在的人才问题，并积极采取管理行动。

关于成长通道。第一，各支序列通道总体通畅。目前，各序列由高到低职位比例与各层级人才数量大致匹配，各序列中高层级职位还留有余量，能够基本满足下一步人才发展。同时，高层级专业技术职位“能上能下”机制初步建立，8 名聘期届满专家通过考核，3 名因考核未达到续聘条件而解聘，保持了通道畅通。**第二，高层次专业技术人才建设力度不足。**在聘各层级专家仅占专业技术职位总人数的 1.6%。下一层级职位人才数量大、成熟度高的专业，具备加大专家选聘的条件。人才通道建设现状如图 4-14 所示。

图 4-14　人才通道建设现状

关于人才内部调配。第一，促进跨专业的人才流动。西北油田业务链长，专业性强，人才流动壁垒较高，转岗难度较大，要求懂专业、懂生产、会管理的综合型人才培养，需要提前筹划，重点从优秀年轻人才中进行选拔。个别专业还可以考虑兼职，如规模较小的宣传人才，为更加深入宣传专业性工作，可进一步鼓励各专业人才担任兼职宣传员，同时也是提升专业人才自身的综合能力。**第二，促进跨单位的人才流动。**促进单位间的人才流动，是保障人才队伍协调发展、整体提升的重要途径。例如，采油二厂油气藏开发地质、油气藏开发工程专业的高成熟度人才远多于其他采油气厂，可考虑向采油一厂、采油三厂调动或交流挂职，加强油气藏研究力量。勘探开发研究院年龄结构呈双峰形态分布，学历高，专业多，员工多样性强，但党建人才力量薄弱，可考虑从采油气厂引进相关人才。

关于人才成长规律。第一，人才成熟度与学历层次、从事业务领域具有相关关系。2004—2013 年的 10 年间，共引进新员工 1 700 余人，占当前员工总数的 44.0%，且以本科以上学历为主。从事油气勘探、油气开发和石油工程等领域主营业务的人才成熟度相对较高，且学历层次越高，高成熟度人才占比越大。**第二，油田快速发展造就了人才快速成长。**“十五”“十一五”油田快速上产期间参加工作的人员，高职级、高成熟度占比明显高于其他阶段。当前西北油田进入新阶段，开启了向高质量发展阶段迈进和建成千万吨级大油气田征程，人才强企工程要抓住企业发展的大好机遇，健全事业留人机制，为各类人才搭建好干事创业的平台。**第三，人才能力水平存在显著的成长期、成熟期和常态期。**总体而言，参加工作后，人才成熟度快速提升，随着工龄增加，成熟度增速放缓，到 18.5 年左右达到峰值，之后开始下降。因为不同工龄段员工人数差异太大，尚无法分职位准确评价成熟期；对于不同单位类型，人才“三期”规律明显，人才能力达到峰值的工龄在 16.0 ～ 18.2 年，科研单位人才成熟受高素质人才引进、知识更新的影响更明显。各工龄段人数与学历分布如图 4-15 所示。如何打破人才天花板、激发进入常态期人才的活力，需要在人才强企行动方案中认真研究。

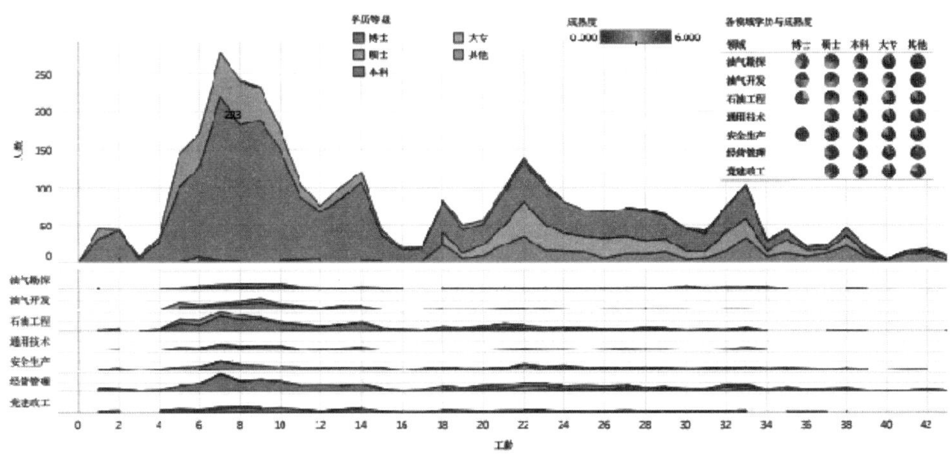

图 4-15　各工龄段人数与学历分布

关于薪酬设计与激励导向。第一，论资排辈已打破。从各工龄段的收入分布来看，随着工龄增加，工龄10年以内，收入增长明显；工龄10～30年，职位层级、收入分配的差异较大；工龄30年以上，收入分配向平均水平集中。从各职级的收入分布来看，副科长、主管及以下基层级职位，均有20%的人员收入高于上一层级职位20%的人员；特别是助理员、助理师等职位，至少有40%人员收入高于上一职位40%的人员。而且，随着职级的提高，收入的差异化程度也不断增大。**第二，为能力付薪的导向已建立。**通过数据拟合发现，收入与人才成熟度整体而言呈显著的正相关关系（置信度远高于99%），特别是对于从主办、主管师到正科、高级主管、主任师之间的职位，能力越强，收入越高。下一步将充分结合员工绩效价值管理数据，进一步分析能力与绩效表现、收入之间的关系，指导薪酬设计，实现精准激励。职级、成熟度与收入趋势如图4-16所示。

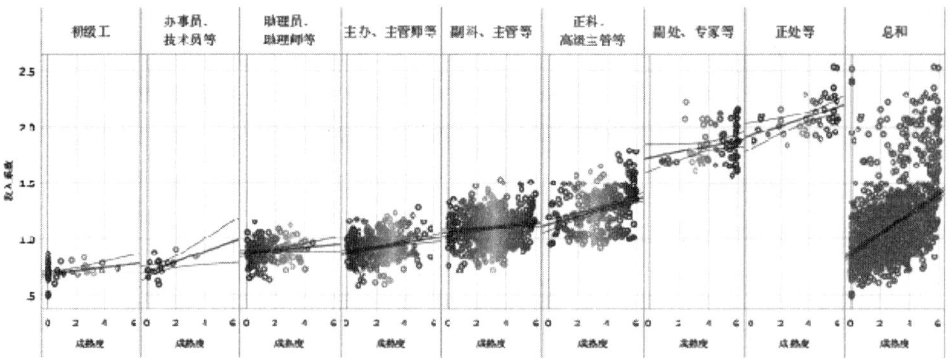

图4-16　职级、成熟度与收入趋势

关于突出对年轻人才关爱。第一，预判孕育期人才需求。员工年龄呈偏态分布，大量员工年龄在31岁左右。随着“二孩”政策落地，将迎来员工孕育高峰期。西北油田35岁以下孕育年龄段的员工占到总人数的45%，特别是在党建政工领域，孕育年龄段女员工就占到了31%。要充分利用这些“预警”信息，提前策划人才补位安排，既保障员工照顾家庭的正常需要，又不影响生产经营平稳运转。**第二，关注具有西北地域特色的人才需求。**在“80后”员工中，来自疆外的员工占到员工总数的29.6%。这些员工平均探亲距离达2 064千米，相当于北京到昆明的直线距离，由此带来了子女抚养、父母赡养等方面的更多困难，将在一定程度上影响年轻员工的工作状态。人才籍贯地图如图 4-17 所示。西北油田已实施了鼓励员工父母、配偶“反探亲”的福利政策，人才强企工程实施方案要充分考虑并实施一系列暖心、拴心留人政策。

升级盘点

真正区分GE和其他效仿者的人才盘点的核心要素，并不在于表格、工具、评分和技术，而在于组织为此投入的大量时间以及对人才发展问题讨论的深度。这些对话比任何机制都重要得多，人才盘点的核心真正在于组织和高层管理者为此付出的大量时间。

——拉古・克里希纳穆尔蒂（GE 首席学习官）

GE 的人才盘点 C 会议（session C），是现代企业人才盘点实践的先驱和标杆。在 C 会议上，CEO 和高级人力资源副总裁将会见每个业务单位的主管和人事主管，讨论领导力和组织问题。在长达 12 ～ 14 个小时的紧张会议中，与会者将根据员工报告、组织结构图、九宫格 / 活力曲线等盘点和分析工具，对业务单位有潜质的人才作出评估，并与组织战略紧密联系。C 会议最终达成对人才的基本共识，并针对每一位优秀员工的培训发展计划和职业规划进行个性化设计。通过 C 会议的严密执行，选拔和评价员工成为 GE 的一项核心能力。

与 GE 相比，我们目前仅仅迈出了“方向正确的第一步”。**如果想让盘点脱离“纸上谈兵”的价值，“说到做到”非常关键。**不能“说到做到”的人才盘点，反而会加速人才的流失。

“说到”，要求我们向 GE 和互联网行业看齐。GE 的“说到”体现为盘点的全面性。依据 GE 的界定，人才盘点（organization and talent review，OTR），是对组织设计和人才管理的系统审视。在这个过程中，公司高层和人力资源部对组织架构、人员配比、人才绩效、关键岗位继任、发展和激励等问题进行深入讨论。因此，如果我们仅仅盘点“人才”，本身就不够全面。互联网、科技类公司的“说到”体现为数据的规模和品质。与大多数企业相同，我们与互联网、科技类公司的信息基础有较大差距。也正因如此，我们将盘点定义为“数据的唤醒”，这是我们从数据走向大数据、从“量化已知”走向“预测未知”的起点。

"做到"，要求我们真正将盘点与人力资源各个模块紧密相连。很多国企以"敏感"为由，"从不承诺盘点结果和干部晋升直接挂钩"，这与强生公司要求"盘点出的高潜人才必须在 12 个月内得到晋升"的规则相比，存在文化层面的巨大差异。盘点，仅仅是科学配制人才、加速人才成长的序幕，有所行动才是第一要件。因此，深入推进盘点应用，增加人才管理配套举措，将是人才地图从 1.0 升级到 2.0 的主要内容。

因此，我们应以"说到做到"为准则，持续推进盘点的开放化、数字化、整体化、个性化和常态化，聚力实现盘点升级，推动人力分析价值的最终实现。升级盘点的五个方向如图 4-17 所示。

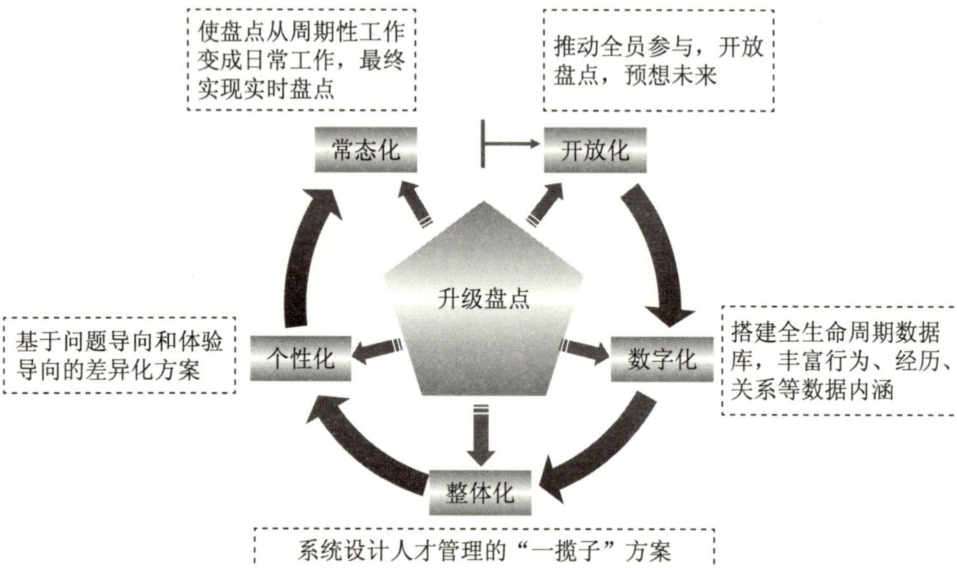

图 4-17　升级盘点的五个方向

目前，关于盘点开放化，我们仍然停留在封闭式盘点层面，尚未发展成为开放式盘点。例如，所有人才评价和盘点的结果仅有很少一部分人知晓，盘点成果仅仅是数十页的报告，没有公开讨论人才与组织的匹配情况，尚未制造出全员思考个人发展的"窗口期"。开放意味着"去中心化"和结合未来。如果我们由员工组织盘点、维护数据并形成结论，讨论未来的管理需要而不是现状，人才盘点就将转变为自我管理和人才发展工具。实际上，是时候把盘点责任交给每一位员工了。**关于盘点数字化，我们缺少全面刻画人才的行为、经历、关系、价值等数据类型，这使我们的盘点分析停留在描述性分析**

层面。有效输入（数据），才能有效输出（决策）。GE曾表示，这种盘点结论“并不能让HR在其组织内的战略问题上有更大发言权”，也不能回答“人力资源为组织带来什么价值”。试想，如果缺少经历数据，华为就无法落地“实践经验是用人的最高标准”，无法坚持“没有带领团队‘起死回生’的成功经历，就不能得到晋升”。一般而言，盘点的数字化必须依靠新技术才能有效获取并实现结构化，未来，我们将通过搭建全生命周期数据库，应用组织网络分析技术以及深化绩效价值量化工程，为西北油田打造出构建智能化管理体系的数据优势。**关于盘点整体化，我们仍然缺少人才管理的“一揽子方案”和“连贯动作”。**盘点的最大问题是数据，但最优秀的盘点实践，是因行动而卓越。在盘点的过程中和盘点之后，盘点能够真正带给人才什么？盘点能指引员工下一步该补充什么技能吗（学习地图）？盘点能承诺谁将得到发展吗（继任计划）？盘点能识别出谁在新的岗位上会更出色吗（岗位更替图）？盘点能测算出如果不尽快给某位员工调薪，这位员工就会离职吗（人才保留热点图）？如果我们能使人才盘点完全脱离于一项管理形式或举措，与人力资源其他模块充分整合，人才盘点才能发挥真正的价值。关于**盘点个性化和常态化**，我们因缺少有力的数据与技术支撑而显得乏力。在做实数据基础和引入AI技术的未来，我们将逐渐实现“一人一策”和“实施盘点”，改变“机制设计大众化”（层级化、序列化）和“年度盘点运动化”的现状。

全周期数据库

“人力资源为组织带来什么价值？”这个问题一直很难回答。人才盘点是从数据层面解决这一问题的开端。这其中的根本问题，是缺少针对人力资源全价值链的量化数据。在方便访问，易于解读和易于掌控的数据之外，我们必须认识到，在数据驱动的管理世界中，如果仅仅依靠“现成”的内部数据，就像绑住一只胳膊在打拳击赛。因此，占有更多高品质的大数据，是升级盘点的“根本操作”。大数据的两个核心特征如图4-18所示，如何走出大数据应用的初级阶段如图4-19所示。

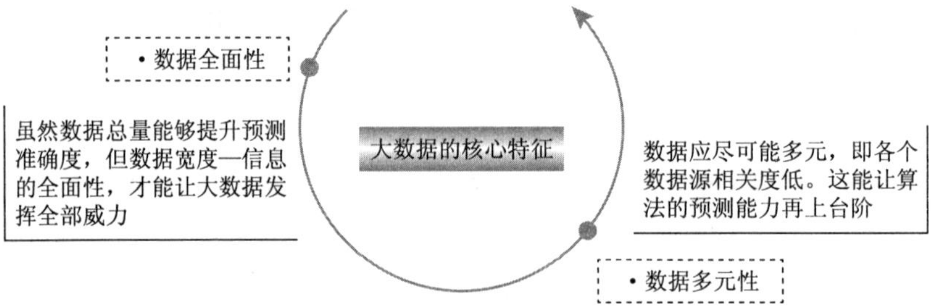

图 4-18　大数据的两个核心特征

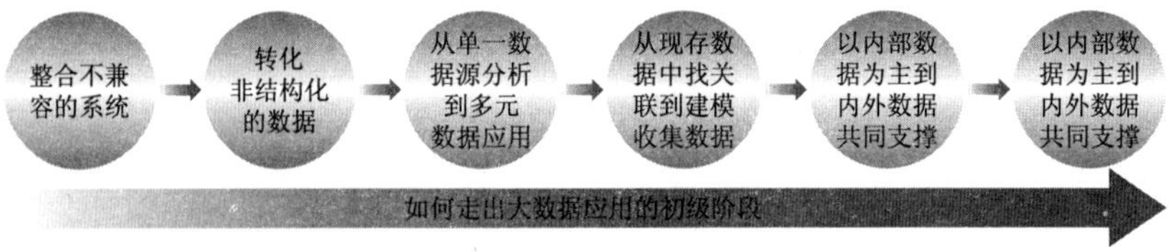

图 4-19　研究：如何走出大数据应用的初级阶段

那么，如何占有大数据？大数据从哪里来？

首先，我们将充分借鉴外部的研究与实践。关于组织中的管理数据，大量研究予以分类标记，已形成较为完善的“数据—变量 / 指标”模型，如图 4-20 所示。

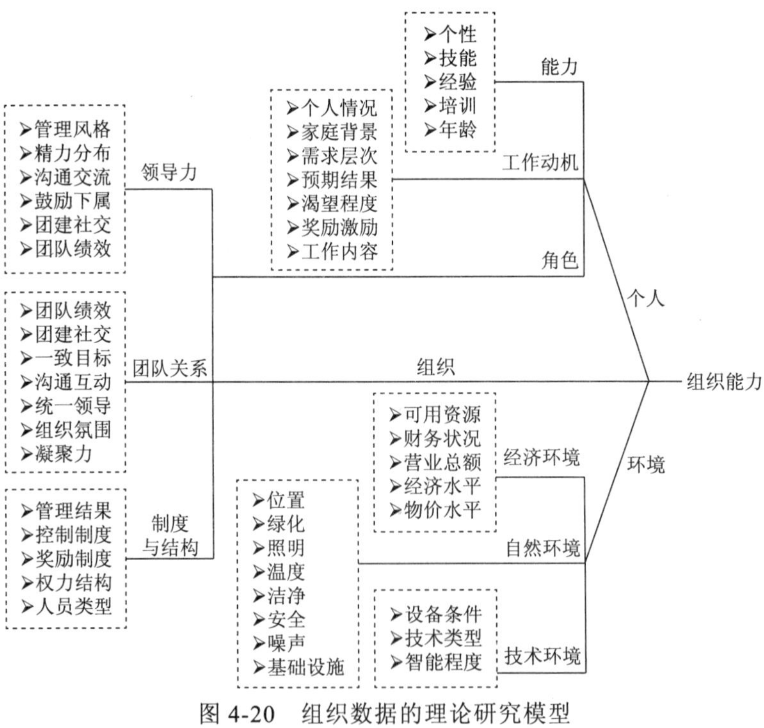

图 4-20　组织数据的理论研究模型

此外，人力分析实践中常用的变量/数据（例如，员工情绪、表情、语义、行为、认知数据，实时社交数据，个人统计学数据，职业履历与个人路径数据，等等），都有成熟的应用场景，可供我们引用借鉴。具体如表 4-1 所示。

表 4-1　已有实践中的数据收集和应用

数据	测量方式	应用场景
情绪	上下班“刷脸”打卡时通过面部表情识别情绪	测量敬业度、新制度反馈、新人融入程度、团队凝聚力
行为	通过会议预约系统和内部 OA（办公自动化）使用情况，统计参与率识别协作意愿	测量工作关系强度、选择绩效考核有权评价人、计算项目奖金分配比例
认知	通过关键事件后的工作强度、工作产出趋势、下属辅导频率、沟通协作频次等，识别是否存在工作倦怠或不满	测量工作满意度、离职周边影响、验证离职倾向
人口统计学	通过基本人员信息分析变量相关性，例如行业中的工作类型、部门和任职等	测量各年龄段员工偏好、薪酬期望、家庭人口数与离职倾向的关系
个人路径	通过分析个人档案分析变量相关性	测量团队融合度、职业规划成熟度、职业预期与岗位停留接受度等

其次，我们将更加主动地收集数据。除依靠系统中的“现成”数据，例如交易数据（包括福利的使用、工资数据、学习行为、网站点击行为等），联系数据（包括向人力资源部门提出问题、投诉意见等），以及社交数据（如内部社交平台上的关键信息等）之外，未来，我们还需要转向“主动收集”，收集包括匿名反馈、绩效考核、离职面谈、员工问卷调查、专家小组访谈、关键行为记录、网络分析、业务报告、竞争情报、经济和劳动力市场研究、外部数据等关键信息。

接下来，我们又该如何有序“捕捉”这些无时无刻不在产生的数据呢？

按照时间序列梳理海量数据，是一个有效的数据扩容框架，可以帮助我们从连续的人才管理周期中挖掘“大数据”，建立全生命周期数据库，形成以数据驱动盘点价值的关键动力。数据架构设想如图 4-21 所示。

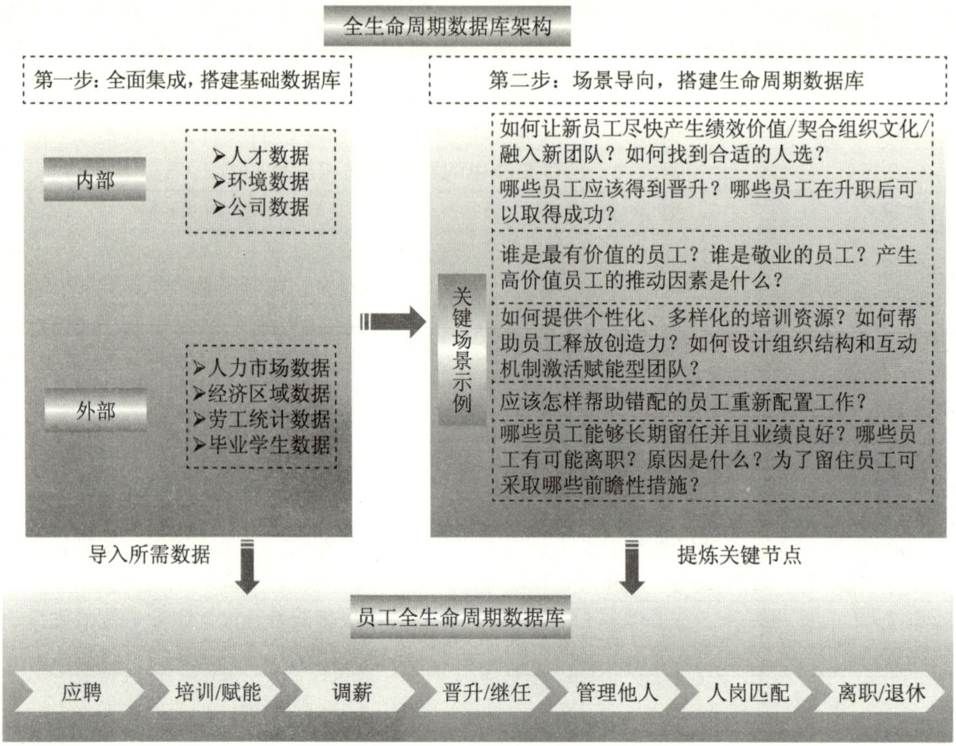

图 4-21　数据架构设想

第一步：系统化搭建基础数据库

首先，我们收集微观、宏观、静态、动态等多维数据，系统完成内部人才数据、环境数据、公司数据以及外部人力市场数据、经济和区域数据、劳工统计数据、毕业生数据等入库工作，搭建由 7 个维度、140 余项数据组成的基础数据库，如表 4-2 所示。

表 4-2　基础数据库

	分类	数据
内部数据	人才数据	**基本信息：**员工数量、员工年龄、招聘成本、员工队伍多样性、教育背景、专业背景、技能掌握情况、健康水平、人格特征测评结果、素质测评结果等； **生活相关：**家庭背景、家属态度、家中抚养比、家庭经济压力、居住地址、生活习惯、兴趣爱好、通勤距离和时长、运动记录、睡眠记录、营养记录、心理压力测评记录等；

续表

<table>
<tr><td rowspan="4">内部数据</td><td>分类</td><td>数据</td></tr>
<tr><td>人才数据</td><td>工作相关：目前岗位等级、工作职责和工作年限、员工工资、过往任职 / 升迁 / 调动经历、工作情绪、工作满意度、员工敬业度、出勤记录、休息休假记录、主动加班的时间和次数、员工绩效及排名、员工创新成果、所参与项目的成果评价、荣誉和奖项获得情况、直接上级 / 同事评价与反馈、OA 处理及邮件回复效率、在会议或讨论上发言的次数和质量、意见被采纳次数、工作中犯错次数、违纪违章记录、继任计划、职业规划、职业期望等；
成长相关：参与培训、学习次数及时长、参与过的培训课程及考试结果、培训后的绩效表现、浏览前沿信息与资料的时长和频次、登录内部培训网络平台（e-learning）的频率和时长等；
人际相关：领导管理关系、管理幅度、管理风格、管理精力分布、社交网络足迹上留下的数字心情 / 商誉动态 / 组织宣传 / 实时评价 / 状态分享、团建、聚餐等社交活动的参与和组织情况、与团队成员 / 导师 / 直接上级 / 跨部门同事的邮件、会议、社交平台等信息交流频率、社交平台上的关注度 / 活跃度等</td></tr>
<tr><td>环境数据</td><td>自然环境：个人可支配办公空间、噪声、温度、湿度、气流速度、照明、色彩、绿化面积等；
技术环境：办公设备先进度、办公设备齐全度、办公设备符合人体工程力学的程度、安保措施、娱乐休闲设施等；
经济环境：公司周边经济活动分布情况（如外卖小吃、商城）、周边交通点分布、距离市中心距离等</td></tr>
<tr><td>公司数据</td><td>组织数据：组织结构框架、组织网络信息数量和流向、组织机构变迁历史、组织各项制度
人力数据：人力资源管理系统数据、招聘资料、人事变动及留任数据、培训数据、业绩数据、考勤状况、福利数据、团队绩效、项目成果、员工内部轮岗率、离职率、退休率、入职率、各岗位的晋升候选人数据、各岗位的人才储备数据等；
经济数据：财务状况、股票价格、工资总额、薪酬预算、净增长值、营业收入及增长状况等；
业务数据：项目成果、平均订单规模、产品多样性等；
客户数据：客户满意度、客户群及数量变动情况等</td></tr>
<tr><td>外部数据</td><td>人力资源市场数据</td><td>竞争情报：竞争对手的付薪水平、竞争对手的职位设置和空缺情况等；
候选人意见：候选人对公司的看法、公司的品牌和业内声望、普遍的就职倾向、共同的工作需求等；
行业数据：行业离职率、某职位离职率、某职位市场需求和供给、某职位平均雇佣成本、不同职位的薪酬标杆、不同职位的市场供需比、行业前沿变化和信息、行业最新发现和成果等</td></tr>
</table>

续表

	分类	数据
外部数据	经济和区域数据	**经济基准数据：**例如国内生产总值、居民消费价格指数、国家统计局、统计年鉴等； **区域基准数据：**区域离职率、区域人口流动率、区域不同教育层次的人才供给、区域物价与工资保障水平等
	劳工统计数据	劳动力数据、就业数据、空缺职位、失业率、工资、辞职和退休数据、人口增长及预估数据等
	毕业生数据	按照毕业专业分类，主要关注难以填补的职位所需专业，分析优秀青年人才的就业预期

基础数据库的搭建工作需要多种技术支撑。例如 Style Intelligence、RapidMiner Radoop 等商用数据分析工具；QlikView、Tableau 等全内存计算的数据集市产品；面部情绪识别技术；Python、Gephi、R+igraph、Netdraw 等社会网络分析和可视化工具；人体智能感应设备和观测技术；面谈、讨论、会议全记录技术；合作高校与企业的数据共联共享技术；可识别和记录关键行为的高清监控设备；可追踪和记录办公电脑网页浏览的电子监控设备；内部办公系统中工作日程和相应工作进度记录；e-HR 智慧人力管理技术，等等。导入基础数据如表 4-3 所示。

表 4-3　第一步：导入基础数据

周期环节 数据类型	应聘	培训／赋能	调薪	晋升／继任	管理他人	人岗匹配／转岗	离职／退休
个人基础数据	**个人基本数据：**年龄、教育背景、专业背景、技能掌握、健康水平、人格特征测评结果等； **个人工作数据：**目前岗位等级、工作职责和工作年限、过往任职／升迁／调动经历、出勤记录、休息休假记录、主动加班的时间和次数、个人／团队过往绩效表现和排名、所参与项目的成果评价、工作中出错的经历、荣誉和奖项获得情况、直接上级／同事评价与反馈、OA 处理及邮件回复效率、在会议或讨论上发言的次数和质量、意见被采纳次数、违纪违章记录、工作情绪、工作满意度、职业规划等； **个人人际数据：**团建、聚餐等社交活动的参与和组织情况、与团队成员／导师／直接上级／跨部门同事的邮件、会议、社交平台等信息交流频率、直接上级管理风格、直接上级管理精力分布、社交网络足迹等； **个人学习数据：**参与培训、学习次数及时长、培训后的考试结果和绩效表现等； **个人生活数据：**家庭背景（家属态度、家中抚养比、家庭经济压力）、兴趣志向、心理情绪测评记录						

续表

周期环节 数据类型	应聘	培训/赋能	调薪	晋升/继任	管理他人	人岗匹配/转岗	离职/退休
公司 基础数据	**公司组织数据：**组织结构框架、组织网络信息数量和流向、团队绩效、项目成果、各岗位的晋升候选人数据、各岗位的人才储备数据等； **公司人力数据：**人力资源管理系统数据、招聘资料、人事变动及留任数据、培训数据、业绩数据、考勤状况、福利数据等； **公司经济数据：**财务状况、股票价格、工资总额、薪酬预算、净增长值、营业收入及增长状况等； **公司业务数据：**项目成果； **公司客户数据：**客户满意度						

第二步：场景化构建全生命周期数据库

场景是基于问题导向的数据生产方式。例如，观察员工午餐时间的交流学习，可以获得大量关于团队协作、意见建议、主观体验等数据。因此，我们将基于场景设计的问题导向，从基础数据库中抓取数据，并按照时间序列进行数据筛选，构建员工全生命周期数据库，为后续算法奠定基础。图 4-22 所示为全生命周期的场景化，表 4-4 所示为场景化构建全生命周期数据库。

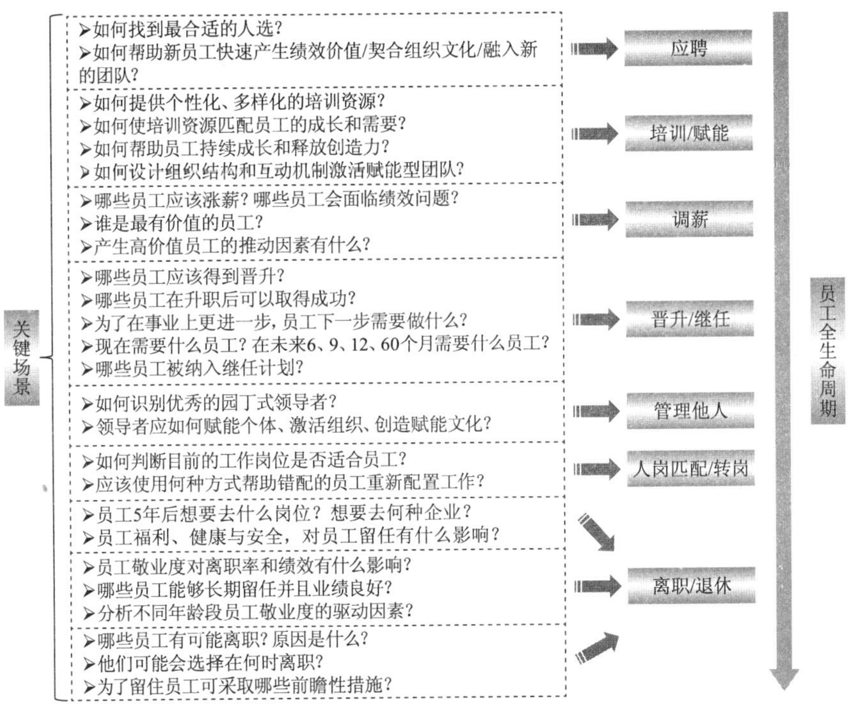

图 4-22　全生命周期的场景化

表 4-4　第二步：场景化构建全生命周期数据库（节选）

	数据库示例				
应聘	有无工作经历	前工作单位、年限、具体职责、工资等	应聘渠道	兴趣爱好和生活习惯	家庭背景
	浏览官网 / 员工手册的时间和频次	日常阅读和关注的刊物及内容	求职意向	职业规划	相关行业经验
	居住地址	通勤距离和时长	岗位的行业供需状况	区域人口结构数据和流动率	毕业生数据
培训 / 赋能	教育背景	专业背景	职业规划	能力缺口盘点	技能掌握情况
	参与过的培训课程及考试结果	上次培训后的工作表现和绩效反馈	经常浏览的培训资源	工作情绪	工作满意度
	培训预算	登录 e-learning 平台频率和时长	—	—	—
调薪	人力投资回报率	公司薪酬预算	职业规划	目前工资及奖金获取情况	家庭背景
	过往绩效表现	所参与项目的成果评价	是否是组织网络分析中的高潜人才	过往创新成果	行业薪酬标杆
	竞争对手的付薪水平	区域平均雇佣成本	岗位的行业供需状况	区域物价与工资保障水平	工作满意度
晋升 / 继任	个人及团队的绩效表现和排名	是否是组织网络分析中的高潜人才	社交平台上发布的成长类动态	直接上级推荐理由	浏览公司官网中与晋升、职级相关人事政策的信息
	与其他员工的 OA 信息、邮件交流频率	工作满意度	工作情绪	浏览前沿信息与资料频次	团建、聚餐等社交活动的组织和参与情况
	个人 / 团队获得奖励、认可的次数	在会议或讨论上发言的次数和质量	相同人才储备数据	岗位的晋升候选人数据	行业平均晋升速度标杆
管理他人	……				
人岗匹配 / 转岗	……				
离职 / 退休	……				

第二节　量化绩效价值

绩效价值是人才去留、业绩等许多关键管理问题的重要测量与预测指标，是量化人才管理举措与管理成效之间关联的核心数据。唯有量化绩效，才能量化人力资本投资回报率。同时，量化绩效也是内部市场化对组织的数据能力的一大挑战。华为曾经用 8 年时间为项目核算做准备，海尔在推行小微企业变革之前也在财务核算方面下了很大的功夫。

因此，在实施人才盘点之后，西北油田继续推进绩效价值量化工作，目前已逐步建立起较为完善的量化管理体系，基于科学管理的精细化视角和数据化思维，以任务为单元来重新审视组织，如图 4-23 所示。这套体系将最难量化的绩效价值数据化，进一步夯实了人才管理的大数据基础。

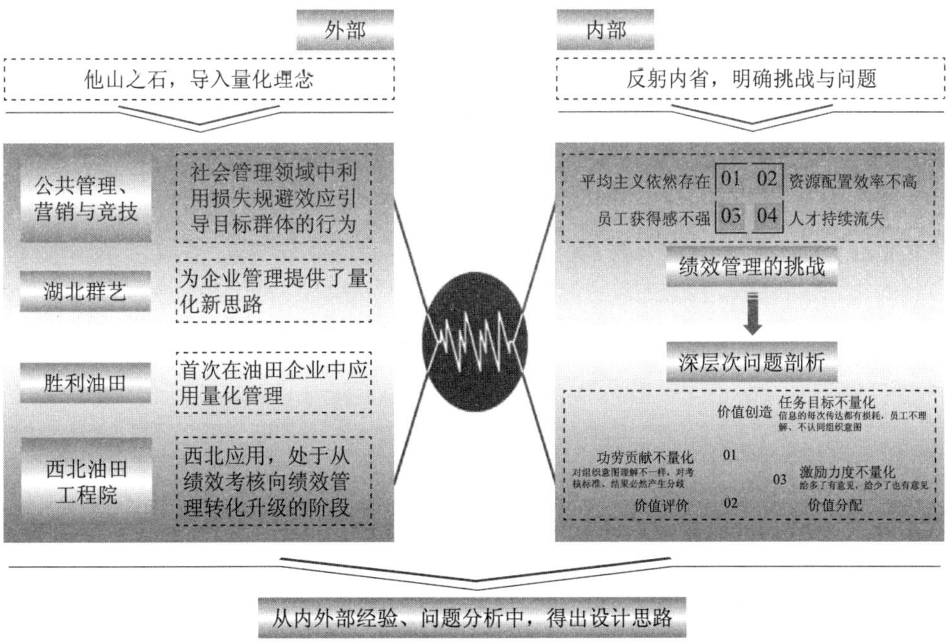

图 4-23　构建体系的思考过程

在湖北群艺、胜利油田等“他山之石”的实践启发下，结合对内部管理困局的客观剖析，西北油田明确了以“三定合理、人岗相宜”为前提，以“劳动无贵贱”为准则（将全局同类型岗位、同层级职位的初始积分设置为基本一致且横向可比），以“摸石过河”为导向（方向正确即可大胆尝试，通过实践来检验、完善）的总体设计思路。

在过程中，西北油田针对填报审核流程以及存在的磨洋工、拆分任务“刷积分”等漏洞进行分析、迭代和完善，最终形成了绩效价值量化的管理体系，与干部考核体系、高层次人才考核体系共同构成西北油田绩效管理体系。例如，在方式上，我们采取“直接量化”与“间接量化 / 形式量化”相结合；在对象上，我们重点是“量化职责”而不是“量化任务”；在流程上，我们鼓励优化方法、提高效率，避免陷入纠缠于具体业务细节的管理陷阱。

价值量化目标

总体而言，我们希望**采用量化的方法，实施贯穿绩效价值链的闭环量化管理**，对不同绩效表现的员工类型——高绩效员工、低绩效员工、“无名英雄”“南郭先生”展开更客观、更科学的绩效管理，**提高员工激励的内部公平性**。价值量化总体目标如图 4-24 所示。

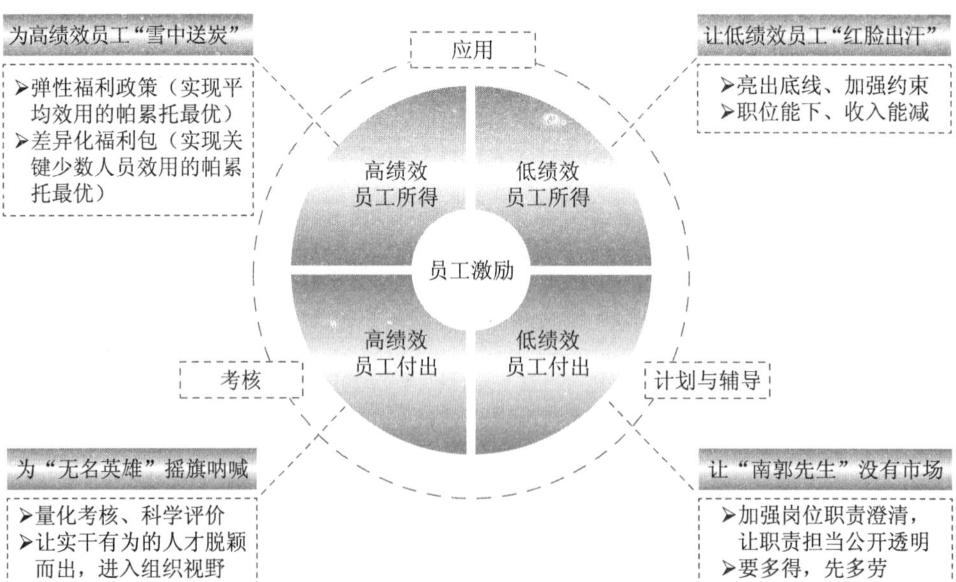

图 4-24　价值量化总体目标

价值量化内容

面对种类众多、难度不一、强度有别的工作内容，西北油田紧紧围绕公司用人导向，统筹考虑各种类型的绩效价值，充分结合既要客观全面（三看九能”），又要突出重点（根据企业战略动态调整）的评价要求，初步确定以岗位履职为核心、以道德品行和业绩成果为补充的员工绩效量化管理体系。绩效评价内容及详解如图 4-25 和表 4-5 所示。

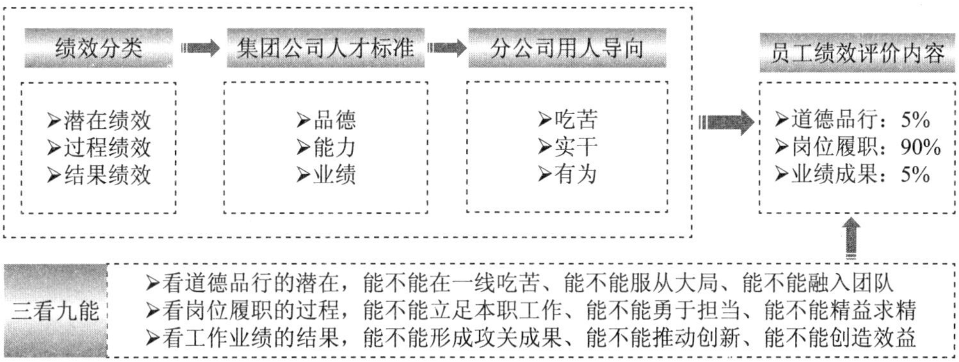

图 4-25　绩效评价内容

表 4-5　评价内容详解

评价内容	评价目标	目标选择依据：对企业的价值
道德品行	素质好	素质高低不一样：潜在的道德素质高，对企业的贡献更加持续，决定了“明天”
	行为好	行为好坏不一样：外在的行为态度好，对团队的工作运转、人际关系、文化氛围等有积极作用
岗位履职	效率好	干快干慢不一样：油公司人员精简，人人高效，生产经营任务才有保障，工作协调、流程优化才有可能
	效果好	干好干坏不一样：每项管理、技术工作都力争取得好效果，才能配合企业发展战略、战术
业绩成果	质量好	贡献大小不一样：工作质量是素质、行为、效率、效果的综合反映，用结果说话，对道德品德、岗位履职情况的有力佐证，是展示企业形象的重要方面

针对三项评价内容，西北油田设计了五项评价指标。如图 4-26 所示。

评价目标（五维度目标）	一级评价指标：要素	一级评价指标：标志（五大类指标）	一级评价指标：标度	要素界定	量化方式	评价方法
素质好	职业修养	品德素质分	满分1 000	群众口碑	当量量化	在线测评
行为好	加强作风	行为态度分	—	浮拖懒粗散软庸负面清单	等距量化	组织签发
效率好	立足本职	日常工作分	人均1 000×12	周期性强、可预见、常规性的工作	直接量化	个人自陈+组织审定
效果好	敢于担当	重点工作分	人均6 000	不定期、难度高、意义重大的工作	直接量化	任务清单销项
质量好	注重成效	业绩成果分	人均1 000	各种成果、奖励、荣誉	等距量化	自动计算

图 4-26　评价指标体系

其中，**岗位履职权重最大，是评价指标中的最关键的内容，分为“日常工作分”和“重点工作分”。“日常工作分”由职责决定**。不同于传统的岗位评价、员工评价等评价视角，西北油田以岗位职责为抓手，通过层层分解企业战略价值，核定日常工作积分。各单位、各部门的日常工作总分由分公司统一核定，指标内容和分值由各单位、各部门直接量化。自行优化具体业务流程如图 4-27 所示。

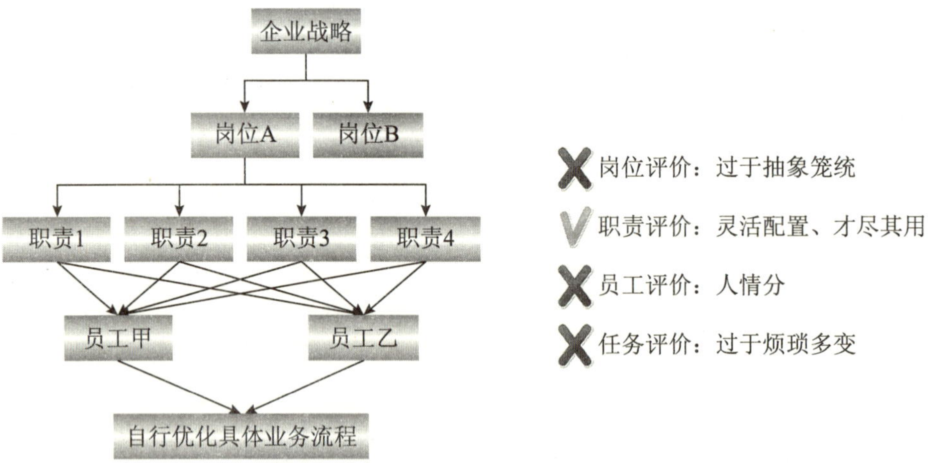

图 4-27　自行优化具体业务流程

为保障企业战略落地，设置“重点工作分”。根据年度工作报告或半年工作报告要求，这项指标由专业主管处室在年度和年中工作会后负责设置。区分日常工作与重点工作如表 4-6 所示。

表 4-6　区分日常工作与重点工作

指标名称	日 常 工 作	重 点 工 作
工作来源	来源于部门职能职责	来源于年度、年中工作报告
工作周期	每年都有	个别年份才有
工作量	工作量基本稳定	工作量波动很大
时间要求	时间易灵活安排	时效性要求较高
工作难度	重要但不一定复杂	既重要又复杂
工作积分	积分统一核定，跟各单位绩效工资总额有一定联系	积分差异化分配，跟各单位绩效工资、激励工资总额均无关系

价值量化流程

根据绩效价值量化体系，西北油田构建“从战略出发，纵贯于岗位，立足于职责”的价值量化五步流程，如图 4-28 所示。

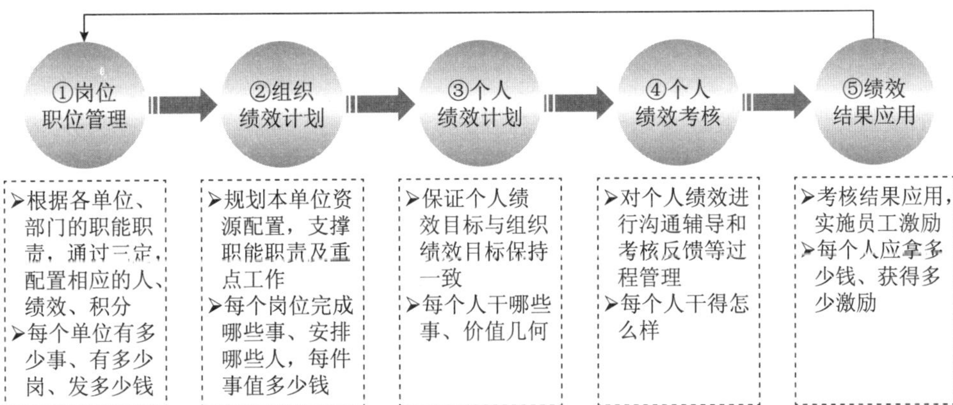

图 4-28　价值管理流程

岗位职位管理。将岗位、职位、积分、月度绩效工资总额核定到各单位、部门，按各层级职位数量及积分标准核定并动态更新单位的积分总额；对优化用工的，以优化的职位人数及其对应的绩效标准为基数核增奖励绩效。

组织绩效计划。根据重要程度和复杂程度，各单位 / 部门识别日常工作和关键职责领域（重点工作），形成日常工作的岗位职责清单和重点工作的任务清单，并核定两类积分值，最终确定本单位的绩效计划。

个人绩效计划与个人绩效考核。以“所有职责都‘明码标价’，多劳多得，少劳少得，不劳不得”为原则，各单位依据职责和组织绩效设定员工个人的绩效计划，充分考虑每名员工的特点，实现职责与员工的双向选择和匹配。

个人绩效考核周期分为月度和年度。月度考核内容包括岗位履职中的日常工作、重点工作和道德品行中的行为态度；年度考核内容主要包括业绩成果和道德品行中的品德素质。个人绩效考核如表 4-7 所示。

表 4-7　个人绩效考核

<table>
<tr><th>考核名称</th><th colspan="3">月度考核</th><th colspan="2">年度考核</th></tr>
<tr><td>评价内容</td><td colspan="2">岗位履职</td><td colspan="2">道德品行</td><td>业绩成果</td></tr>
<tr><td>评价指标</td><td>日常工作</td><td>重点工作</td><td>行为态度</td><td>品德素质</td><td>业绩成果</td></tr>
<tr><td>考核方式</td><td colspan="2">（1）个人述职：每月最后一个工作日，员工对照自己承担的职责在系统中简要描述完成的工作（合作完成的工作职责须明确分配比例）；
（2）上级审核：日常工作积分由科级单位正职或其指定人员审核，根据完成效果适当加减分；重点工作积分由主管处室指定的人员审核，并在年底时统一对完成效果较好的职责加分</td><td>党支部认定后直接签发</td><td>各单位年底组织在线 360 度测评，最高 1 000 分，强制分布后计入个人年度考核积分</td><td>从人才盘点系统导入当年度审核通过的业绩成果数据，按人均 1 000 分 / 年的权重自动折算成积分，加入员工年度积分，不设上限</td></tr>
<tr><td>考核方法</td><td colspan="2">个人述职 + 专家审核</td><td>组织认定</td><td>360 度测评</td><td>人才盘点</td></tr>
<tr><td>考核平台</td><td colspan="4">线上考核系统</td><td>人才盘点系统</td></tr>
</table>

绩效结果应用。价值量化为西北油田“三项制度”的改革奠定了坚实的制度基础：以价值为依据设定“上”“下”标准，以数据为连接确定“增”“减”范围，以关怀为举措营造和谐氛围，在激活国有组织的问题上，实现了重大突破。绩效结果应用如图 4-29 所示。

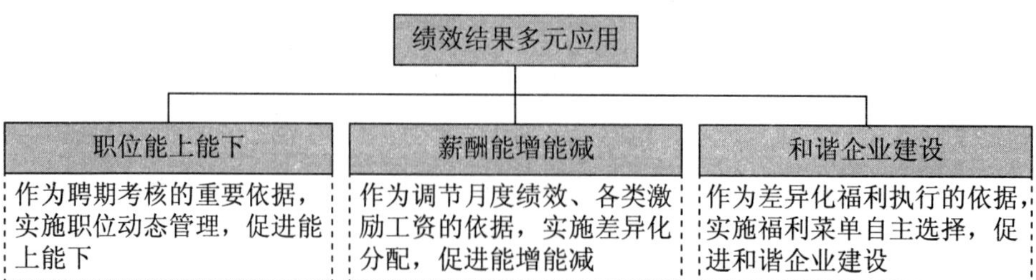

图 4-29　绩效结果应用

目前，除处级及以上领导人员、专业技术人员和借调人员外，局、分公司实现3 935名员工绩效考核全覆盖。其中，3 566人（占91%）纳入员工绩效价值管理，其他人员执行专项考核。

在绩效价值量化的过程中，西北油田夯实了岗位责任制，推动了薪酬差异化，有力冲击了大锅饭思想。**尤其关键的是，我们使员工的绩效表现能够“数得清、看得见”，完成了从“一职一薪”向“一人一薪”的转变。**伴随着未来的持续优化，绩效价值积分将在岗位职责科学评价、薪酬福利个性化设计、内部任务市场化管理中，发挥更大的作用，不再让单位、职位、岗位成为人才创新活力的束缚。

第三节　组织管理透视

组织的繁复在于它突破了个体认知领域，尤其对于大型组织而言，有效的人才管理背后，必须有对群体关系的深刻洞见。因此，我们决定引入组织网络分析技术，挖掘组织网络中所隐藏的行为数据。

组织是一种依赖关系而存在的能量。工作关系的结构和网络，使得我们呈现出一些独特性，这些独特性是受个体所处的关系网络所决定的，因此我们不应当孤立地看待个体及其表现。

——德鲁克

组织网络分析技术[①]（organizational network analysis，ONA），是在社会学中研究行动者关系的技术[②]的管理学迁移。传统的人力资源数据侧重测量个体层面的人力资本（例如员工人口统计特征、资格、经验和技能），无法测量对未来组织更加重要的网络资本（例如团队协作模式、信息传递路径等）。**因此，ONA 技术真正将组织从线性世界（命令链）带入网络世界（信息网）**。社会网络分析技术的广泛应用举例如表 4-8 所示。

表 4-8　社会网络分析技术的广泛应用举例

序　号	应 用 领 域
1	解决人际传播问题，发现舆论领袖，创新扩散过程
2	运用六度分割理论，提供社会网络的搜索服务，可以与朋友的朋友建立联系，也可以寻找两个用户间的最短路径

① 源于社会学研发方法，涉及多个学科和研究领域，包括数据挖掘领域、知识管理、数据可视化、统计分析、社会资本、小世界理论、信息传播等。

② 社会网络分析，social network analysis，简称SNA。

续表

序　号	应 用 领 域
3	通过Web分析，挖掘数据关联，形成交叉/增量销售（例如啤酒和尿布的故事）
4	破解恐怖分子网络
5	研究知识管理，发现知识的传递模式
…	…

相比之下，我们以往掌握的数据仅仅是“冰山一角”，基于有限数量和有限质量的数据所制定的管理决策，难免“价值有限”。德勤数据显示，如今仅有8%的企业正在使用ONA技术，但48%的企业正在探索试验中[①]。因此，我们计划将ONA技术引入西北油田，支撑我们挖掘组织网络中蕴含的巨大的数据能量，使真实管理活动“浮出水面”，从结构和关系中扩大人力资本，从而彻底重构西北油田人力资源管理的信息基础。

雷神的“神操作”

雷神公司[②]是ONA技术的领先实践者，由内部专家组织开展了一项被称为“催化行动”的项目，如表4-9所示。项目利用ONA技术绘制了信息网络地图，深入研究员工在沟通互动时的反应和想法，以辐射状的图形呈现共同工作的员工之间的价值创造关系，识别“当其他人需要合作时会找到的员工”。这些有价值的员工无法在组织结构图上被认出，他们是被隐藏的资源，只有ONA才能将其识别出来。

表4-9　“催化行动”的五个步骤

步　　骤	举　　措
第一步：选择项目	选择支撑公司的战略目标、获得管理团队认可的项目，由一名管理人员作为发起者，由一名雷神绩效顾问负责运作
第二步：进行ONA研究	研究可能涉及从10名到几百名员工。研究是定制化的，包括以网络分析为基础的问卷调查和相关人员访谈
第三步：识别候选者	通过统计分析解读数据，绩效顾问能够识别出最有影响力的员工，作为催化项目的潜在参与者

① 德勤.2017年德勤全球人力资本趋势报告[R]，2017.

② 雷神公司（Raytheon Company）成立于1922年，是美国的大型国防合约商，在国防和商务电子、商用和特殊使命的飞机以及工程与建筑三个核心领域处于领先地位。2018年《财富》世界500强排行榜中，雷神位列第467位。

续表

步　　骤	举　　措
第四步：选择催化者	雷神绩效顾问把研究分析转化为学习建议，帮助候选者提升网络影响力，从候选者中以 10 ∶ 1 的比例指定催化负责人，每次确定 2 ～ 5 个项目
第五步：实施催化项目	催化者以完成项目为目标，并通过自己的网络吸引跨职能的团队成员参与其项目，组建的团队会得到高层的授权与支持。这些项目的策划可能需要几个月，但可以在几天或几小时内突击完成

除“催化行动”外，ONA 也为雷神提供了大量改进其他管理活动的有效信息，带来了新的做事方式、新的角色、新的管理推行手段和新的知识管理方式。ONA 技术在雷神中的广泛应用如表 4-10 所示。

表 4-10　ONA 技术在雷神中的广泛应用

序　　号	应　　用
1	确定专门技术存在于组织的什么地方以及如何获取它们
2	对团队的新领导给予该团队动态的快速描述
3	识别未来的领导
4	紧密整合来自不同团队的员工
5	更有效地利用外部合作伙伴的员工技能
6	改进知识传递渠道
7	更有效地促进决策制定
8	建立多样化的员工关系
9	评审新组织的信息结构是否健康
10	识别那些其贡献没有被充分了解的价值创造者
11	使认可和奖励最大化符合需要与预期，以提高员工积极性
12	基于共同的规范，培养文化鼓励的行为
13	识别孤岛，借助网络中的关键人员打破这些孤岛

ONA 技术应用

通过提供识别和衡量组织网络的“硬数据”，ONA 已成为雷神等企业回答参与度、生产力和员工体验等传统问题的升级方案。通过使用 Python、Gephi、R+igraph、Netdraw 等软件，我们可以绘制出组织网络图，这使非正式网络轻松可见。正式层级结构的内在关系如图 4-30 所示。一家名为像我自己（Trustsphere[①]）的公司，甚至已经将ONA技术转变为实时连续的数据流，彻底改变了组织映射其非正式网络的能力，呈现出完成工作任务的真实方式。

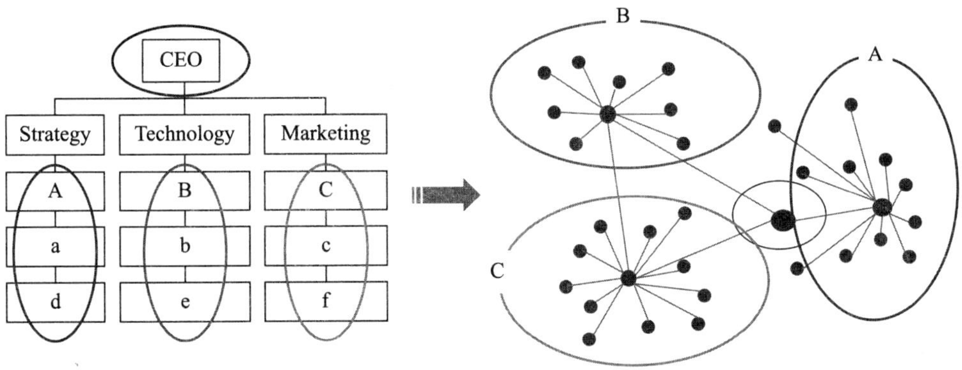

图 4-30　正式层级结构的内在关系

ONA 如何获取数据？

组织中的社会资本，通常蕴含在六种不同类型的关系网络中，如表4-11所示，并且在规模、质量和多样性方面存在差异。

表 4-11　六种组织网络

序　号	类　　型	描　　述
1	工作网络	在日常工作中，员工A与谁交流信息
2	创新网络	员工A与谁合作或启动新想法
3	社交网络	在工作与生活中，谁与员工A建立了友好关系，他了解员工A发生了什么事情
4	学习网络	员工A与谁合作，改进现有工作流程或方法
5	专业网络	当员工A面临工作相关的专业问题时，谁提供建议
6	战略网络	员工A向谁寻求关于未来的建议

ONA技术通常通过记录通信关系（内部OA、电话会议）、邮件往来、日程安排、任务关联、文件共享、业务讨论、审批流程、资源预约、项目协作等主要行动，以及投票、聊天、活动、链接、论坛、问答、评比等周边活动，获取数据，形成由多个节点（行为者）和节点之间的连线（行为者关系）

① TrustSphere是关系分析领域取得广泛认可的市场领导者。TrustSphere通过分析来自企业通信和协作系统（如电子邮件）的日志数据，利用组织网络分析的科学，构建并维护企业关系图，测量员工个人、团队和组织的社会资本，解决关键的业务挑战，例如劳动生产力、销售队伍的有效性等问题。

组成的数据集合，并基于矩阵计算某类关系的有无及强度，得出分析结论。ONA 分析中的常见关系如图 4-30 所示，西北油田引入 ONA 的目标——回答九个问题如图 4-31 所示。

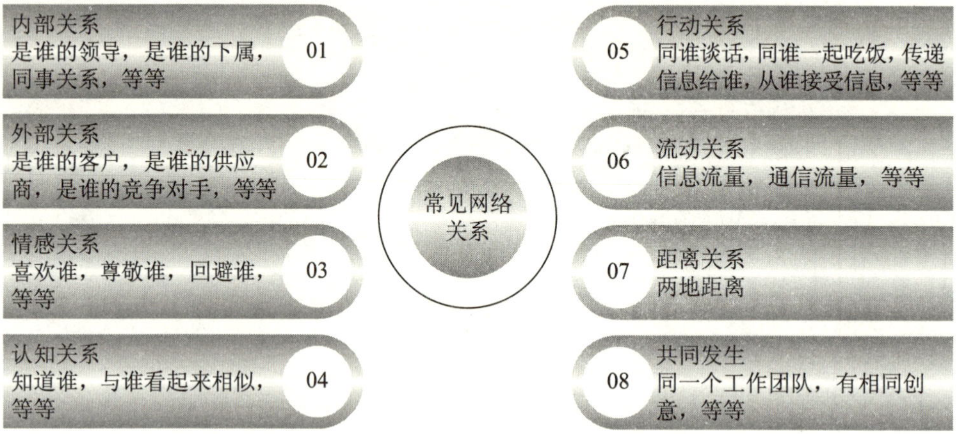

图 4-31　ONA 分析中的常见关系

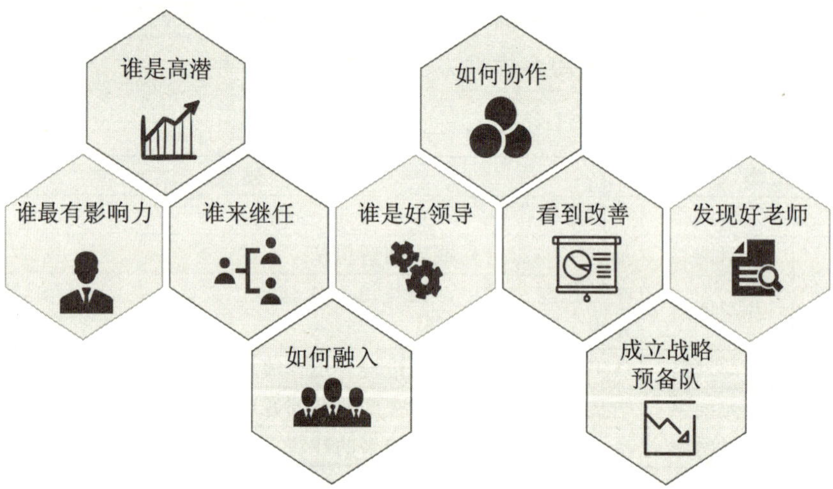

图 4-32　西北油田引入 ONA 的目标——回答九个问题

问题一：谁是最有影响力的员工？

通过数据测算，ONA 能够快速量化员工施加影响的能力，找到组织中可以推动变革与业务转型的隐藏影响者。未来的组织权力是基于信息权力的，因而影响力等级很可能超越职级，成为新的权威标准。影响力网络特征如图 4-33 所示。

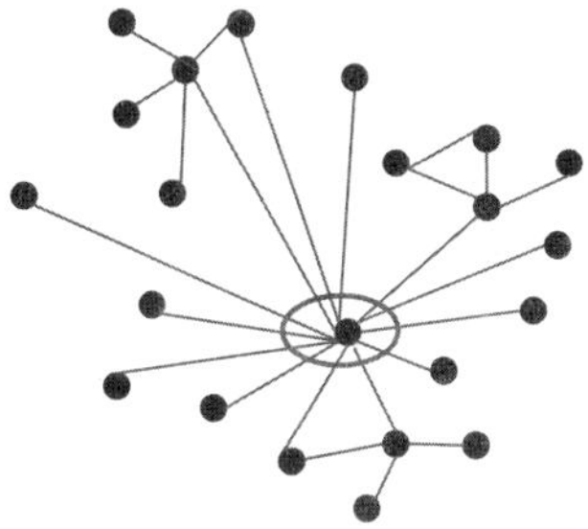

图 4-33　影响力网络特征

问题二：谁是高潜人才？

强影响力只是高潜人才的行为特征之一。此外，控制力、责任等级、支持力等也是重要的量化维度。我们在传统绩效管理过程中确实无法识别和量化这些特征，但 ONA 通过测量网络覆盖面和网络关系强度，可以准确识别高潜人才，避免识别出“假高潜人才”。高潜人才的网络特征如图 4-34 所示，三类“假高潜人才”如图 4-35 所示。

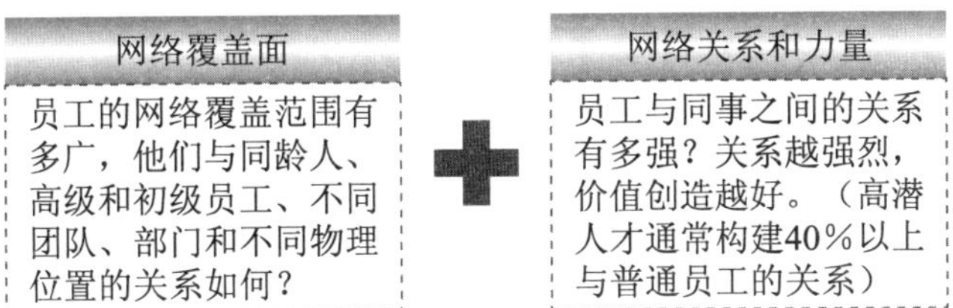

图 4-34　高潜人才的网络特征

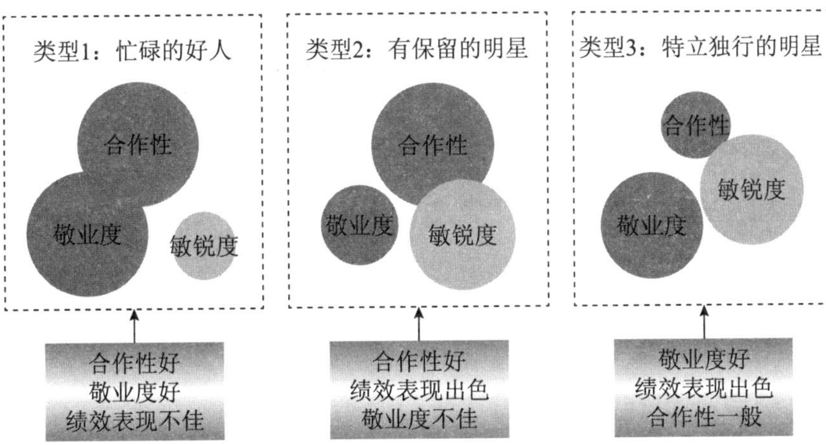

图 4-35　三类“假高潜人才”

问题三：需要做谁的继任计划？

ONA 通过查看每个员工的网络，识别其独特性、隔离性和重叠量，找到那些对管理内外部关键网络至关重要的员工，并对这些员工开展继任计划，发掘谁已经建立了关键网络，并显示出候选继任者的网络潜力。继任计划网络特征如图 4-36 所示。

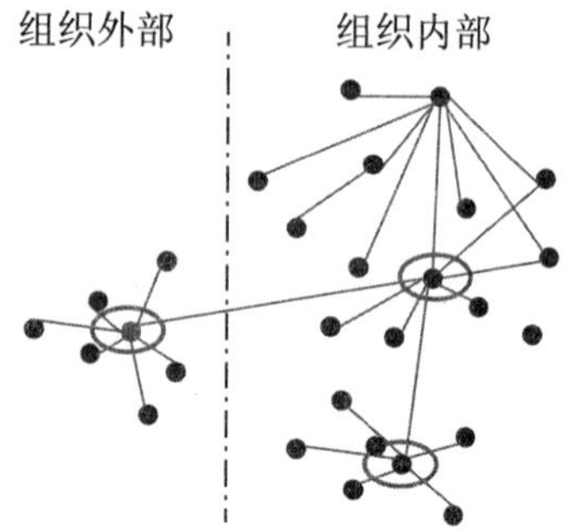

图 4-36　继任计划网络特征

问题四：发现员工融入组织的规律。

ONA 可以实现对员工网络关系变化（增长、平稳、停滞和收缩）的实时洞察，是呈现员工融入性与参与性的主要信号。入职融入网络特征如图 4-37 所示。

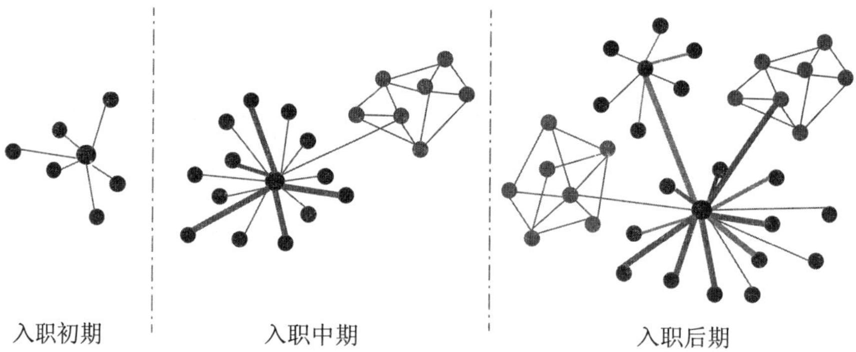

图 4-37　入职融入网络特征

问题五：发现良好的领导行为。

ONA 通过量化直接上下级之间的所有关系，可以找到领导行为与管理成效间的真实关联（例如，管理者如何分布精力，有利于团队总体表现），进而通过总结优秀领导者的网络特征，为组织培养优秀的管理者提供重要数据和行动建议。领导行为网络特征如图 4-38 所示。

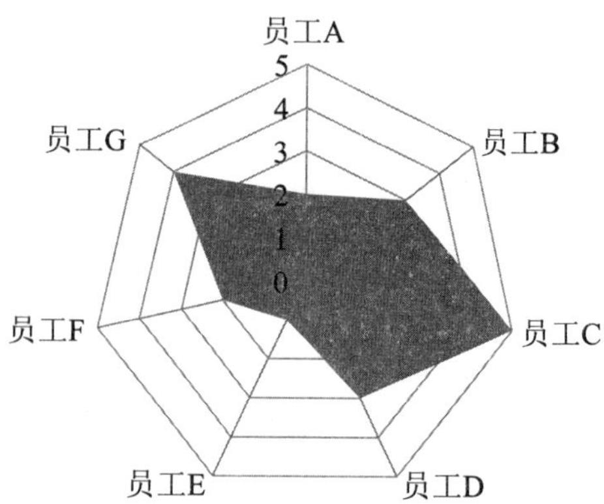

图 4-38　领导行为网络特征

问题六：衡量个人和团队的协作。

ONA 通过观察个人及其团队的网络活动数据，识别协作问题，发现“信息孤岛”。由于员工更愿意与有更多相同之处的人互动，ONA 技术还可以帮助员工建立多样化的关系，为具有相同特征的团队成员创造沟通机会。团队协作网络特征如图 4-39 所示。

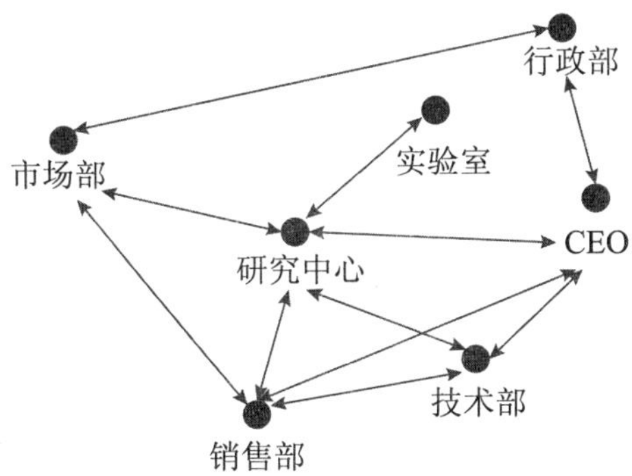

图 4-39　团队协作网络特征

问题七：衡量改善效果。

ONA 可以跟踪测量我们作出改变的程度和效果。如果我们针对信息孤岛问题有所举措（例如搭建移动分享平台、增加分享沟通机会等），那么，通过 ONA 分析，我们将借助网络特征图辨别“在专业领域单打独斗”“处于团队边缘，与他人沟通过少”或“外部联系仅由少数人完成，关键联系人流失将造成信息割裂”等情况是否产生变化。信息孤岛改善效果如图 4-40 所示。

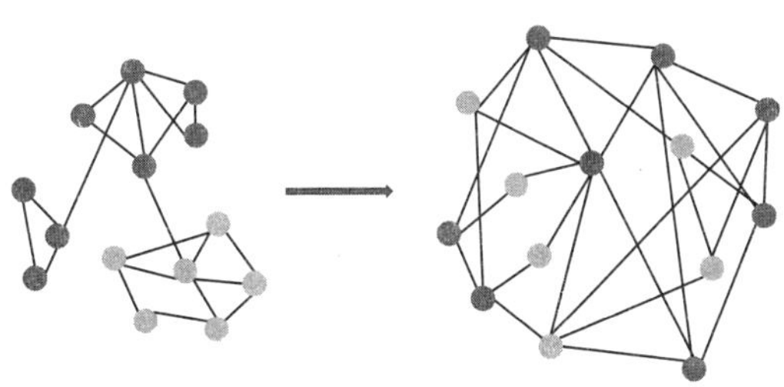

图 4-40　信息孤岛改善效果

问题八：成立战略预备队。

找到内部网络的“大节点”后，我们可以进一步借助它们的强辐射力，推进战略实现和文化落地等工作，改变“开大会”“抓干部”等自上而下的传统落地方式，通过影响关键的少数来影响全员。战略预备队网络特征如图4-41所示。

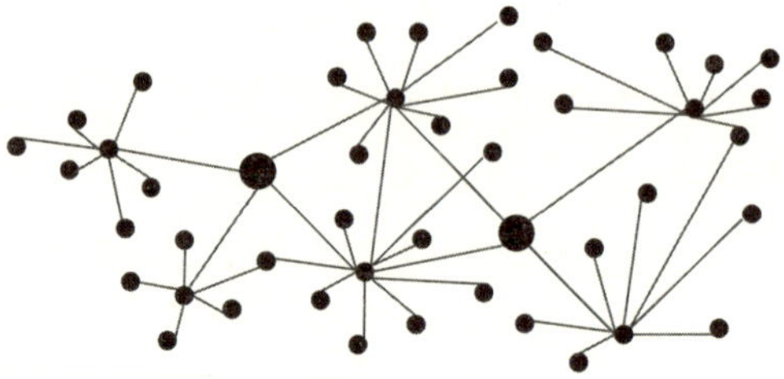

图 4-41　战略预备队网络特征

问题九：识别优秀导师。

ONA能够识别出优秀的导师，对他们的关注将大大增强人才培养的中坚力量。优秀导师的网络特征如图4-42所示。

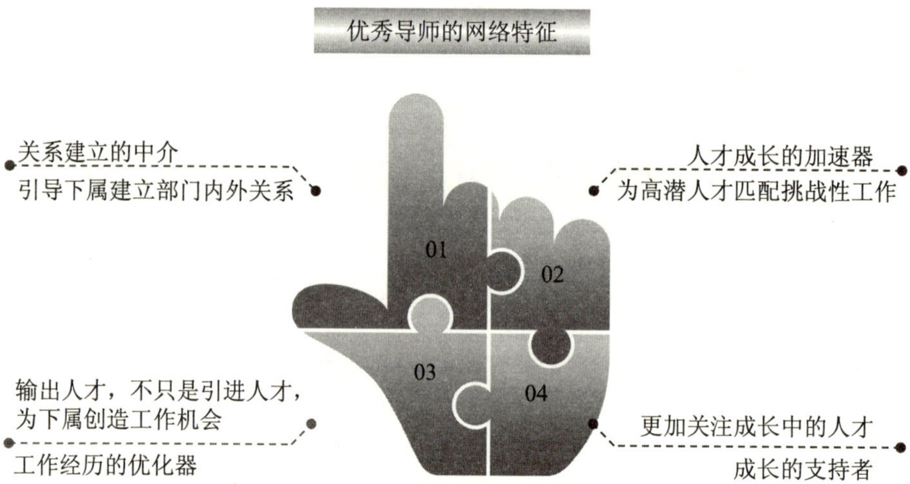

图 4-42　优秀导师的网络特征

第五章

构建算法：开启智化体系

"未来管理者都会消失，中基层 80% 的决策都会被自动算法替代。"依据拉姆·查兰[①]的判断，管理算法将成为替代管理职能和管理流程的底层逻辑，它与大数据和智能硬件共同构成支撑管理智能的三要素。

通过第四章的盘点、挖掘与量化，我们掌握了构建算法的"原材料"——员工全生命周期数据、绩效价值量化数据以及组织网络数据等。本章我们将对数据进行"深加工"，构建管理框架和管理算法，正式开启西北油田的智能化人才管理之旅。传统管理与智化管理如图 5-1 所示。

图 5-1　传统管理与智化管理

① 拉姆·查兰，世界著名管理咨询大师、畅销书作者，代表作有《执行》《领导梯队》《成功领导者的八项核心能力》等。以他名字命名的拉姆·查兰管理实践奖由《哈佛商业评论》中文版主办，代表着中国管理实践的至高荣誉。

通过本章的研究，我们将收获面向未来管理的道路自信，这源于我们不但解决了问题，而且把握住了管理的本质。传统人才管理需通过大量探索与尝试，永远在解决问题，而基于算法的智能化管理体系，以提升预测能力为目标，正好解决了传统管理的“滞后”问题。从哲学层面来看，我们把握住了管理的客观规律，在设计算法的过程中，我们从“不易”出发，把握住“变易”，并始终追求“简易”[①]。这一思想同时启发我们，要不断挖掘“不易”的客观数据，构建“变易”的模型与机制，实施“简易”的人才管理。

西北油田实践：构建算法的过往实践与最新规划

建模设计“三定”方案

西北油田在2015—2017年持续推行“定岗定编定员”的工作过程中，面临着用工总量难预测、业务量难衡量、指标存在博弈点等一系列问题。为解决相关难题，西北油田通过研究行业用工规律、探索核心变量及完善修正指标等方式，提炼了适合西北油田油气生产单位的劳动定员数据模型，并以西北油田历史数据和规划数据进行了验证，既符合西北油田生产规模与用工总量的历史情况，也符合下一步用工的规划计划目标。该数据模型使得“三定”测算方法更加高效，且能够有效控制用工总量，显著提升人均创效。预计到2020年，西北油田合同制员工人均油气当量将从2016年的1 744吨提高到2 407吨，提升38%。

建模评估人力资源价值

随着企业对人力资源总体价值评估需求不断提高，如何合理评价人力资源总体价值和个人价值、有效量化企业人力资源投资水平及增值成果等技术难题亟待解决。西北油田已于2017年启动人力资源数字化项目，采取多学科融合创新方式，将人力资源与财务、数据分析领域结合，预计在2020年之前，通过“一套账、三张表、四张图”实现人力资源价值评估体系（图5-2）。

---

① 出自《易经》中的“不易”“变易”和“简易”三个原则。预测建立在“不易”（万物有不变的根本）的基础之上，万物有“不易”才有预测的可能；但把握“不易”后，更需要抓住“变易”，即任何事物都有“不易”的开始，但会不断产生变化，所以做预测还要把握住变化的方向和趋势。

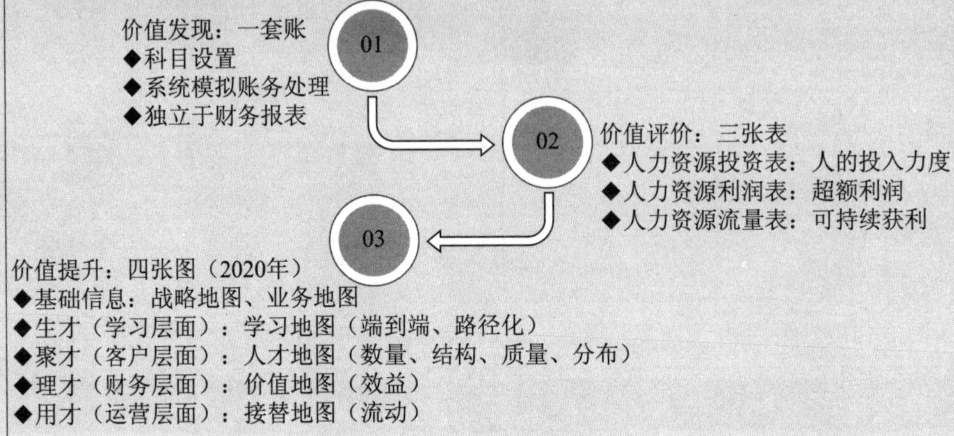

图 5-2　人力资源价值评估体系

通过本章的实践，我们也将收获管理创新的领先体验。借助大数据和人工智能技术实现人才管理优化，已被公认为是未来管理的主流趋势。目前，虽然很多企业投入大量预算用以推进招聘、培训等模块的数字化、自动化变革，但是，能够设计出人才智能化“一揽子”方案的企业，在全球范围内仍然是凤毛麟角。因此，西北油田的实践探索，在智能管理行业爆发的前夜启动，在解决自身人才管理难题、赋能西北人才的同时，也驶入了一片由顶级技术驱动的商业蓝海，帮助更多企业实现数字化、智能化管理转型，意义重大。本章结构图如图 5-3 所示。

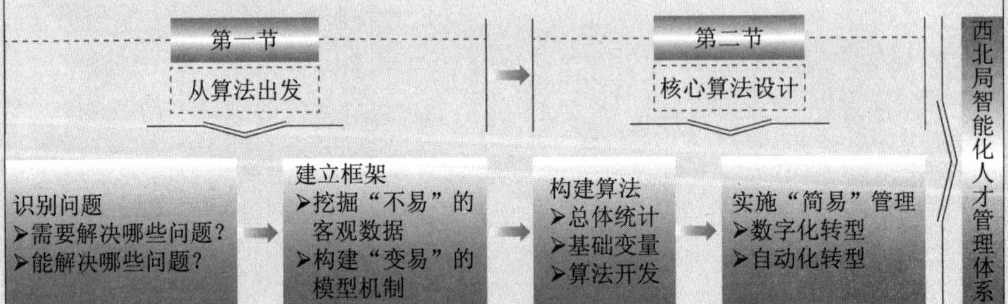

图 5-3　本章结构

第一节　从算法出发

《未来简史》预言，未来的时代将会进入一个算法社会。算法专家凯文•斯拉文在 TED Global 2011[①] 演讲中说，算法"提炼于这个世界"，现在"开始塑造这个世界"。

置于管理情境中，本节将完成一次系统思考，把我们需要解决哪些问题、能够解决哪些问题，具体落实于智化体系中；把我们已经掌握、有待挖掘的数据，具体映射到管理算法中，最终由算法构成智化体系。构建算法的 DDA 模型如图 5-4 所示。

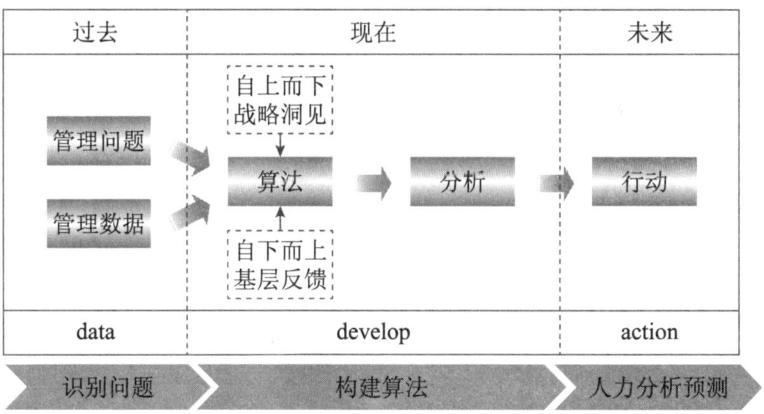

图 5-4　构建算法的 DDA 模型

毋庸置疑，算法是智能化人才管理体系的核心。因此，我们首先应该了解——什么是算法。

算法并不是一个新概念，早在 2 000 多年前就被提出。最初，算法是

① TED（technology， entertainment， design在英语中的缩写，即技术、娱乐、设计）是美国的一家私有非营利机构，该机构以它组织的TED Global大会著称，每年3月，在美国召集众多科学、设计、文学、音乐等领域的杰出人物，分享他们关于技术、社会、人的思考和探索。

一个数学概念，是指阿拉伯数字的运算法则，例如我们熟悉的欧几里得算法[①]。后来，算法被广泛应用于计算机领域，演变为“进行计算、解决问题、做出决策的一系列有条理的清晰指令”。如今，随着技术的进步，算法已经进入了社会生活的角角落落：出行自动计算步数、导航智能规划路线、购物网站自动弹窗推荐、新闻资讯的定向检索……在 2 000 多年后的今天，算法在大数据和 AI 等新技术时代推动下，成为智能时代的核心。

算法的价值不仅仅作用于商业。风靡经管界的小说及电影《点球成金》（又译为“魔球”），向我们充分展现了管理算法的独特价值，如图 5-5 所示。它改编自一个真实的故事，讲述了一个棒球队如何利用算法实现“大逆转”的过程。

图 5-5　《点球成金》的中文版小说封面及电影海报

美国奥克兰运动家棒球队的总经理比利 • 比恩正面临着职业生涯困境：所在球队不仅在美国职业棒球联盟中成绩惨败，还陷入了巨大的财务困难，明星队员被重金挖走，球队也无力支付高额薪金吸引新成员。**比利 • 比恩意识到，职棒比赛不再是单纯的竞技，而是金钱和数据的竞争。**一次偶然的机会，比利 • 比恩结识了年仅 25 岁的耶鲁大学经济学硕士彼得，二人一拍即合，开始了一场以数据建模方法打造高胜率球队的管理革命。《点球成金》的棒球统计学如图 5-6 所示。

① 欧几里得算法又称辗转相除法，是用来求两个正整数最大公约数的算法。通常被认为是历史上第一个算法。

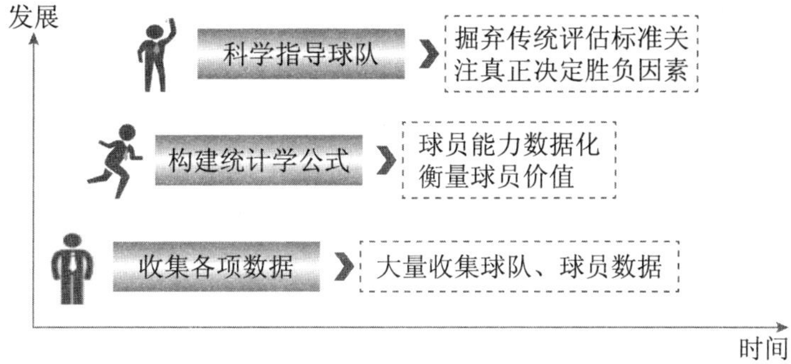

图 5-6　《点球成金》的棒球统计学

- 第一步，他们大量收集球队与球员“数据”，包括球队胜败指数，球员防御率、胜投数、打击率、长打率、全垒打数、打点数等几十项类别。
- 第二步，在数据基础上，他们摸索出一套统计学公式，尽可能将球员能力数据化，以衡量球员价值。例如，制造得分=（击打＋保送）×垒打数/（打数＋保送）。
- 第三步，借助这套公式，比利·比恩以有限的预算去寻找那些价值被低估的球员；同时要求整个球队摒弃传统的成绩评估标准：放弃“打击率”“盗垒”等华而不实的成绩，关注真正决定棒球比赛的关键因素——出局数和“上垒率”。

在全新理念的指引下，之前屡败屡战的运动棒球家队在 2000 年后曾 5 次打入季后赛，4 次获得分区冠军，共赢了 1 045 场比赛。期间，他们还创下了美国职棒联盟百年历史上的连胜 20 场的空前纪录。**比利·比恩和彼得创造了一套重新解读棒球数据背后“真谛”的“棒球统计学”（sabermetrics），也从此拉开了职业体育行业广泛应用数据分析的大幕。**

回顾第二章我们所关注的众多世界一流企业——谷歌、亚马逊、脸书、阿里巴巴、腾讯的前沿智数实践，它们无不在积极尝试“数据有所用、分析有所依、管理有所据”的算法管理。我们确信，“MBA”时代已来（management by algorithm，根据算法管理），我们应尽快从算法出发，激活数据价值，积极应时而变。

经过问题聚焦与数据基础的反复推敲，我们形成了基于算法的智能化人才管理体系。该体系取“自组织”的含义，致力于达成自动运行的组织和人才状态，具体包括自组织、自人物、自选才、自育才、自留才、自风控、自关怀和自文化八个功能模块，落地“招最好的人，给最大的空间，看最后的结果，让优秀人才脱颖而出”的西北人才理念，以算法衔接管理痛点、管理目标与管理基础，精准把脉人才、组织和文化。西北油田智能化人才管理体系如图 5-7 所示。

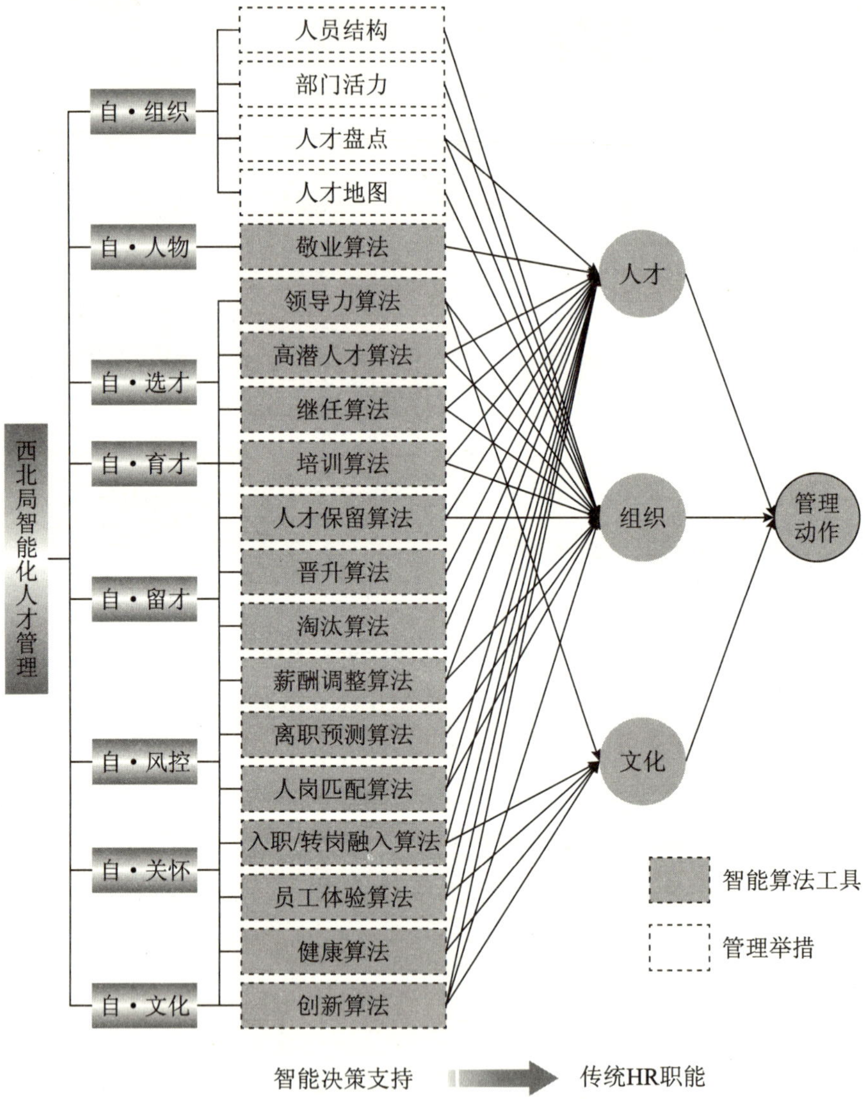

图 5-7　西北油田智能化人才管理体系

第二节　核心算法设计

目前，西北油田初步设计出智能化人才管理体系（图 5-8），共计 8 个模块，包括人员结构、人才盘点、选用育留、领导力、创新文化等 19 项内容；其中，自组织包括组织结构、序列、层级、幅度、关键人才分析、人力资源总体现状等信息；此外，共计 15 个算法，包括敬业算法、领导力算法、高潜人才算法、继任算法、培训算法、人才保留算法、晋升算法、淘汰算法、薪酬调整算法、离职预测算法、人岗匹配算法、入职 / 转岗融入算法、员工体验算法、健康算法和创新算法。

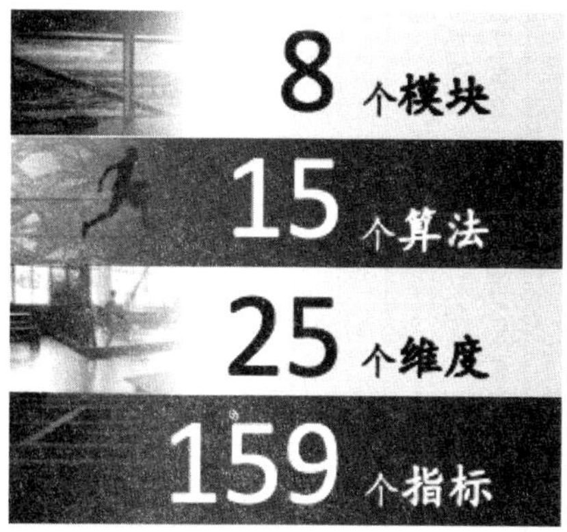

图 5-8　西北油田智能化人才管理体系

15 个算法涵盖了 25 个维度以及 159 个具体指标。虽然有些数据暂时难以获得，有些计算关系尚待论证，但这已经足够证明，我们智能化的人才管理实践正式启航。具体如图 5-9 和表 5-1 ～表 5-3 所示。

图 5-9　高频引用的算法维度

表 5-1　算法体系

指标名称	敬业算法	领导力算法	高潜人才算法	继任算法	培训算法	人才保留算法	晋升算法	淘汰算法	薪酬调整算法	离职预测算法	人岗匹配算法	入职 / 转岗融入算法	员工体验算法	健康算法	创新算法	指标总数
基本信息	✔	✔		✔	✔		✔		✔	✔	✔	✔		✔		21
工作态度	✔	✔	✔	✔		✔	✔	✔	✔	✔	✔	✔				16
工作表现	✔	✔	✔	✔		✔	✔	✔	✔	✔	✔	✔				26
人际能力	✔	✔	✔	✔		✔		✔		✔	✔	✔				11
组织支持	✔				✔					✔						13
管理者关系										✔	✔	✔				4
客观因素						✔			✔	✔	✔					9
管理能力		✔		✔												13
成长需要							✔									4（1）
人员分析					✔											2（1）
工作记录														✔		4
运动记录														✔		3
营养记录														✔		1
睡眠记录														✔		3
心理记录														✔		6（6）
生理需求													✔			3
安全需求													✔			10（10）
情感需求													✔			6（6）
尊重需求													✔			8（8）
自我实现需求													✔			4
创新成果															✔	3
创新态度															✔	9
创新能力															✔	5（1）
外部联系						✔										4
指标总数	32	44	25	38	13	30	17	20	26	45	31	21	33	17	17	159

表 5-2　高频引用的算法指标

序　　号	算 法 指 标	引用频次
1	参与过的培训课程及考试结果	10
2	个人的绩效表现和排名	10
3	与直接上级邮件、会议、社交平台等信息交流频率	10
4	考勤达标（准时出勤、无迟到早退）	9
5	团队的绩效表现和排名	9
6	在会议或讨论上发言的次数和质量	9
7	主动加班的次数和时间	9
8	在人才地图中的油耗值	9
9	参加公司重要会议和团队活动的次数	8
10	参加团建 / 集体活动次数	8
11	岗位替代性（置换成本和储备情况）	8
12	过去 2 个绩效考核周期内绩效排名	8
13	与跨级领导邮件、会议、社交平台等信息交流频率	8
14	与团队同事邮件、会议、社交平台等信息交流频率	8
15	直接上级的工作评价和反馈	8

表 5-3　各算法关键指标示例

序号	算　　法	关键指标示例
1	敬业算法	工作情绪是否积极稳定（面部识别）、办公环境的舒适度、家属对公司 / 工作的认可和支持、薪资满意度
2	领导力算法	人才地图中的下一步成长路径规划、工作总结中对个人 / 团队的工作过失进行反思并提出调整方案、信息交流频率、参加领导力培训营、MBA 课程
3	高潜人才算法	参加过的培训课程及考试结果、过去 2 个绩效考核周期内绩效排名、在人才地图中的油耗值、在会议或讨论上发言的次数和质量
4	继任算法	人才地图中的下一步成长路径规划、过去 2 个绩效考核周期内绩效排名、直接上级 / 跨级领导推荐理由、工作评价和反馈
5	培训算法	能力缺口盘点、上次培训后的工作表现和绩效反馈、盘点可开发的培训资源、针对关键组织孤岛信息的备份需要进行内部赋能
6	人才保留算法	社交平台及媒体上发布工作和心情状态、浏览求职信息 / 更新简历等举措、岗位替代性、竞争对手的付薪水平
7	晋升算法	是否是组织网络分析中的高潜人才、过往任职经历、是否浏览公司官网中与晋级 / 职级相关人事政策的信息、主动向直接上级表达晋升预期

续表

序号	算　法	关键指标示例
8	淘汰算法	过去2个绩效考核周期内绩效排名、是否在人才地图中驶入“停车场”、上班时间“划水”记录
9	薪酬调整算法	家庭压力（是否需要照料老人或小孩）、薪资满意度、不同职位的薪酬标杆、公司薪酬预算
10	离职预测算法	安家地点、通勤距离和时长、晋升计划、工作时间与休息时间的比例、重要会议的缺席情况、参加团建/集体活动次数、过去7天受到表扬/认可/奖励
11	人岗匹配算法	公司内部职位空缺情况、个人的绩效表现和排名
12	入职/转岗融入算法	登录公司官网/移动终端等官网信息平台的次数和时长、直接上级的管理风格、是否加入一个项目组（前3个月）、初次独立完成任务的时间
13	员工体验算法	工作内容的变化（轮岗或授权）、福利安排、公司品牌与行业地位、办公环境中存在的职业危害因素、休假执行情况
14	健康算法	体检记录、休息休假记录、社交平台运动量排名、心理评估量表测试结果
15	创新算法	以往取得的创新成果、处于异质性/多元化的团队、专业影响力、浏览前沿创新信息与资料频次、关注/浏览公司的创新项目的频次

具体而言，我们以敬业算法、离职预测算法、员工体验算法和健康算法为例。

敬业算法

根据普华永道的研究，敬业度的增加有利于业绩的提升以及减少人事变动率。关于敬业度的调查则“可以推动变革，从而改善业务”[①]。敬业度通常被视为维系组织与员工工作和情感强联系的核心纽带。因此，敬业算法是西北油田人才管理体系中“人物”的关键组成要素。

设计员工的敬业算法时，西北油田主要借鉴了Kahn（1990）以及曾晖（2008）的研究资料和翰威特咨询公司、盖洛普公司的模型，从员工的主观敬业表现和组织的客观环境两大测量角度进行思考，得出以下五个指标维度构成的敬业算法，如图5-10所示。

① 普华永道董事克里斯·达斯汀在接受网络直播时的发言。

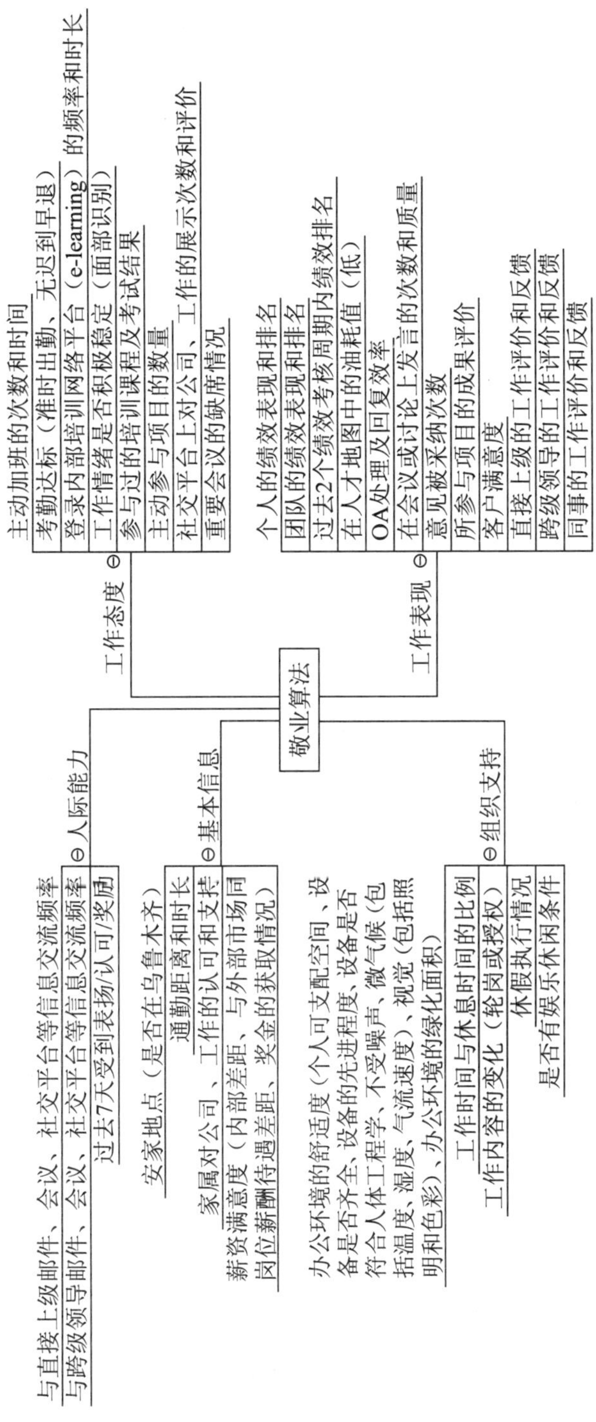
敬业算法
工作态度
主动加班的次数和时间
考勤达标（准时出勤、无迟到早退）
登录内部培训网络平台（e-learning）的频率和时长
工作情绪是否积极稳定（面部识别）
参与过的培训课程及考试结果
主动参与项目的数量
社交平台上对公司、工作的展示次数和评价
重要会议的缺席情况
工作表现
个人的绩效表现和排名
团队的绩效表现和排名
过去2个绩效考核周期内绩效排名
在人才地图中的油耗值（低）
OA处理及回复效率
在会议或讨论上发言的次数和质量
意见被采纳次数
所参与项目的成果评价
客户满意度
直接上级的工作评价和反馈
跨级领导的工作评价和反馈
同事的工作评价和反馈
人际能力
与直接上级邮件、会议、社交平台等信息交流频率
与跨级领导邮件、会议、社交平台等信息交流频率
过去7天受到表扬/认可/奖励
基本信息
安家地点（是否在乌鲁木齐）
通勤距离和时长
家属对公司、工作的认可和支持
薪资满意度（内部差距、与外部市场同岗位薪酬待遇差距、奖金的获取情况）
组织支持
办公环境的舒适度（个人可支配空间，设备是否齐全、设备的先进程度、设备是否符合人体工程学、不受噪声、微气候（包括温度、湿度、气流速度）、视觉（包括照明和色彩）、办公环境的绿化面积）
工作时间与休息时间的比例
工作内容的变化（轮岗或授权）
休假执行情况
是否有娱乐休闲条件

图 5-10　敬业算法

值得特别关注的，员工的工作情绪、家属的认可支持以及办公环境都是区别于传统敬业预测的新加入的指标。面部识别等技术以及社交网络数据的合理分析，都将使情绪、认可支持等主观因素的捕捉和测量更加快速且准确，为组织识别出具有高敬业度的员工。

离职预测算法

设计离职预测算法时，西北油田重点借鉴了百度人才智库建立的 90 天离职预测模型以及思爱普智能服务的离职预测检测工具，从基本信息、工作、与管理者和其他员工的关系、客观因素等七个维度进行测量，识别员工的离职倾向。如图 5-11 所示。

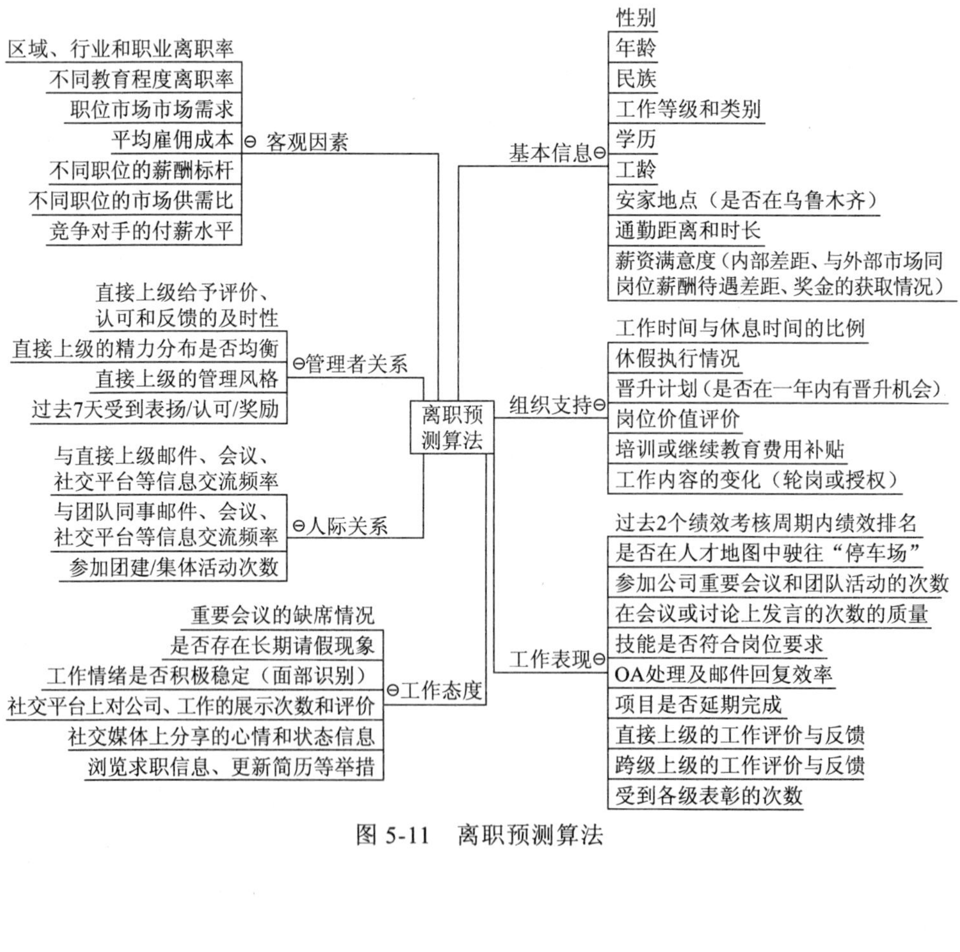

图 5-11　离职预测算法

员工体验算法

借鉴马斯洛需求层次理论（金字塔底端是生理需求，往上依次是安全需求、情感需求、尊重需求、位于顶端的是自我实现需求），侧重员工主观内心感受，开发员工体验算法，如图 5-12 所示。

尤其是近年来，随着西北油田安全管理意识的提高，安全需求不仅仅指员工内心感受到“安全”，更包含了安全措施、安全培训等的“安全”含义。

西北油田在中期算法开发探索阶段，就通过综合人才盘点时发现的“80后”员工籍贯—工作距离的数据结果，在员工福利制度中新增了安家计划、家庭关爱计划等内容。这也是算法行动在西北油田的生动体现。我们相信，未来，随着西北油田算法能力和管理技术的不断增强，类似这样的算法应用将变得更为普遍，员工和组织也将从中得到很大益处。

健康算法

根据盖洛普[①]调查，1 名不健康的员工和体重超重的员工平均每年（使公司）损失 4.5 天的工作量。而企业健康计划每投入 1 美元，就可以节省高达 1.65 美元的医疗保健成本（包括缺勤）。哈佛商业评论的研究显示，自 1995 年以来，强生公司员工吸烟的比例下降超过 1/3，医疗成本在过去 10 年内累计节约金额高达 2.5 亿美元（估计值）。国内也有相关的数据证明。据深圳晚报报道，深圳一家名为中瑞奇的公司正在联合国内最大的云计算服务商阿里云组建“云上安心”联盟。通过佩戴智能可穿戴设备，借助云计算大数据的力量，可实现对心脏的 24 小时监护。“阿甘跑步”和阿里云合作，向跑马爱好者推出运动心律监测解决方案“安心跑”。通过智能设备实时扫描并且收集人体生命数据，及时作出健康风险预警，避免出现运动性猝死等情况。

① 全球知名的民意测验和商业调查/咨询公司。

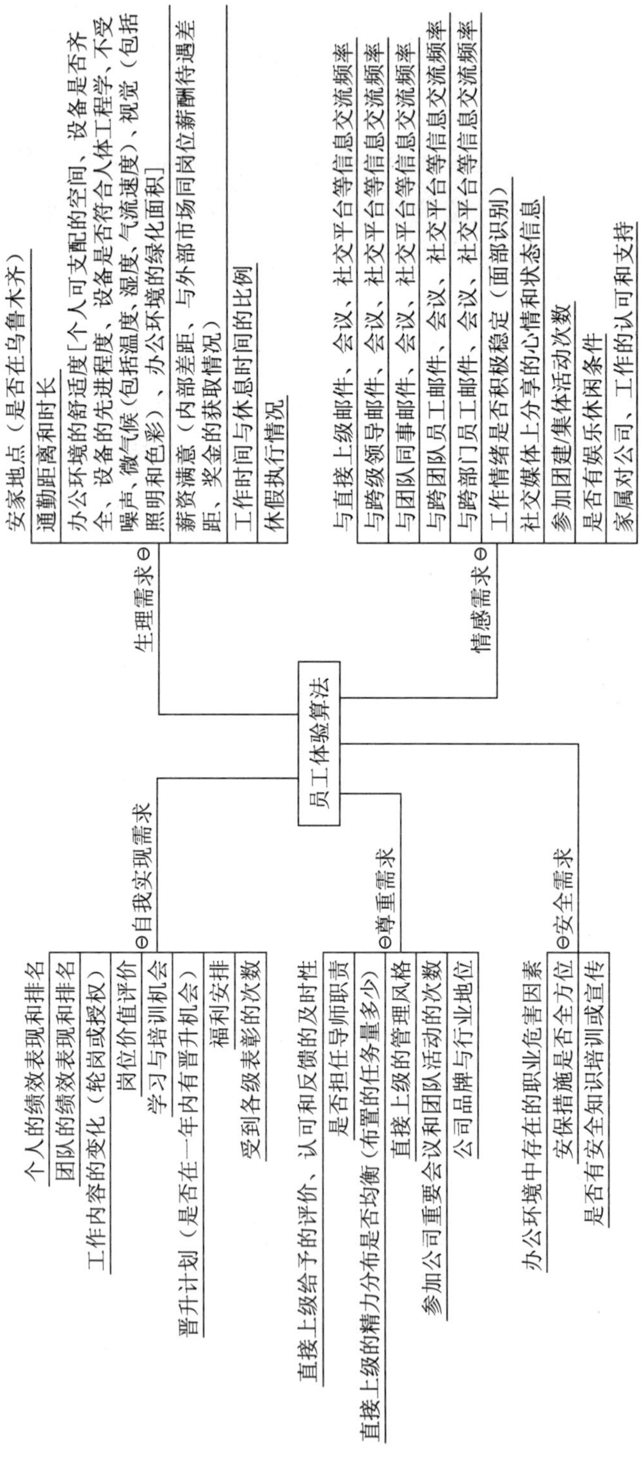
员工体验算法
生理需求
安家地点（是否在乌鲁木齐）
通勤距离和时长
办公环境的舒适度[个人可支配的空间、设备是否齐全、设备的先进程度、设备是否符合人体工程学、不受噪声、微气候（包括温度、湿度、气流速度）、视觉（包括照明和色彩）、办公环境的绿化面积]
薪资满意（内部差距、与外部市场同岗位薪酬待遇差距、奖金的获取情况）
工作时间与休息时间的比例
休假执行情况
情感需求
与直接上级邮件、会议、社交平台等信息交流频率
与跨级领导邮件、会议、社交平台等信息交流频率
与团队同事邮件、会议、社交平台等信息交流频率
与跨团队员工邮件、会议、社交平台等信息交流频率
与跨部门员工邮件、会议、社交平台等信息交流频率
工作情绪是否积极稳定（面部识别）
社交媒体上分享的心情和状态信息
参加团建/集体活动次数
是否有娱乐休闲条件
家属对公司、工作的认可和支持
自我实现需求
个人的绩效表现和排名
团队的绩效表现和排名
工作内容的变化（轮岗或授权）
岗位价值评价
学习与培训机会
晋升计划（是否在一年内有晋升机会）
福利安排
受到各级表彰的次数
尊重需求
直接上级给予的评价、认可和反馈的及时性
是否担任导师职责
直接上级的精力分布是否均衡（布置的任务量多少）
直接上级的管理风格
参加公司重要会议和团队活动的次数
公司品牌与行业地位
安全需求
办公环境中存在的职业危害因素
安保措施是否全方位
是否有安全知识培训或宣传

图 5-12　员工体验算法

具有前瞻管理视野的西北油田，及时将员工的健康状况纳入算法及人才管理范畴。吸取国内外先进经验，西北油田从员工的基本信息、工作记录、运动记录、睡眠记录、营养记录和心理记录六个维度构建健康算法（图5-13），解决什么样的员工应当注意健康、得到休息的问题。

需要我们关注的是，在完成核心算法的初步开发后，我们仍需要通过多轮真实数据的测试，进一步积累、进化数据，验证维度与维度、维度与指标、指标与指标之间的相关与因果关系，构建测算公式，模拟预测结果，最终进入从数据到决策的持续迭代的过程。依据百度构建TIC（百度人才智库Baidu Talent Intelligence Center，TIC）的经验，这一过程至少需要2年。

此外，正如电影《点球成金》的结局，运动家棒球队虽然在数据统计算法的指导下书写了一段全明星球队都无法逾越的胜利历史，却最终没有取得季后赛的胜利，更未能夺取世界冠军。这说明，统计算法并不能完全代表和预测棒球场、商场乃至管理世界的瞬息变化。同时，算法也没有通用的解决方案，各个组织必须不同，并且运算关系复杂多变。因此，我们务必要保持对管理的敬畏之心，在数据、算法、人工智能等新兴工具的辅助下谨慎前行。

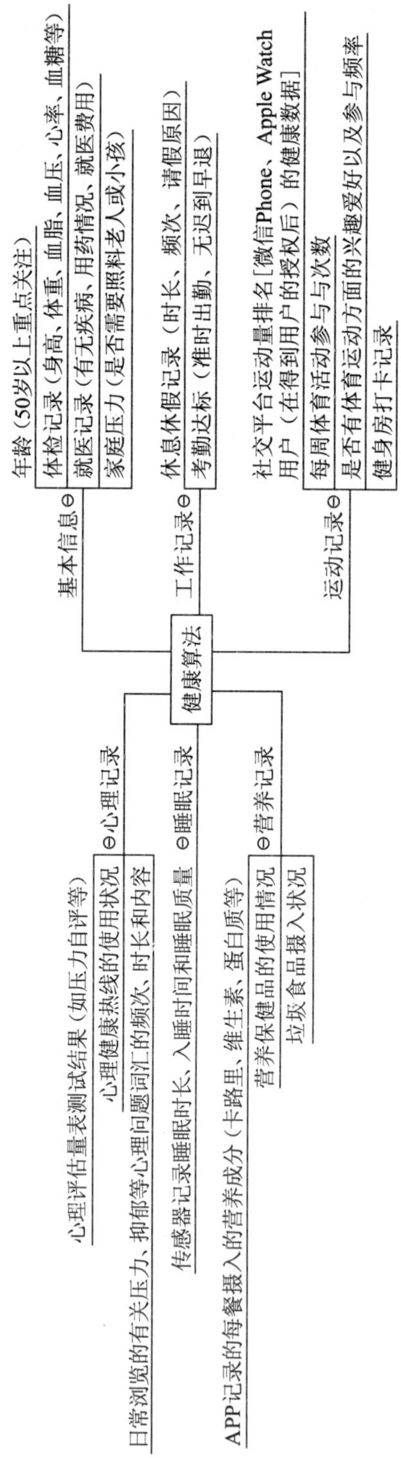
健康算法
基本信息
年龄（50岁以上重点关注）
体检记录（身高、体重、血脂、血压、心率、血糖等）
就医记录（有无疾病、用药情况、就医费用）
家庭压力（是否需要照料老人或小孩）
工作记录
休息休假记录（时长、频次、请假原因）
考勤达标（准时出勤、无迟到早退）
运动记录
社交平台运动量排名[微信Phone、Apple Watch用户（在得到用户的授权后）的健康数据]
每周体育活动参与与次数
是否有体育运动方面的兴趣爱好以及参与频率
健身房打卡记录
心理记录
心理评估量表测试结果（如压力自评等）
心理健康热线的使用状况
日常浏览的有关压力、抑郁等心理问题词汇的频次、时长和内容
睡眠记录
传感器记录睡眠时长、入睡时间和睡眠质量
营养记录
APP记录的每餐摄入的营养成分（卡路里、维生素、蛋白质等）
营养保健品的使用情况
垃圾食品摄入状况

图 5-13　健康算法

第六章
愿景2030：人才管理健康度

2001 年 10 月，美国工程院发起《2020 的工程师：愿景报告》的研究工作，项目历时 3 年，在分析技术工程实践大背景的基础之上，提出未来工程师应具备的七项关键能力素质（图 6-1），作为培养适应未来环境的工程师的目标和标准。这一标准，后来也成为世界公认的“工程精英”标准画像。虽然现在来看，这仅仅是普通的素质建模工作；但在当时，这一在国家层面推行的前瞻性设计，体现出主动管理未来的眼界和格局。

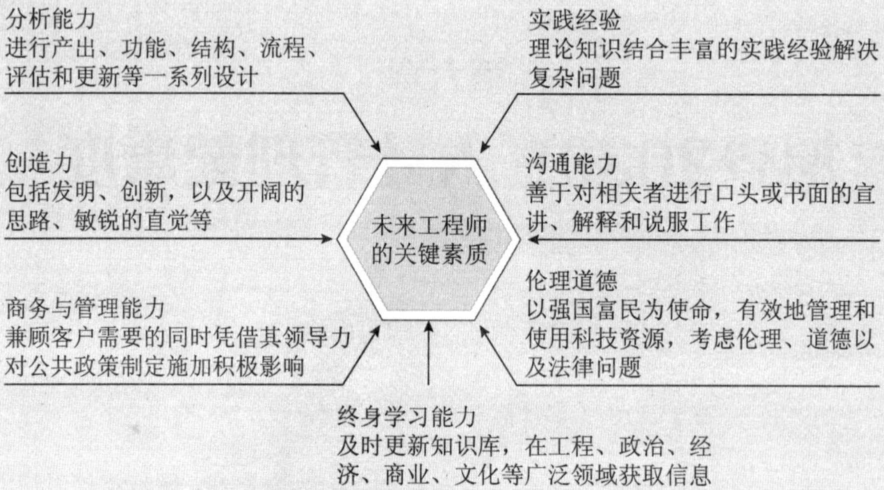

图 6-1 未来工程师的七项能力素质

随后近 20 年的数据可以间接证明这一举措的价值。依据 2017 年发布的《世界竞争力报告》，我国“适合全球化要求”的工程师数量仅 16 万，远低于美国的 54 万；相比之下，我国每百万人口拥有的科学家和工程师人数只相当于美国 11.2%。总之，相较于美国的“工程繁荣”，我国的“工程精英”供给远远无法满足国家创新发展的迫切需要。

因此，我们希望同样以工程师为员工主体的西北油田，能够以着眼于未来的人才管理标准，引领西北人才的成长与发展，形成一份“愿景 2030”报告。**这一报告，将面向下一个十年，面向作为未来中坚力量的 2020 后、2030 后**

员工，深入探讨“我们需要什么样的人才”“人才真正需要什么”以及“怎样管理人才”。

本章关于“我们需要什么样的人才”，我们以呈现“人才画像”的形式来实现，画像要包括“西北成功人士”的过去特征和未来特征，要能够支撑人才录用与评价的“按图索骥”。关于“人才真正需要什么”，我们需要通过“顺北人才体验中心”深度研究人才体验，并以“健康体检”的方式，不断检视人才需要是否得到满足。关于“怎样管理人才”，我们计划成立“2030实验室”，开展基础研究，打造人才领域的前沿科研基地。本章结构图如图 6-2 所示。

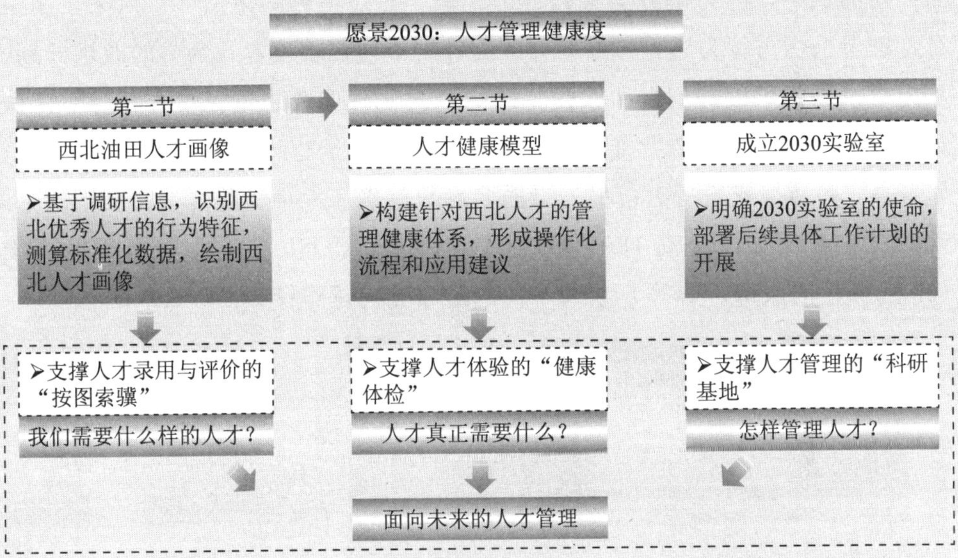

图 6-2　本章结构

第一节　西北油田人才画像

正如氧气工程一样，当谷歌的人力分析团队拿出第一份报告时，并未得到公司的认可，因为研究结果告诉了大家“显而易见的事情”；后来，团队对管理者的优秀行为进行排序，并匹配针对“糟糕管理者行为”的改进计划，才为“挑剔的工程师们”所接受。同样，人才画像要想避免“谁都像”，做到“逼真”，一方面要特征完整且突出（“有鼻子有眼”），找对特征（例如身高、体重、衣着等）；另一方面要参数精确（大小、胖瘦、比例精确），设好标准（例如，身高 180 厘米以上，体重低于 80 公斤，着饱和度大于 100 的颜色的服饰，等等）。人才画像的标准构建路径如图 6-3 所示。

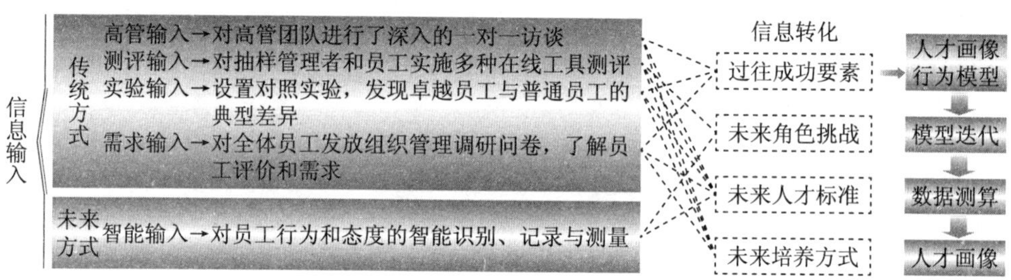

图 6-3　人才画像的标准构建路径

对于人才画像而言，大数据既是识别特征的依据，又是设定标准的基础。与谷歌相比，我们暂时无法占有更丰富的数据，但我们可以将调研中的主观认知作为起点，在未来的数据积累下，持续更新“人才画像”。伴随管理行为的数字化、管理数据的结构化，只要我们能够绘制出关联员工基本信息、绩效结果、个人规划的精细画像，并支持人才全景分析，我们就可以初步达成应用目标。

识 别 特 征

2006 年 11 月在北京国际会议中心召开的第六届长城循征心脏病学会议上，来自美国佛罗里达大学医学院的 C.Richard Conti 教授做了关于“What, Makes a Good Doctor?”专题报告，提出“一个优秀的医生有 22 项行为标准”（图 6-4），这成为此后评价医生的公认标准和管理医生的点检项目。

好医生的22个行为标准

1.掌握发病机制和病理生理	12.再次确认你的诊断
2.定期阅读文献	13.有疑问时与其他医师交流
3.从各种途径获取医学信息	14.检测治疗避免诱发新的问题
4.对一些不经意的病史有所怀疑	15.整合医疗信息，包括病史、体检和实验室检查
5.直接与患者交流	16.书写病历清晰、准确而简明
6.掌握良好的临床技能	17.经常对患者进行宣教
7.进行特殊的训练以达到特定的目标	18.了解你所进行的治疗的益处和风险
8.随时发现新线索	19.讨论预后时态度温和而乐观
9.不断地寻找发现下一个问题	20.让患者了解治疗是姑息性还是根治性
10.重视细节	21.总是向患者推荐你认为最恰当的治疗
11.重视整体的临床表现	22.享受作为医师能做的一切，把职业当作生活

图 6-4　“好医生”行为模型

同样，明确特征与标准，往往是人才培养的基点。因此，我们建立人才画像的第一步，就是基于调研信息和访谈数据，提炼优秀人才的典型特征（包括态度、行为、能力），如图 6-5 所示。总结受到认可的管理者行为规律，形成西北油田人才画像的基础“轮廓”，如表 6-1 所示。这一初始模型略显“草率”，我们仅作示意。

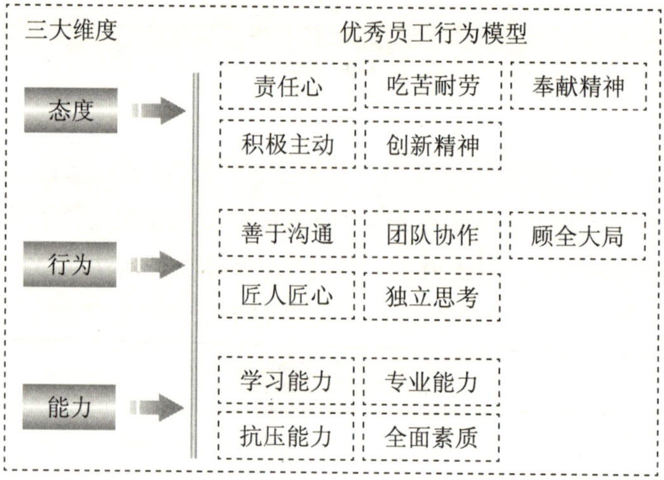

图 6-5　优秀员工行为模型示意：三大维度十四项行为

表 6-1　员工认可的管理行为模型

高度认可的八大领导行为	
展现出卓越的战略眼光	拥有过硬的专业能力
设定有延展性的长期目标	重视双向沟通与理解
创造关怀与信任的氛围	认可员工的工作价值
关注员工的学习与成长	将鼓舞与激励付诸行动

搭建模型之后，我们可以分层解读模型的“内核要求“和“行为显现”。如图 6-6 所示。首先，越靠近圆心的越重要。因为态度比能力更重要，能力支持稳定的行为。其次，越靠近圆心的应越早被开发和呈现。研究发现，在进入一个新团队的最初 6～12 个月里，如果新员工不能呈现出积极主动做事的印象，那么日后要改变大家的印象将会更加的艰辛。因此培养新人，要先培养态度，再培养能力，接着固化行为。最后，在保有内圈态度的前提下，具备越大的扩散面积(外圈能力强)，成就越高。

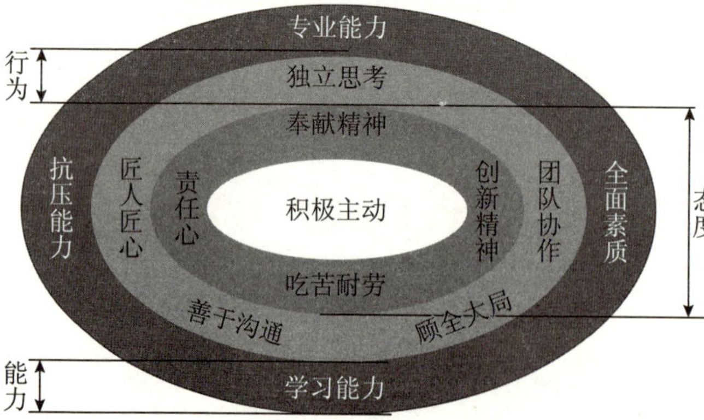

图 6-6　人才素质模型

西北实践：构建素质模型

2017 年，西北油田围绕“功底厚实”“业绩突出”“行业公认”三个基准原则，系统构建了人才素质模型，为科学绘制“西北人才画像”奠定了基础。

基于对各业务条线专家骨干工作的访谈研究，素质模型的构建过程以关键问题引领讨论，以能力卡片推动成果输出。在共性的通用能力之外，工作小组更关注不同领域人才的专业能力与特点。经小组讨论、开放空间等形式的研讨，西北油田细分不同序列与工作类型，从而有效区分不同功底、不同能力的人才。西北油田能力素质模型示例如图 6-7 所示。

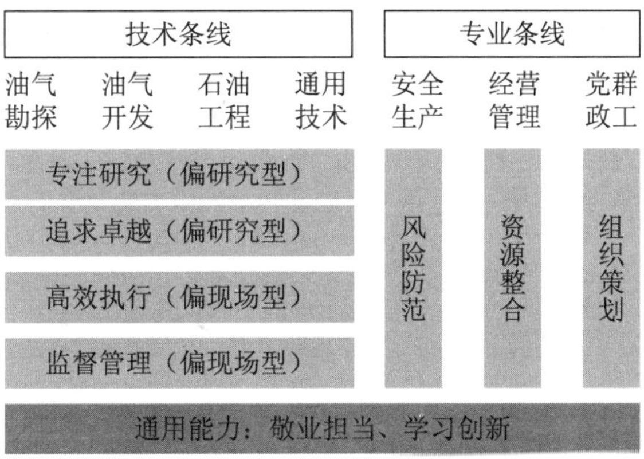

图 6-7　西北油田能力素质模型示例

此外，研究表明，人才特征对绩效的预示性并不是对称的。这提示我们可以通过数据分析，找出最值得组织“投资”的特征——高收益且低风险（例如图 6-8 中的“顾全大局”）。

如果将人才的成长历程与特征统一起来，其实可以得到全员（全岗位、全层级）的特征图谱，如图 6-9 所示。每个特征背后，都是行为的细化动作和标准的分级要求。这可以支持我们在未来对人才特征进行总量测算和差距识别。

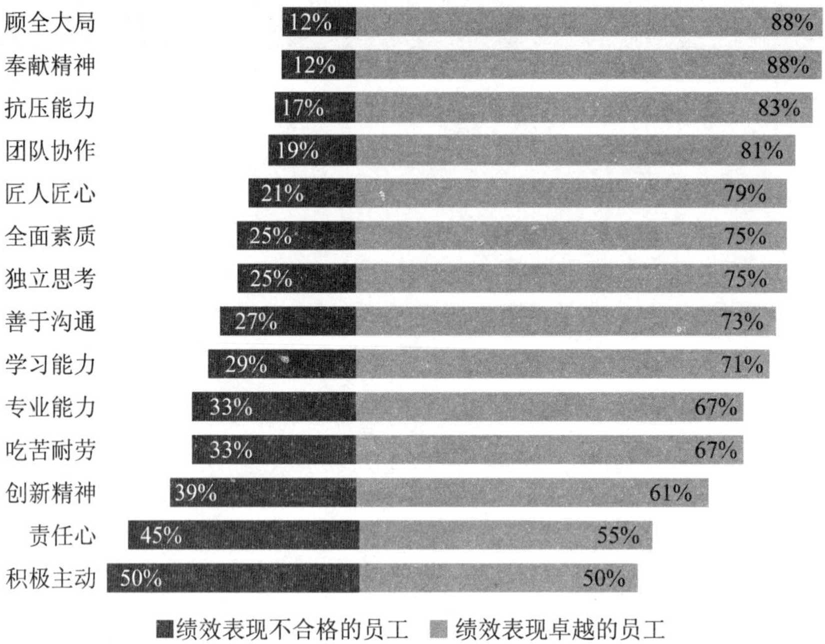

图 6-8　人才的不同表现与绩效结果的关联分析示意

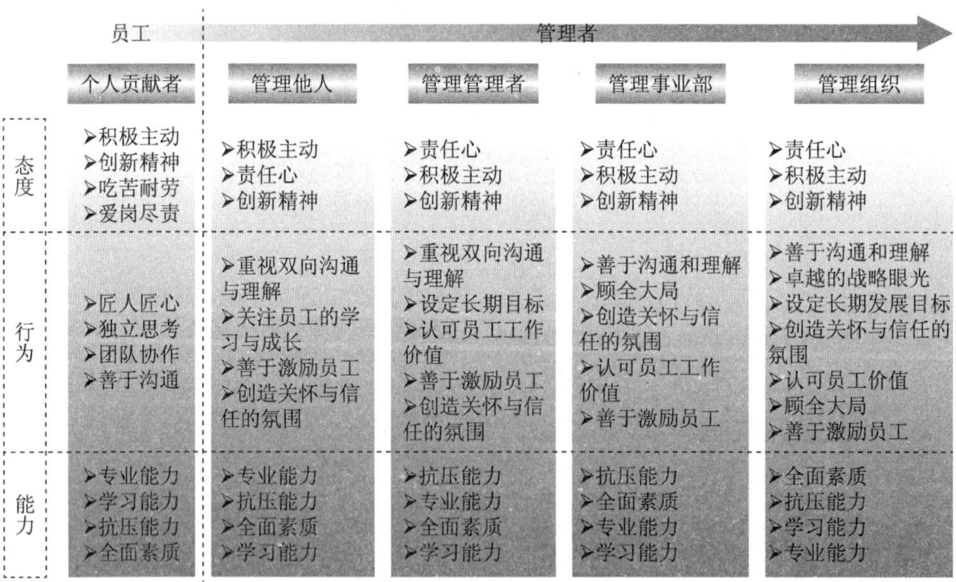

图 6-9　全员特征盘点

目前，我们的初始模型仍然有些“主观”。后续，在内容层面，我们将进行细化与迭代，即增加优秀员工呈现的新特征、增加优秀员工的管理者呈现的新行为、增加员工认同的管理者的高频行为和淘汰无区分度的普遍行为，同时，细化分解各项特征的动作范围，使态度、行为、能力更加显性化、可识别、可测量。在技术层面，我们计划引入成熟的智能化行为抓取工具，支持识别优秀员工群体的高频行为，从而自动生成人才地图中的可靠标签（例如“好司机”“活雷锋”等）。

量化标准

在形成人才画像的“轮廓”之后，我们将人才特征数据化，并设定卓越领导和优秀员工的基准值与卓越值，最终完成人才画像。

数据测算方法

我们的核心思路是，通过选择一定数量的绩效表现突出的员工与绩效表现平平的员工，分别对其某项特征进行标准测试，之后对两组数据进行计算比对，得出基准值和卓越值形成的目标区间，超出卓越值说明存在“人才高消费”，低于基准值说明存在“不胜任”。

例如，对“干得不错”的员工（排名在 40% ～ 70%），与“最佳”员工（排名前 10%）的各项特征进行标准测试。得出每一项行为标准的上下限。以创新能力为例，最佳员工的创新能力为 [76，84]，而普通员工为 [35，64]。通过计算，我们设置创新能力的人才标准区间为 [70，90]。

人才画像示意

我们以游戏化的思路来设计人才画像。人才标准画像是一个范围，明确什么样的员工被定义为“人才”；个人画像是一个结果，即员工能够看到的自己的数据及对比数据。如图 6-10 所示。

技术支撑与岗位画像

未来，伴随分类数据的积累、行为数据的丰富和精细化的分析，我们可以从“人才画像”分解到“岗位画像”，这更符合精益化人才管理的要求。基于大数据绘制岗位画像的技术已逐渐成熟，E 成科技等公司已经开发出相关产品，能够支持为每个岗位刻画人才画像。未来，这类技术很有希望在人岗匹配、人才评价等管理场景得到广泛应用。

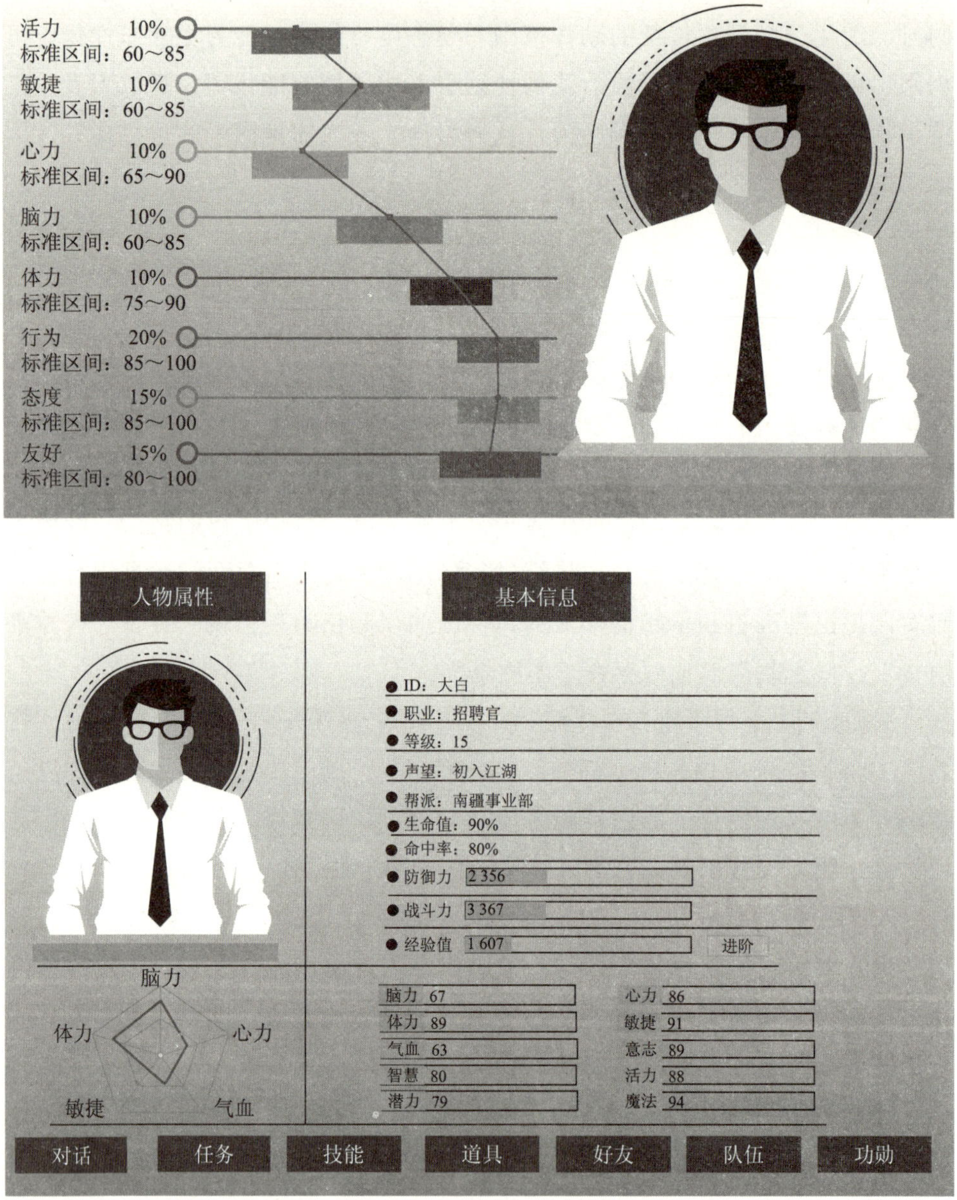

图 6-10　人才标准画像和个人画像

第二节　人才健康模型

组织是健康的人才环境。

——加雷斯·摩根（Gareth Morgan）（《组织印象》）

据美国《财富》杂志报道，美国中小企业平均寿命不到 7 年，大企业平均寿命不足 40 年；而在中国，中小企业的平均寿命仅为 2.5 年，集团企业的平均寿命仅为 7 ～ 8 年。另有统计数据显示，日本国内创业 100 年以上的企业多达 50 000 家，创业 200 年以上的企业也超过了 3 000 家，更有 7 家企业历史超过了 1 000 年；而在中国，现存超过 150 年历史的老店仅有 5 家[①]。在互联网时代，企业的寿命将越来越短暂。不仅企业的生命周期短，能做强做大的企业更是寥寥无几。

企业是一个有生命的机体，有其产生、成长、成熟、衰退到死亡的生命周期，“长寿型公司”是因为它能够从“衰退”中谋求“复活”。无论是基业长青的组织强调“科学、人本管理”，还是健康长寿的个体强调“起居、饮食自律”，都启示我们，健康是可以“谋求”的。基于此，健康理念逐渐被引入管理实践。越来越多的研究将仿生学的原理运用到组织管理中，通过界定企业生命体的健康定义与内涵，为企业的持续生存和发展提供新思路。一些研究甚至认为，**HR 的工作，就是延长组织和人才的生命周期**。其中一项研究——如何“护理”组织健康如表 6-2 所示。

① 这5家分别是成立于1538年的六必居，之后是1663年的剪刀老字号张小泉，以及陈李济、广州同仁堂药业以及王老吉5家企业。

表 6-2　一项研究——如何“护理”组织健康

维度	定　义	昏　迷	精心护理	进一步护理	痊　愈	健　康
质量	人们第一次就能把事情做对	没有人能做对任何一件事情。不符要求的代价 =33%	最终得到了一张客户投诉列表。不符要求的代价 =28%	开始着手制定正式的质量改进程序。不符要求的代价 =20%	客户投诉事实上消失。不符要求的代价 =13%	员工开始习惯于第一次就将事情做对。不符要求的代价 =3%
成长	增长是盈利的和稳定的	什么都未曾改变。税后回报 =0	花了冤枉钱。税后回报 =0	新产品还不错。税后回报 =3%	新的团队成长状况良好。税后回报 =7%	成长过程中有盈利并且发展稳定。税后回报 =12%
客户	客户的需求是可预测的	从来没人第二次跟我们订货。客户对订单的投诉 =63%	客户不清楚自己需要什么。客户对订单的投诉 =54%	我们开始同客户合作。客户对订单的投诉 =26%	交货时开始出现零瑕疵产品。客户对订单的投诉 =9%	能够成功预测客户的需要。客户对订单的投诉 =0%
变化	变化是有计划的和可管理的	没有任何变化。通过系统整合控制的变化 =0%	任何人都不告诉别人发生了任何变化。通过系统整合控制的变化 =2%	我们有必要了解究竟发生了什么问题。通过系统整合控制的变化 =55%	任何人都没有理由感到惊讶。通过系统整合控制的变化 =85%	变化是在计划中的并且是可控制的。通过系统整合控制的变化 =100%
员工	人们为在此工作而感到骄傲	这个地方比没人工作稍强。员工跳槽率 =65%	人力资源部不得不对员工给予帮助。员工跳槽率 =45%	错误原因清楚项目已经启动。员工跳槽率 =40%	职业前途评估已开始实施。员工跳槽率 =7%	员工以在此工作为骄傲。员工跳槽率 =2%

因此，西北油田计划启动“健康管理”，这同时也源于我们对“为人才提供健康的发展环境是组织的重要使命”的共识。如果我们能够引入健康模型，通过明确健康的目标、研究健康的标准、总结健康的策略，及时把脉西北油田的人才管理运行状态，界定、判断、调试出最适合人才发展的健康环境，就像做“健康体检”一样，那么，我们的人才管理实践将真正做到不仅“治病”，还能治“未病”。

总体设计思路

健康是一种拟人的表达方式，它使我们更易于从“亚健康”“久病不治”的角度认识到，管理的健康也需要实时关注、防微杜渐。健康模型设计思路如图 6-11 所示。

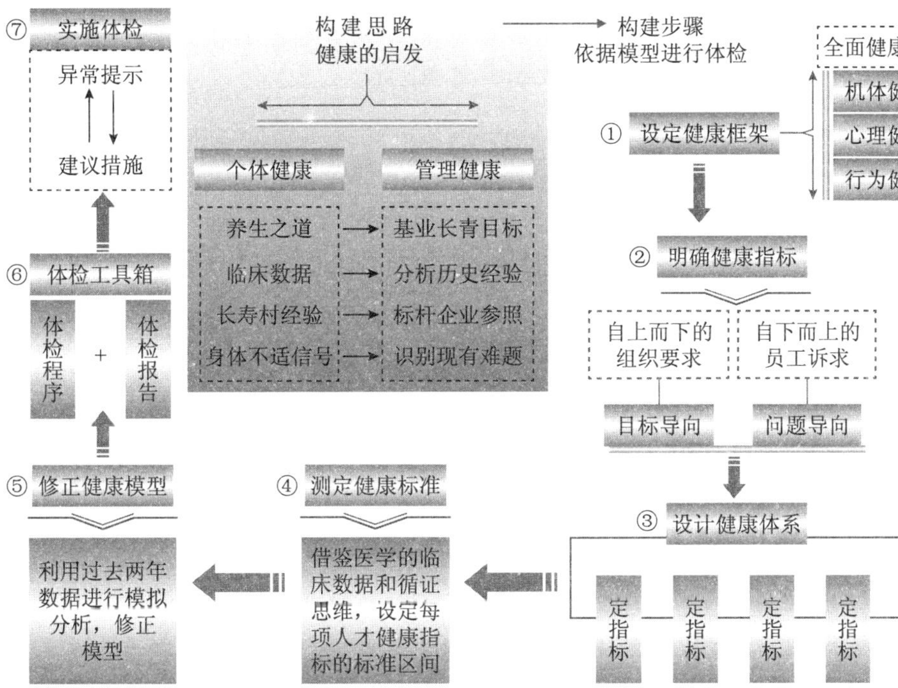

图 6-11 健康模型设计思路

总体而言，我们需要遵循以下四项原则。

个性化建体系。比拟人体健康的方式，我们创建人才管理健康体系，设计符合西北油田管理健康理念和绩优内涵的指标体系，这是一次彻底的创新。未来，数据挖掘将支撑指标的预示性优化和深度洞察，使“血常规”检查也能反映基本健康状况。

科学化做标准。依据符合组织长期利益、符合企业管理一般逻辑、与战略和文化相匹配、系统性以及数据可获得性等多个因素，我们通过数据分析设定健康标准。

标准化做体检。通过定期“做体检”，系统将自动生成体检报告，并依据指标的异常情况，自动触发关键举措，保证人才管理体系的动态自查和及时作为。例如，在发现人才活力不足之后，系统应提示尽快落实创新政策和扩大轮岗机会。

系统化做改善。作为组织管理自查和个体成长监测的行为改善工具，我们需要不断积累临床经验（内外部实践成效），从而开出当期有效、长期“副作用小”的“药方”。

构建健康模型

为了构建人才管理的健康模型，我们首先需要明确什么是健康。

从理论上讲，现代健康的含义并不仅是传统的身体没有病而已。依据世界卫生组织的定义，“健康不仅指一个人身体没有出现疾病或虚弱现象，而是指一个人生理上、心理上和社会上所达到的完满状态。”从实践角度而言，健康体现于客观的组织诊断和主观的人才体验，即组织整体和人才个体都“舒服”、指标和感觉都“正常”，才是真正的健康。从 HR 具体工作来看，人才管理工作包括日常工作和机制变革两大类。前者解决秩序问题（保健师角色），后者解决发展问题（手术室角色），两者共同保障健康的管理状态。基于以上分析，我们设计出人才管理的健康框架，如图 6-12 所示。

在诠释每一个“系统”的健康时，我们要正确“迁移”管理实务中的健康内涵。以“循环系统”为例，流动与代谢是健康循环的内在要求，这点与组织管理非常一致——那些最终胜出的公司都会持续完成核心人才的更新迭代。例如，华为从创业到现在已经更迭了十一批干部，这非常挑战人性。但是，华为早有“老红军契约”——在创业时代大家就达成了共识，要负责帮助公司找到优秀人才来消除短板，为此应该不惜淘汰自己。

进一步，我们输入基于调研的管理需要和员工诉求，明确人才管理的健康指标。人才的诉求，本身就反映出管理体系“不健康”的“部位”，因此也一定是我们建立健康指标的重要参考。未来，在“顺北人才体验中心”履行职能之后，我们可以更及时、深入地研究人才体验，聚集关键指标，并通过健康体检的方式不断检视人才需要是否得到满足。健康指标的来源如图 6-13 所示，人才健康指标体系如图 6-14 所示。

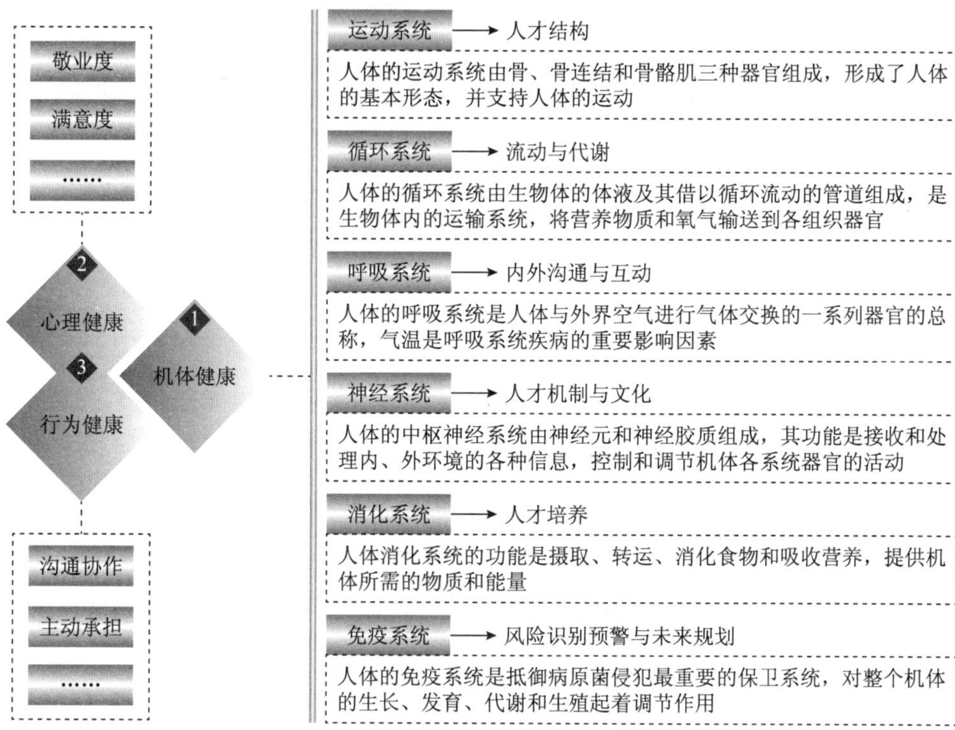

图 6-12　人才健康管理框架

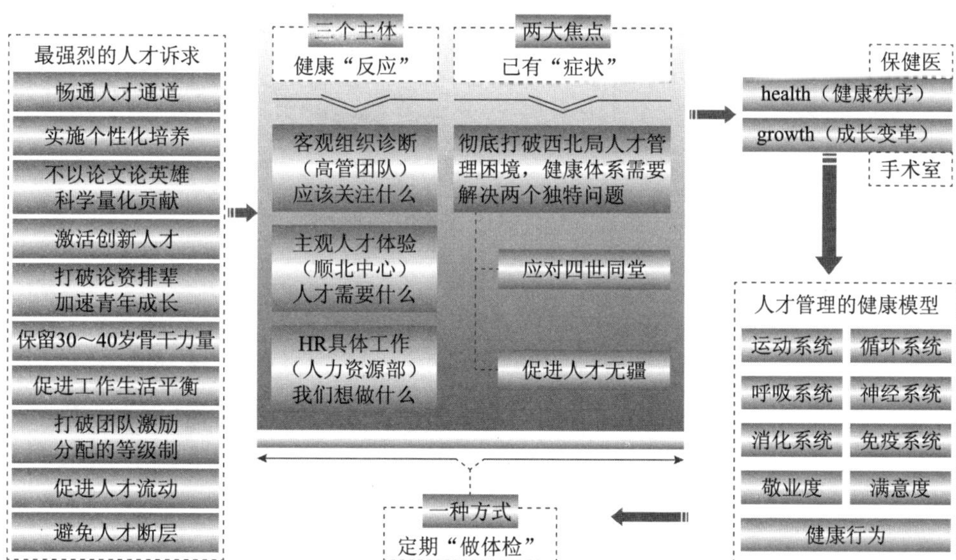

图 6-13　健康指标的来源

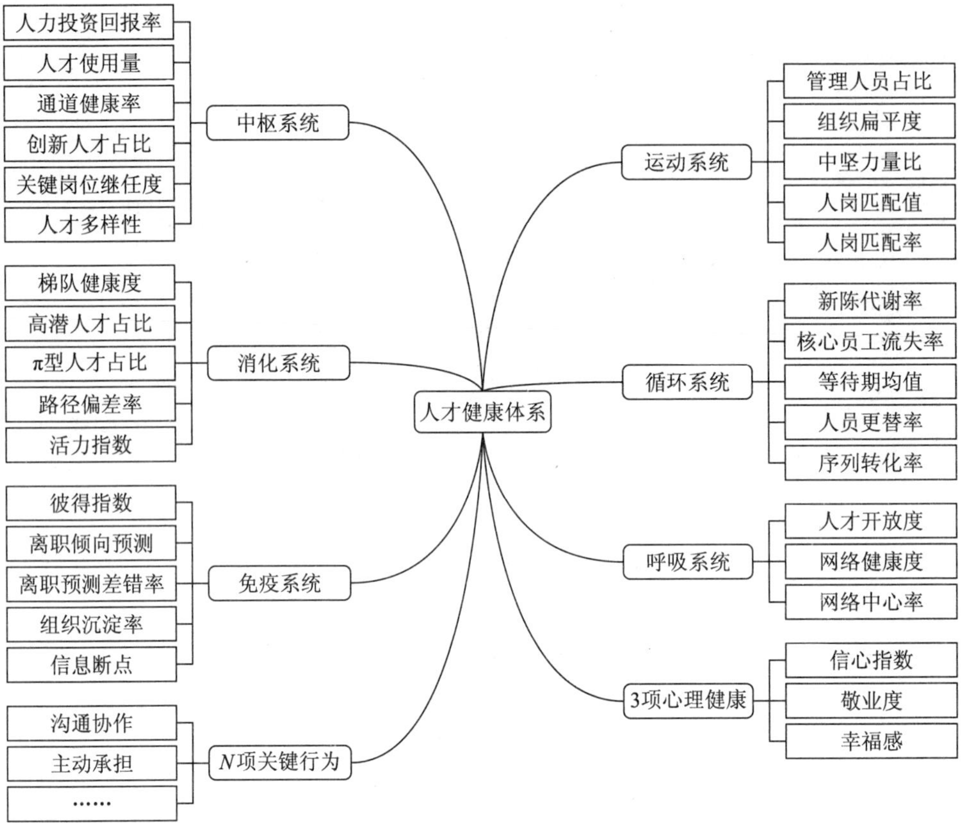

图 6-14　人才健康指标体系（详见附录 3）

构建指标体系之后，我们应用层次分析法（表 6-3），科学确定指标权重，如图 6-15 所示。

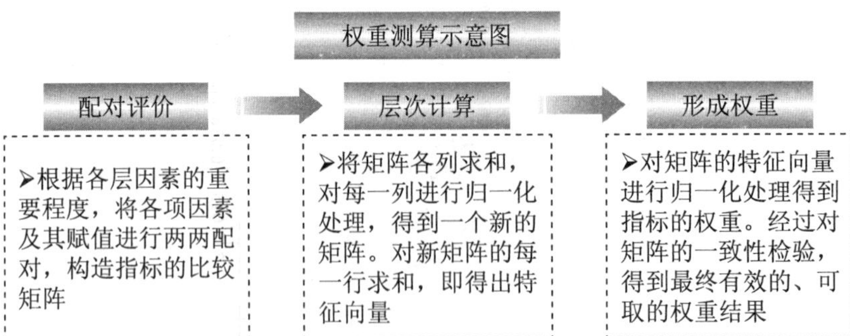

图 6-15　权重测算

表 6-3　层次分析法示意

指标	组织扁平度	管理人员占比	中坚力量占比	人岗匹配值	人岗匹配率	新陈代谢率	核心员工流失率	等待期均值	人员更替率	序列转化率	人才开放度	网络健康度	网络中心率	人力投资回报率	人才使用量	通道健康率	创新型人才占比	关键岗位继任度	权重测算值
组织扁平度	0.051 8	0.047 6	0.071 4	0.041 7	0.051 4	0.035 0	0.041 4	0.037 5	0.052 4	0.055 1	0.052 9	0.058 0	0.065 8	0.053 7	0.050 4	0.039 0	0.036 4	0.053 6	0.050 8
管理人员占比	0.051 8	0.047 6	0.039 7	0.041 7	0.045 7	0.042 0	0.041 4	0.043 8	0.052 4	0.050 8	0.048 5	0.053 6	0.053 5	0.049 6	0.046 5	0.045 5	0.042 4	0.029 8	0.046 6
中坚力量占比	0.057 0	0.071 4	0.079 4	0.067 7	0.062 9	0.062 9	0.069 0	0.068 8	0.073 3	0.067 8	0.070 5	0.062 5	0.074 1	0.066 1	0.065 9	0.084 4	0.078 8	0.071 4	0.069 1
人岗匹配值	0.062 2	0.057 1	0.055 6	0.052 1	0.062 9	0.049 0	0.041 4	0.050 0	0.041 9	0.050 8	0.048 5	0.058 0	0.053 5	0.049 6	0.054 3	0.045 5	0.048 5	0.053 6	0.051 8
人岗匹配率	0.057 0	0.057 1	0.071 4	0.046 9	0.057 1	0.062 9	0.062 1	0.056 3	0.062 8	0.059 3	0.057 3	0.053 6	0.057 6	0.049 6	0.054 3	0.064 9	0.060 6	0.059 5	0.057 3
新陈代谢率	0.077 7	0.066 7	0.087 3	0.067 7	0.062 9	0.069 9	0.062 1	0.068 8	0.068 1	0.063 6	0.061 7	0.058 0	0.065 8	0.057 9	0.062 0	0.064 9	0.066 7	0.059 5	0.065 2
核心员工流失率	0.072 5	0.066 7	0.079 4	0.072 9	0.062 9	0.076 9	0.069 0	0.075 0	0.068 1	0.067 8	0.070 5	0.062 5	0.065 8	0.057 9	0.058 1	0.058 4	0.054 5	0.053 6	0.064 7
等待期均值	0.072 5	0.061 9	0.071 4	0.062 5	0.062 9	0.062 9	0.055 2	0.062 5	0.062 8	0.055 1	0.061 7	0.062 5	0.057 6	0.057 9	0.062 0	0.058 4	0.054 5	0.059 5	0.060 5
人员更替率	0.051 8	0.047 6	0.047 6	0.062 5	0.045 7	0.049 0	0.048 3	0.050 0	0.052 4	0.050 8	0.057 3	0.044 6	0.045 3	0.045 5	0.058 1	0.058 4	0.060 6	0.059 5	0.052 2
序列转化率	0.036 3	0.038 1	0.031 7	0.041 7	0.034 3	0.035 0	0.027 6	0.043 8	0.041 9	0.042 4	0.048 5	0.044 6	0.041 2	0.045 5	0.046 5	0.039 0	0.042 4	0.035 7	0.040 2
人才开放度	0.041 5	0.042 9	0.031 7	0.046 9	0.040 0	0.042 0	0.027 6	0.037 5	0.036 6	0.038 1	0.044 1	0.062 5	0.049 4	0.049 6	0.042 6	0.039 0	0.042 4	0.035 7	0.042 2
网络健康度	0.036 3	0.038 1	0.047 6	0.036 5	0.045 7	0.049 0	0.041 4	0.037 5	0.052 4	0.042 4	0.026 4	0.044 6	0.053 5	0.041 3	0.042 6	0.051 9	0.054 5	0.041 7	0.044 1
网络中心率	0.020 7	0.033 3	0.015 9	0.036 5	0.034 3	0.028 0	0.027 6	0.037 5	0.047 1	0.042 4	0.035 2	0.031 3	0.041 2	0.041 3	0.042 6	0.045 5	0.048 5	0.053 6	0.038 2
人力投资回报率	0.036 3	0.038 1	0.031 7	0.041 7	0.045 7	0.042 0	0.041 4	0.037 5	0.047 1	0.038 1	0.035 2	0.044 6	0.041 2	0.041 3	0.034 9	0.039 0	0.030 3	0.041 7	0.039 4
人才使用量	0.036 3	0.038 1	0.023 8	0.031 3	0.034 3	0.028 0	0.034 5	0.025 0	0.026 2	0.033 9	0.039 6	0.040 2	0.037 0	0.045 5	0.038 8	0.032 5	0.036 4	0.035 7	0.034 7
通道健康率	0.072 5	0.061 9	0.055 6	0.067 7	0.057 1	0.069 9	0.075 9	0.068 8	0.057 6	0.059 3	0.061 7	0.053 6	0.053 5	0.057 9	0.058 1	0.064 9	0.054 5	0.083 3	0.062 3
创新型人才占比	0.072 5	0.061 9	0.055 6	0.062 5	0.057 1	0.062 9	0.075 9	0.068 8	0.052 4	0.055 1	0.057 3	0.049 1	0.049 4	0.062 0	0.054 3	0.071 4	0.060 6	0.071 4	0.059 9
关键岗位继任度	0.057 0	0.071 4	0.063 5	0.057 3	0.057 1	0.069 9	0.075 9	0.062 5	0.052 4	0.059 3	0.061 7	0.058 0	0.045 3	0.053 7	0.054 3	0.039 0	0.048 5	0.059 5	0.058 3

基于数据分析的健康标准最为关键。我们测算的基本逻辑是：发现各项指标处于什么样的理想范围或趋势时，组织和个体的运行状态最佳。其中，组织的运行状态可以用业绩、品牌等衡量；个体的运行状态可以用敬业度、离职率等衡量。这种关联的识别，通常需要 2 ～ 3 年的测算积累。初期，我们以经验值为参考拟定初始值。后续再以西北油田近两年的管理实际进行模型校正。人才管理健康模型（初始模型示意）如表 6-4 所示。

表 6-4　人才管理健康模型（初始模型示意）

维　　度	核 心 目 标	健 康 指 标	权重 /%	区 间 标 准
运动系统	人才结构优化	组织扁平度	3.0	[2.8，3.2]
		管理人员占比	3.0	30%
		中坚力量占比	2.5	>20%
		人岗匹配值	5.0	[70%，110%]
		人岗匹配率	3.0	>80%
循环系统	流动与代谢	新陈代谢率	2.0	[2%，10%]
		核心员工流失率	5.0	<2.5
		等待期均值	3.0	≤ 1
		人员更替率	3.0	[5%，15%]
		序列转化率	3.0	≥ 15%
呼吸系统	内外沟通互动	人才开放度	3.0	—
		网络健康度	2.0	≥ 2.5
		网络中心率	2.0	≥ 10%
中枢系统	人才机制与文化	人力投资回报率	5.0	—
		人才使用量	3.0	[85%，120%]
		通道健康率	4.0	>=90%
		创新型人才占比	3.0	≥ 15%
		关键岗位继任度	3.0	100%
		人才多样性	3.0	[5%，30%]
消化系统	人才培养	梯队健康度	2.0	1
		高潜人才占比	4.0	≥ 10%
		π 型人才 / 跨专业成长人才 / 复合型人才占比	2.0	≥ 10%
		路径偏差率	2.0	<10%
		活力指数	3.0	[15%，30%]
免疫系统	风险识别预警与未来规划	彼得指数	3.0	<5%
		离职倾向预测	3.0	—
		离职预测差错率	2.0	<10%
		组织沉积率	2.0	<75%
		信息断点	2.5	0

续表

维　　度	核 心 目 标	健 康 指 标	权重 /%	区 间 标 准
心理健康	心理健康	信心指数	3.0	1
		敬业度	5.0	≥ 85%
		幸福感	2.0	≥ 85%
关键行为	关键行为	沟通协作	2.0	≥ 80%
		主动承担	2.0	≥ 80%

最后，当我们完成模拟测算和模型修正后，就可以实施“健康体检”了。中石化集团人才管理健康度比较（示意）如图 6-16 所示。

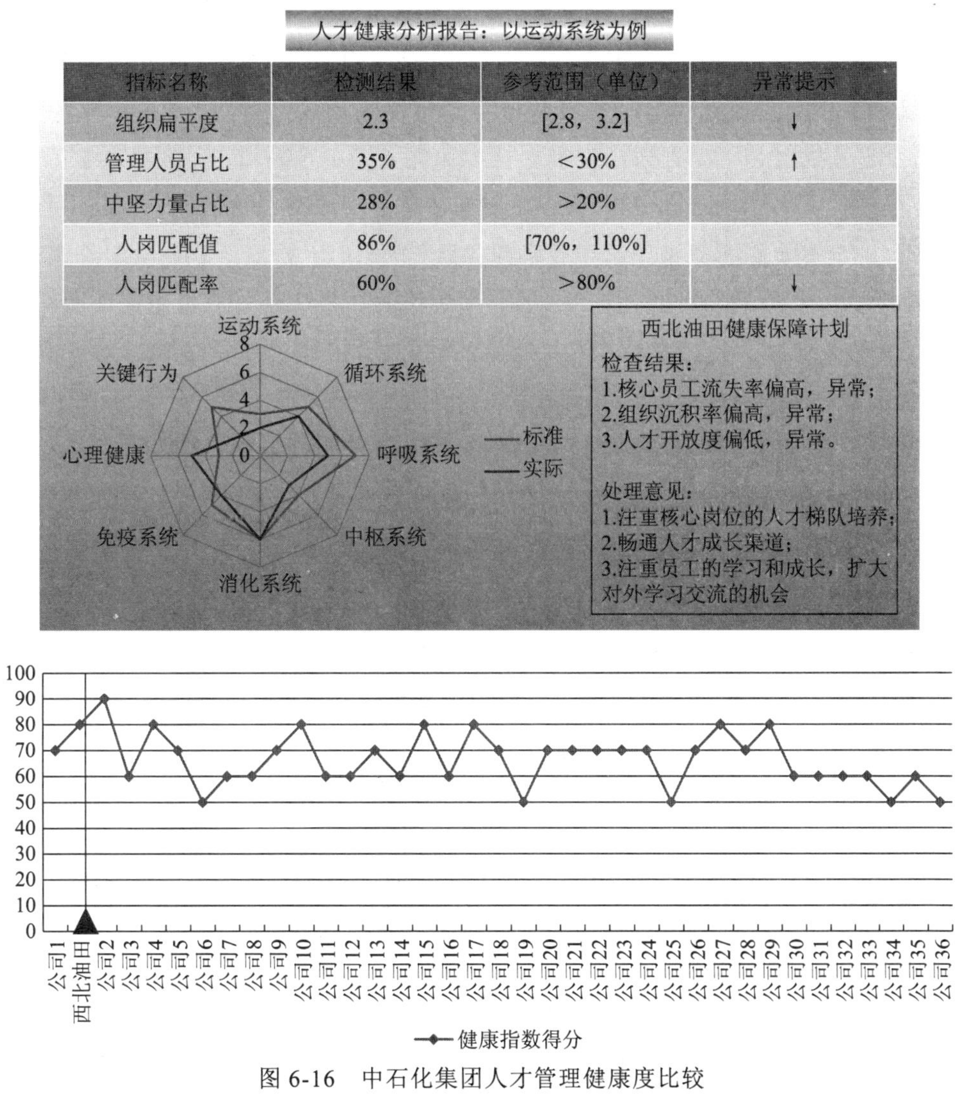

图 6-16　中石化集团人才管理健康度比较

第三节　成立 2030 实验室

在绘制人才画像，构建健康体系之后，我们实际上只解决了目标设定和过程监测的形式问题。针对具体做什么、应该如何做，我们将成立 2030 实验室，承载面向未来的基础研究和科学分析。

2030 实验室，首先因面向新员工（20 后、30 后等新世代员工）的新诉求而得名。其次，受到华为“2012 实验室”的启发，我们同样希望西北油田的 2030 实验室能够担当起**“战略预备队”**的责任，扮演“中央管理研究院”的角色，以前沿研究成果支撑中国石化集团输出世界顶尖的人才管理实践。最后，我们希望在 2030 年，西北油田能够在 2030 实验室的支撑下，顺利完成“人才管理纲要”的各项计划，实现 HR 智能化转身，达成“人才自组织”的梦想。从这些角度而言，**2030 实验室是“未来实验室”**。

相比于人力资源部（人力分析团队）、顺北人才体验中心，2030 实验室更关注前沿洞察和基础研究，致力于为人力资源部和顺北人才体验中心的具体工作提供基础支撑。同时，2030 实验室不仅面向西北油田，也面向广泛的企业实践；着眼于中长期研究，不解决燃眉之急。因此，2030 实验室又像是**“无人区”“粮草仓”**和**“大讲堂”**。西北油田人才工作的三个机构如图 6-17 所示。

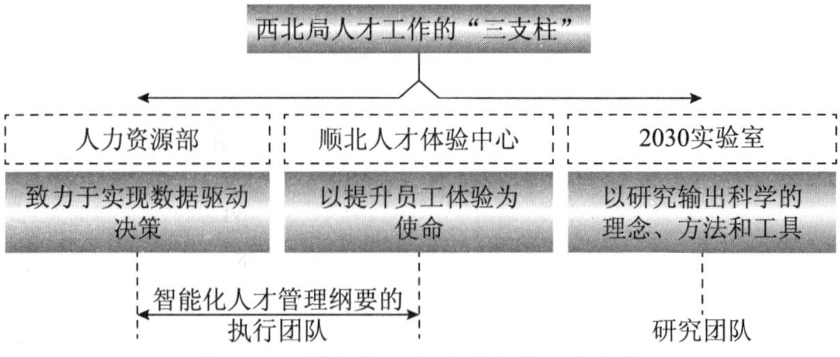

图 6-17　西北油田人才工作的三个机构

本节我们以外部案例为基础，对标顶尖企业的各类实验室的设计与运行机制，以刻画组织和员工需要为使命，拟定2030实验室的核心职责和研究方向。

管理实验室扫描

实验室往往被定义为自然科学的“殿堂”。从前，它以人类参与数据收集为标志，并发生在专门的物理空间中，是自然科学的专属概念。直到现在，新技术以多种方式扩展了实验室的范围。例如，网络的出现使心理科学家能够获取基于互联网的样本，无限有效用户群的可触达从根本上改变了许多领域的数据收集环境。又如，亚马逊提供 Mechanical Turk 服务（www.mturk.com），允许研究人员以极低的成本调研数千名参与者并获得相对高质量的数据。科技实验室的管理启发如表 6-5 所示。

表 6-5　科技实验室的管理启发

实验室	管理启发	关键词
华为“2012实验室”	面向未来 5 ～ 10 年的发展方向，聚焦数理逻辑等基础研究； 多地设立研究机构，充分利用当地尖端人才，打造重量级团队； 开展前沿的、多路径的、独创性的、探索性工作，力图在信息洪流中打造专属“诺亚方舟”	基础研究 灵活的人员布局 危机意识 前沿的、独创的研究领域
贝尔实验室	与科学界和教育界建立紧密的合作关系，积极吸纳年轻并独具天赋的研究人才，并邀请业内大牛驻场，形成人才选拔和培养的优势积累定律； “不做具体指导的指导”的原则，最大限度地发挥研发人员的创造性； 具备战略眼光，能洞悉所辖学科的世界前沿发展动态、空白点和生长点，找出突破或创新的方法	大牛驻场 人才的优势积累定律 “不做具体指导的指导” 战略眼光
卡文迪许实验室	广纳人才，注重选拔卓越的学界权威和独特的、富于创新的异质性学者，形成多样的研究团队	异质性人才 多元化团队
阿里巴巴达摩院	以解决社会问题为技术研发的出发点，以为国家和社会创造未来为担当，用家国情怀感染每一位研究者； 通过联合机制，与各国高校、智库、各企业研究院进行合作交流，达成产学研开放协作，构建学术合作网络； 与阿里巴巴现有研发体系保持相对独立，专注于面向人类未来的前沿技术研究	关注社会问题 家国情怀 联合机制 学术合作交流网络 相对独立的体系

技术的更大贡献在于——使管理学找到了科学的感觉。实验空间和研究媒介的变化，推动了管理实验室的诞生。现在的管理实验室已经“摆脱”心理实验室的标签，成为真正研究人力分析、行为规范、举措价值等管理全域的专业实验室。普遍而言，每一个企业都可以成立一个管理实验室。这归功于通过现有数据的集成分析和新形式的数据抓取，技术为“实验员们”提供了进入工作状态的无与伦比的窗口。未来，人类将获得更加连续的工作数据流，自动完成 10 年或 20 年前不可能想象的“实验”。

正在进行的实验室研究

一些管理实验室依赖数据收集的新形式，破解“老”难题。例如，近几年中，研究人员通常使用智能手机应用程序来研究员工的心理现象和工作状态。例如，Killingsworth 和 Gilbert 使用经验抽样的 iPhone 应用程序来量化人们白日做梦的时间比例，并分析人们在做白日梦后的脑部状态对工作效率的负面影响，这个研究能够支持识别“谁在假装工作”以及“人力资源的有效使用率”。从长远来看，通过移动应用程序获取数据将在数据收集中扮演重要角色。

一些实验室以现有数据的集成为主要方向。Golder 和 Macy 在 Twitter 上分析了数百万条公共推文，以量化员工一天中和一周中的情绪变化规律，并提出对工作配置和沟通节点的建议，指导上级能够在下属一周中“最兴奋的时间”与其达成一致的绩效目标。Gosling 和他的同事利用人们在 Facebook 个人资料中的信息证明，人们的外向水平是组织网络关系强有力的预测因素，这是网络型组织在人才选聘时的重要信号。

最著名的管理实验室，当属腾讯的活力实验室、百度的 TIC 和谷歌的 Pi Lab。

腾讯的活力实验室是腾讯的 HR 专家机构（隶属于 COE），由拥有麦肯锡等顶尖咨询机构工作经历的咨询专家组成，致力于激发组织创新活力，其设置如图 6-18 所示。通过设计体系和标准，活力实验室可以识别出“最有可能获得产品成功的团队”，以此为依据进行创新资源（资金和人力）的配置。

百度的 TIC 由人工智能和数据挖掘领域的世界级专家、ACM 杰出科学家熊辉教授牵头，为了能让顶尖技术在人才管理上释放能量而组建。TIC 立足百度人才管理痛点，打破传统经验判断与简单的统计分析。例如，TIC 研究“创新熵”，基于客观的行为数据对组织进行多维度解析，例如自由性、多样性、扁平化等，从而发现具有创新土壤的部门和团队，并根据公司战略为其更好地赋能。

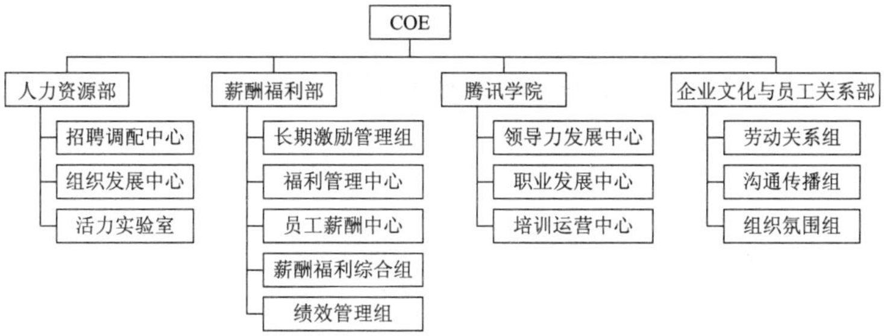

图 6-18　活力实验室设置

谷歌的 Pi Llab（People & Innovation Lab，人力和创新实验室），由社会学、统计学等领域的科学家组成。这个实验室的科学家对员工进行数项试验，以找到管理一家大公司的最好方法。例如，多久提醒一次员工缴纳养老金，如何提醒？成功的中层经理是否有共同的某种技能——这些技能能否教授给不成功的经理们？是否真的需要经理——没有他们公司能否正常运作？如果你想给某人升职——如何让他在升职的同时也获得最大的幸福感？给他更多钱或者休假？又如，Pi Lab 的研究员于 2013 年开始了一项名为“谷歌 DNA”的长期研究项目，该项目旨在找出最大化提升员工满意度和团队效率的方法。管理实验室共同特征如图 6-19 所示。

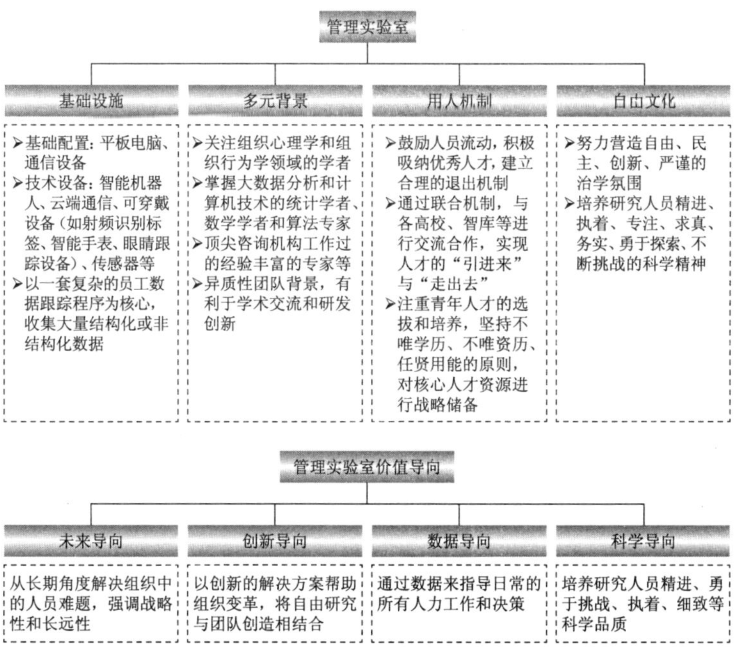

图 6-19　管理实验室共同特征

2030 实验室设计

2030 实验室，以“如何管理新世代的人才”为核心命题，是西北油田着眼于未来的战略性安排，是研究人才管理的未来实验室和创新实验室。

世界一流的实验室，除因举世瞩目的科研成果而闻名外，还因立意高远的使命感和开放自由的人才观而闻名。如果我们希望将 2030 实验室打造成为人才管理领域的“殿堂级”研究基地，也必须为它匹配一套独特的运行机制。2030 实验室定位和结构构想分别如表 6-6 和图 6-20 所示。

表 6-6　2030 实验室定位

战略：人才管理的顶尖智库
人员：技术精英和经验丰富的管理人员
机构：多元合作方式、多种专业背景的人员组建课题小组，无固定架构，小组按项目聚散
基本机制： 人才机制：采取极端薪酬原则，找到最优秀的研究者；长期研究兑现保守薪酬，结项按市场价值追加激励；支持与“飞行嘉宾”进行远程和弹性合作； 研究机制：课题选择秉承前沿导向（新）、问题导向（急）和价值导向（重要）原则

针对研究领域。麦肯锡工作法告诉我们，只有提出正确的问题，才能找出真正的解决办法。2030 实验室首先要提出有价值的好问题，勇于面对难解决的“老问题”，并通过科学合理的研究设计和实证调查得出结论，然后将结论运用到管理实践中。

因此，我们设定若干项研究领域。这些研究不是单纯的理论研究或内部调查，而是希望能在更长的时间、更大的范围内，用最扎实的研究方法，研究最难解决的管理问题。2030 实验室研究领域一览如表 6-7 所示，专题组研究分工如图 6-21 所示。

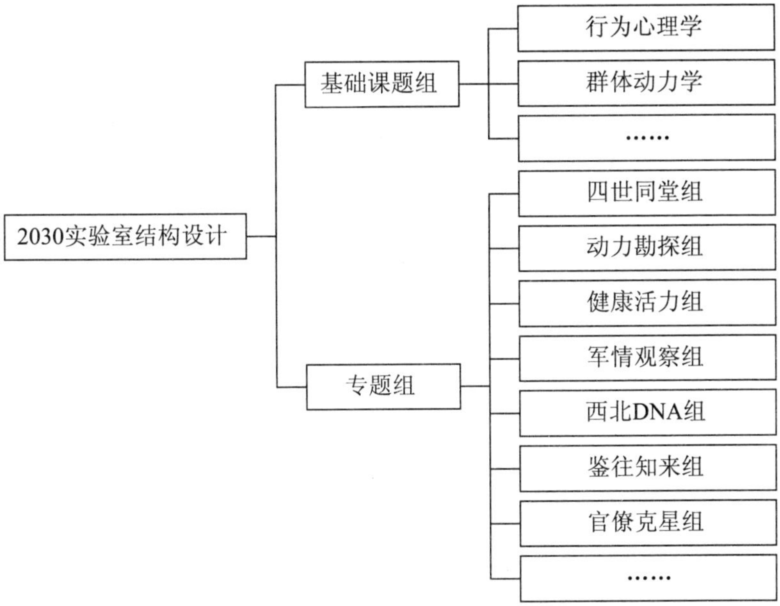

图 6-20　2030 实验室结构设想

表 6-7　2030 实验室研究领域一览

序　号	研究领域	说　　明
1	如何管理年轻一代	在只进不出的机制下，国企比快速代谢的体制外组织更易形成复杂多元的“四世同堂”型员工群体，亟待解决代际管理的差异化问题
2	如何管理“老员工”	
3	如何促进人才有序流动	
4	如何鼓励员工持续努力	支持员工走出“职业高原期”，持续努力获取成就
5	如何激励“免费”工作	让工作本身成为激励员工进取的最重要因素
6	如何促进内部创业	通过设计理念和机制，搭建创业平台，激发创业精神
7	如何建立健康的组织	全面衡量组织健康度
8	如何激励明星员工	研究如何提供针对“明星员工”的专属“管理服务”
9	如何开展对标研究	紧盯业界前沿，促进突破与创新
10	如何形成一套管理体系	建立一套一以贯之的管理逻辑和方法论
11	如何提高工作效率	做互联网时代的生产力研究，进一步释放人才价值
12	如何把握成长规律	形成可视化成长轨迹和“最佳经历库”
13	如何打破官僚主义	从科层组织迈向自组织的实际推动力量
14	如何让管理者点石成金	教会员工怎样成长为真正的管理者

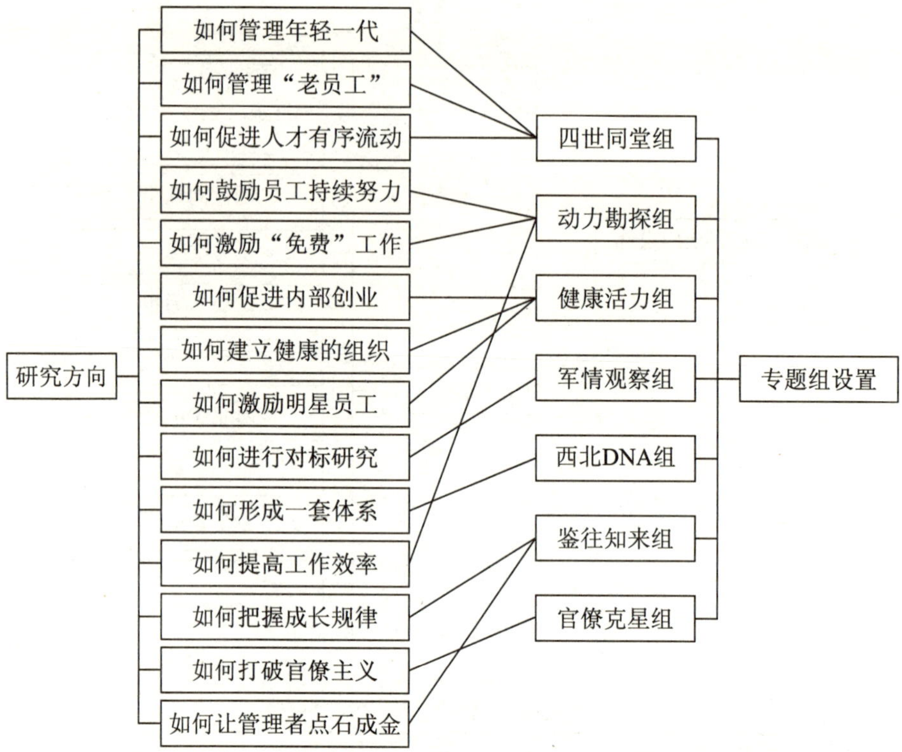

图 6-21　专题组研究分工

方向一：如何管理年轻一代

西北人才模式由来已久的问题是，不同年龄的人才需要呈现巨大差异，且长期忽视新一代员工的特点。90 后和 00 后等年轻员工已经在个性、需求、成长、价值观和兴趣爱好方面，展示出差异，更何况未来的年轻一代。研究显示，未来员工的成长焦虑感、职业自由主张和快速成长动机都非常强烈。他们对不认同的组织元素的容忍度较 70 后、80 后员工显著下降，如果预期或需要得不到快速满足，他们就会毫不犹豫地寻找新的工作。但是，值得关注的一点是，他们更加看重“工作的意义”。因此，大量研究都希望在“工作本身对薪酬激励的替代性”上，找到双赢的收获。

2030 实验室将深入剖析日趋“任性”的员工特点（例如，他们希望按照自己的时点 / 节奏获得福利、获得晋升），细化差异和对策（例如，不再以 5 年、10 年划分代际，这之间仍有很大差异），支持组织和管理者做好准备，不再用管理“上一代人”的方式管理未来的员工。

方向二：如何管理“老员工”

如果将45～55岁的员工定义为“老员工”（通常占比20%～30%），那么，这些员工处于职业生涯的最后阶段，享有越来越少的成长与发展，并且对变化的适应性下降，工作心态和诉求都较为特殊。如果正值企业跨越式成长期，他们将更加“吃力”。针对“老员工”，外界认为，华为视他们成本过高并阻碍了年轻人的成长，因而产生“35岁现象”；丰田对老员工充分依赖，并发挥他们身上具备的凝聚人心的文化力量；也有相关研究探讨“老员工”的管理与激活。对于国企而言，“老员工”群体尤为“特殊”。2030实验室需要研究如何发挥其价值、理顺其心态，这是整体提升人力投资回报率的关键突破点。

方向三：如何促进人才有序流动

客观而言，西北油田人才模式存在时空难题。在空间上存在南北疆的天然差异，在时间上存在不同年龄段人才的不同诉求（尤其是生活平衡需要）。时空难题叠加在一起的突出表现，就是西北油田如何有效回应南疆人才的成长需要和生活需要。2030实验室需要直面这一难题，通过精密的工作设计、发展计划与假期安排等，解决南北疆人才的闭环流动。例如，分析外部企业如何实现特殊条件下的人才引流，研究30～40年龄段员工的发展动力和后顾之忧（这个年龄的员工需求更加理性、家庭责任重大、成长进入瓶颈，但却是技术精进、支撑战略的核心力量，因此有的企业设置“gap year”，允许这个年龄段员工离岗进修或暂时兼顾家庭）。总之，解决基于流动与平衡的人才发展命题，是西北人才模式健康发展的关键。

方向四：如何鼓励员工持续努力

入职5～10年的员工群体，一般会遇到职场的“中年危机”。例如，他们需要接受年轻一代员工的挑战，可能面临一定的人才积压，大多处于职业发展的瓶颈期和倦怠期，体现出焦虑、自我怀疑、缺少成就感或工作热情的“高原反应”。在这种情况下，能够“沉住气”、持续努力的员工非常可贵。2030实验室需要研究长培养周期下的人才管理规律，发现并支持他们最终取得成就。例如，某国企设计《中年员工职业续航计划》，发现职业续航力高的中年员工的珍贵品质，如职业态度积极、心态平和、学习能力强、精力体力旺盛等，并采取轮岗、培训、领导力课程、周期性休息、导师制度等方式提升中年员工群体的职业续航力，重新激发他们的职业内生动力，帮助他们走出职业高原。

方向五：如何激励“免费”工作

心理学家爱德华·德西认为：“组织应该给员工足够信心，对杰出贡献者一定论功行赏，这让员工几乎忘了报酬这回事，而只专注于工作本身。”不少前沿研究也聚焦在“如何激发人才对工作和创新的渴望”，认为“工作的意义、透明化、自由度和专注力，可以有效促进‘忘我的奉献’”“工作是基于兴趣的雕塑”。实践中出现了大量“工作本身就是激励”的案例。由数万名无偿贡献劳动力，以协作和编辑为乐、完全免费的维基百科打败了微软投入巨资和人力开发的百科全书就是最典型的例子。此外，Linux，这个被大公司 IT 部门普遍应用的软件，也是由一群没有报酬的程序员设计的。

要想让人们负责任，必须确保他们对自己的工作内容、工作时间、工作方法、工作团队有控制权，这是达到目标的必经之路。

——丹尼尔·平克

2030 实验室需要研究这一命题，对这一问题的研究标志着人才管理脱离“激励—绩效”的“应激反应”，走向关注人才“自我实现”的最高层次。当然，这项研究的出发点不是打造“吝啬”的组织，而是启发我们未来在设计工作、提供激励时，打造高效的组织。

方向六：如何促进内部创业

内部创业，是从管理精神到管理机制一致作用的成果。总结创新、创业的最佳实践，既有 3M 公司前董事长威廉·麦克奈特早在 20 世纪三四十年代的重要思想——“雇用好人，然后不管他们”①，又有工作的自主安排的典型实践——谷歌安排工程师每周自主安排 20% 的时间用于喜爱的项目（像谷歌新闻、Gmail 这些伟大的产品都是这 20% 的时间开发出来的）。

① 3M公司的创新硕果累累。科学家雅特·富莱发明了便事贴，这个想法出现在自由工作的15%的时间里。3M的前任研发主管说，在公司至今仍赖以生存的发明中，大多数来自15%的时间。

此外，也有组织通过特殊的薪酬安排来激励内部创业，例如设置虚拟的创业基金和创业回报。因此，我们希望 2030 实验室能够以西北油田为实验基地，形成关于创新、创业环境的系统性研究成果，探索出培育企业家精神的有效机制。

案例

艺术家实验

特里萨·阿马布勒是哈佛商学院教授，也是世界上研究创造力的领军人物之一。他和几位研究人员曾经做过一个著名的实验。他们在纽约雇用 20 名专业艺术家，要求他们随机选择 10 件指派性工作、10 件非指派性工作。之后，特里萨·阿马布勒把他们的作品交给一组颇有成就的艺术家或艺术馆馆长评判，评价这些作品的创新性和制作工艺。

结论是，指派性作品在创造性上明显不如非指派性作品，但它们在制作工艺上没有明显差异。一名艺术家在被采访时描述自己的感受：当你为别人完成一件作品时，这更像是工作而非乐趣，而当我为自己工作的时候，我感受到的是纯粹的创作乐趣，工作起来可以废寝忘食。

方向七：如何建立健康的组织

组织的健康是全面的概念，HR 不应只局限于人力资源的健康管理，也应具备全局思维。我们希望 2030 实验室能够全面研究组织健康，找到组织健康的系统诊断标准以及相应“药方”。作为顶级咨询公司，麦肯锡目前也在研究组织健康体系，希望以健康指数（OHI）量化、衡量组织在一致性、执行力、革新能力三方面的表现，建立发展方向、责任制度、协调与管控、外部导向、领导力、创新与学习、能力发展、激励机制、文化氛围九个维度的健康要素，并提供四种管理“配方”（不同管理方法的组合）。组织健康的相关研究如图 6-22 所示。

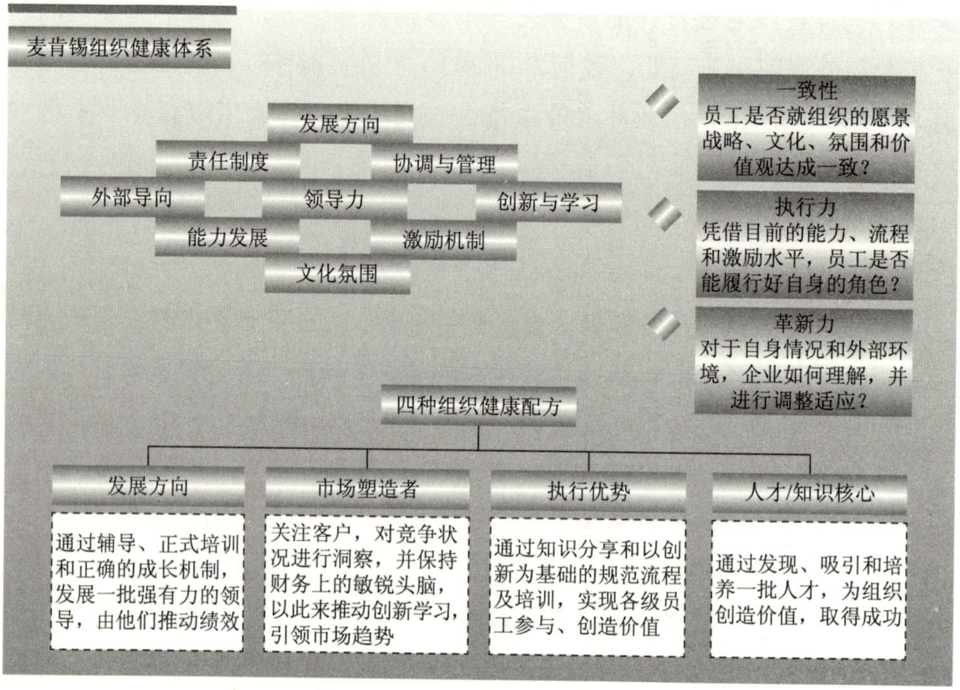

图 6-22　组织健康的相关研究

方向八：如何激励明星员工

从前，关注全员容易使管理者忽视组织内部“关键的少数”，而绩效体系也往往为“识别出谁更差”而设计，这些管理方式没有抓住关键。我们应该将注意力放在管理优秀、打造对人才有吸引力的组织环境上，而不是“拼命找出谁应该被淘汰”。例如，通用的薪酬体系只适合 95% 的大多数员工，对于明星员工要有特别机制。又如，研究表明，“让核心人才能够专注于工作，对他们最有价值”。因为“人的大脑不是设计用来做多任务处理的，工作高效需要专注力”。[①] 因此，我们希望 2030 实验室开展专题研究，聚焦如何提供针对“明星员工”的专属“管理服务”。

“我的目标之一是，把自己变成世界最没权力的 CEO。我对自己以及管理层的定位是促成者，保证最优秀的人才能专注于他们的工作”。

——Supercell 的 CEO 埃卡·潘纳宁

① 资深顾问大卫·洛克和30多位脑神经系统科学家探讨大脑功能如何运作，结论是：脑细胞最佳化是一次只专注做一件事情，假若同时处理多项事务，马上面临正确度和绩效上的大滑落。

方向九：如何开展对标研究

对标研究是寻找和学习最佳经验与运行方式的一种方法，可以紧盯业界前沿，保持思想与技术的领先位置，促进突破与创新。例如，腾讯人力资源部设置了“军情观察室”，始终关注竞争对手的机构动态与人才流向，推动内部管理的反思与超越。同样，2030 实验室也将以新型国企、行业龙头、领先企业和世界著名实验室为研究对象，开展对标研究。

方向十：如何形成一套管理体系

一个有历史的大型公司，不能忽视几十年、甚至上百年公司发展过程中所积累的成败经验，不能缺乏一套一以贯之的管理逻辑和方法论。在企业史学者的视角下，著名企业往往擅长总结，行稳致远。钱德勒的《战略与结构：美国工商企业成长的若干篇章》、斯隆的《我在通用汽车的岁月》以及吴晓波的《腾讯传》，包括 2018 年初面向社会公开征集意见的《华为公司人力资源管理纲要 2.0 总纲》等，都体现出适时的管理反思与提炼，对企业走向未来至关重要。

案例

海尔制研究

为了更好地沉淀管理体系，并向世界输出中国管理思想与模式，海尔组建了哲学、管理学、经济学、社会学的跨学科专家团队，以参与式研究方式，融入对东西方哲学、文化与企业发展史的透彻理解，形成包含管理哲学、商业模式、战略理论、组织理论、领导理论与企业文化在内的系统化海尔制解读，例如“自以为非”“创造性毁灭”“三环四阶”“人单合一“ “平台小微“等。研究团队紧跟张瑞敏的格局、思维、深度与创新速度，分析海尔历经的五次战略更迭与三次组织转型，从范式层面进行系统化的价值开发。

中石化西北油田，也需要完成一次系统的管理思考。从管理使命与管理信仰出发，解读新时期的石油精神、西北地域特点对管理的要求，挖掘出西北人才的 DNA（脱氧核糖核酸），形成管理价值观与工具体系……这些都是精益化人才智能管理体系能够成功搭建的前提，是未来人力资源管理工作目标、宏观路径与关键举措的底层逻辑。只有拥有坚定的、成熟的、系统的管理根基，才能应对未来管理的全新命题和多重考验。

方向十一：如何提高工作效率

在工业管理时代，生产力研究如火如荼。在互联网时代，这项活动仍然具有价值——组织和管理者仍然需要关注怎样提升工作效率，但更多的是为了“满足人才自己的诉求而不仅仅是组织利益”。例如，马克·比曼基于对人类大脑的研究，得出的结论是：人的正面情绪可以帮助提升洞察力，解决更多问题。道格拉斯·布雷博士投入30年时间，密切关注AT&T（美国电话电报公司）的管理人才，记录他们在技能和创新方面的变化，以发现影响生产率的具体因素。在实践中，谷歌的所有福利项目都围绕着“提升效率、改进合作和创新”三个目的展开。例如，员工在公司剪发、加油、洗衣、修车等可以提高效率，增加有效工作时间。因此，我们希望2030实验室致力于开展互联网时代的生产力研究，进一步释放人才价值。

我们为员工提供很多不同寻常的福利……我们认为在节省员工大量时间、改善他们的健康状况、提高他们的生产效率等福利方面，不能贪小失大。

——谷歌IPO申请书

方向十二：如何把握成长规律

为了改变人才培养像丛林一样的无序状态，以构建精益化人才体系为目标的西北油田，势必要求2030实验室立项研究人才的成长规律。我们的初步思路是：对内外部成功人士开展履历分析和轨迹研究，构建人才培养的时空维度，建立起组织、管理者和员工的多元关系，对优秀人才历经部门、不同时间点的职责、历任管理者、关键行为与绩效表现等因素进行分析，形成可视化成长轨迹和“最佳经历库”，拟合多条推荐的人才成长路径，为后续个性化人才培养奠定基础。

方向十三：如何打破官僚主义

从科层组织迈向自组织，西北油田还有漫长的路要走。这需要我们设置专门的力量来推动。例如，谷歌通过例行活动打破“官僚主义”，鼓励员工说出最令自己沮丧的管理问题，并协助改变现状，这个项目帮助谷歌塑造出高自由度的组织氛围。又如，Spotify为了激发员工的主动精神，花大量时间来辩论什么是“最低可接受的行政管理”。如果员工觉得哪些管理方式是“多余”的，那么经过研究论证，员工将很快“感受不到它”。2030 实验室在执行这项研究时，很可能扮演“颠覆者”“起义军”的角色，希望能够争取到更多支持而非抵制。

方向十四：如何让管理者点石成金

谁的下属成长得最快？谁的团队损耗率低（非晋升情况下离开团队的人少）？谁的团队成为员工向往的“成长加速器”甚至后备人才池（员工认为进入这个团队就等于将获得晋升）？如果允许双向选择，谁的团队人满为患？如果取消管理职级，以团队规模确定领导者（“招兵买马”的能力），谁将是真正的领袖？以上问题，需要 2030 实验室作出研究并回答。在未来可能实现的“用脚投票”选拔真正的管理者的同时，2030 实验室还必须教会员工怎样才能成长为真正的管理者。

此外，有效的人才管理背后必须有对人性的深刻洞见。因此，2030 实验室还将设置基础课题组，研究行为心理学、群体动力学等领域。未来，伴随组织和员工需要的变化，还将产生新的研究方向，例如兼职员工激励、OD（组织发展）职能引入（组织发展领域）、薪酬边际研究等。我们确信，随着管理越来越科学化，2030 实验室也将越来越繁忙！

第七章

卓越塔河：人才成长路径导航

对待特殊人才要有特殊政策，不要求全责备，不要论资排辈，不要都用一把尺子衡量。

——2016 年 4 月 19 日，习近平在网络安全和信息化工作座谈会上的讲话

培养选拔优秀年轻干部要放眼各条战线、各个领域、各个行业，注意培养有专业背景的复合型领导干部。

——2018 年 7 月 3 日至 4 日，全国组织工作会议召开，习近平出席并发表重要讲话

基督教徒信奉一句话：God has a plan for me（上帝对我有安排）。从管理的角度来诠释，这体现出个体对组织的文化自信，每个组织都应追求如此，人才体验不容忽视。

作为人才体验的核心，人才培养必须通过清晰的成长规划、个性化的培养设计和持续的组织支持来实现。这要求我们把员工的个性化诉求当作客户需要来细分对待——新进员工的入职引导、已育员工的职业诉求、资深员工的晋升预期、中年骨干的成长需要等诸多方面，是已经高悬在 HR 头上的达摩克利斯之剑。如果用本书前文提及的“员工旅程”来形容人才职业生涯全周期，那么人才最需要的就是能够引领成长的“百度地图”。

因此，本章希望能够为员工设计一张人才管理的智能化专业地图——帮助员工“各走各的路”。作为人才管理智能化体系的关键载体，这个思路始于我们相信，人的成长有科学的规律可循。华为在形成“人才管理纲要 2.0”的过程中，非常强调“人才管理的未来必须基于对过去成功的深度复盘”。纵观领先组织的人才培养体制，也都离不开分析人才成长规律和提炼经验路径与模式。因此，我们有信心发现西北油田的人才成长规律，找到有效培养人才的“捷径”。我们希望达成两个目标：一是将人才成长路径从 3 条通道（3

个序列）扩充到 N 条最优路径；二是形成支持导航服务的“智能人才地图”，从而共同支撑人才管理的“生聚理用”。本章结构图如图 7-1 所示。

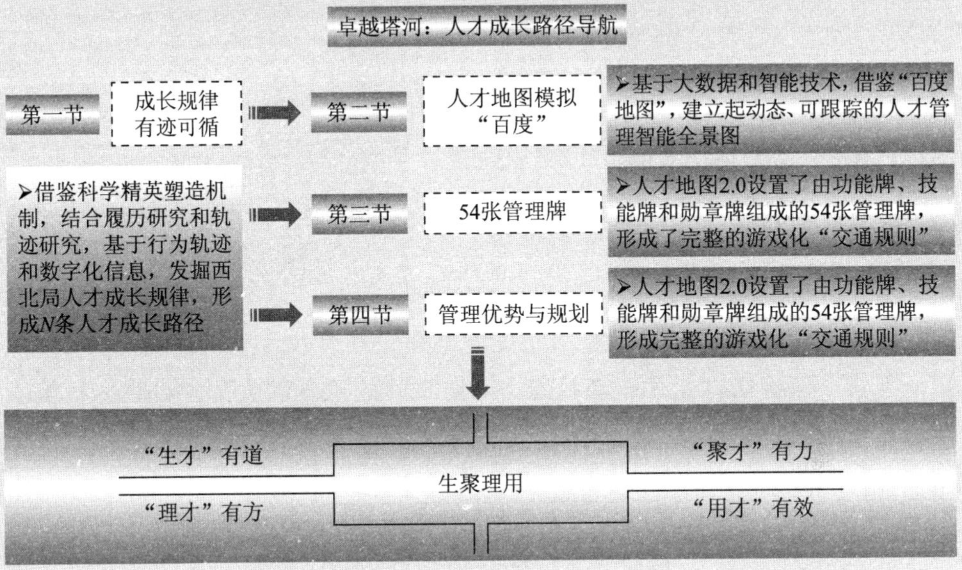

图 7-1　本章结构

第一节　成长规律有迹可循

德鲁克曾提到，有七段经历促使他不断突破自我，有所成就，如表 7-1 所示。每一段经历都赋予他新的能力和方向。这位管理大师的自我分析提示我们：把握并尊重人才成长规律，是培养人才、凝聚人才、有效发挥人才作用的前提和基础。[①②]

表 7-1　德鲁克的七段经历

序号	经历类型	具体经历	经历价值
1	典范人物	威尔第[①]教我确立目标和愿景：追逐完美	学会自我约束、追求完美
2		菲迪亚斯的教诲：众神看得见	
3	转换领域	当记者，立下持续学习的决心	持续学习新领域，构建自己的知识体系
4	借鉴方法	主编的教诲启发我阶段性回顾过去并订定未来计划	保持思维活跃、增长知识
5	挫折与自我更新	提拔意味着新考验，履新后需积极思考、做正确的事	不进则退、要不断挖掘潜力
6	借鉴方法	耶稣会和卡尔文教的教诲：每做一个决策，对照预期和实际，有助于了解自己的长短处	用正确的方法持续学习
7	典范人物	熊彼特[②]年轻和年迈时不同的目标	确立人生价值标准：只有改变别人生活才有意义

① 著名的意大利作曲家，以歌剧《弄臣》《茶花女》《奥赛罗》，声乐曲《安魂曲》等作品流芳于世，被誉为19世纪最顶尖的歌剧作曲家之一。一生著作辉煌，并在80岁高龄时还不辞辛苦地完成了《福斯塔夫》这一难度极高的格局。他曾表示，自己作为一名音乐家，毕生都在追求完美，可完美总是躲着他，觉得自己完全有义务再试一次。

② 一位有深远影响的政治经济学家，被誉为“创新理论”和“商业史研究”的奠基人，与同时代的凯恩斯比肩齐名。代表作品有《经济发展理论》《资本主义、社会主义与民主》《经济分析史》。他年少时的目标是留下自己的名声，成为欧洲最伟大的情圣和欧洲最伟大的骑师——也许还有世界上最伟大的经济学家。年迈时，他想留下的名声是一位培养出六七名一流经济学家的教师。

一般而言，成长规律的研究有三种类型：第一种以履历分析为主，提炼群体经验。第二种是基于时间序列分析的跟踪研究，通过挖掘动态规律，可以得出更令人信服的结论，以 BBC（英国广播公司）研究社会阶层固化与升级的《人生七年》[①] 和哈佛研究《幸福的成因》[②] 为例。第三种属于管理学研究范畴，即在特定组织管理情境下研究轨迹与目标。这类研究拓展了成长规律的研究范畴——不仅仅包括人，也包括组织。例如，《战略与结构：美国工商企业成长的若干篇章》就是研究大量组织的结构变迁是如何跟随战略、支持战略的。对以上三类经典研究的回顾与借鉴，将帮助我们形成分析西北人才成长规律与成长路径的技术路线。

科学界的精英

秉承与我们相同的目标——鉴古知今以飨来者，许多学者分析诺贝尔奖获得者、著名科学家、美国总统、中国企业家等群体的成长规律，希望通过履历研究，识别关键成长要素，为未来的“人才辈出”打造环境。

在《科学精英是如何造就的》[③] 一书中，研究者精心编制了“诺贝尔自然科学奖获得者概要”等 18 个附录，提出并论述了获得者创造峰值及其获奖成果的产生机制，透彻、生动地阐释了这些科学精英的共同经历。具体如图 7-2 ～图 7-5 所示。

---

① 研究选择14个不同阶层的孩子，分别代表当时英国不同社会经济背景的阶层。研究作出了明确假设，即每个孩子的社会阶级预先决定他们的未来。研究于1964年开始进行跟踪拍摄，每七年，导演迈克尔 • 艾普特从14位参与拍摄的参与者生活中取材记录一次，一直到2012年完成了56岁的拍摄，所以这个研究又称《56Up》，被评为全球最伟大的50项研究之一。

② 是哈佛大学于1938年开展的一项成人发展研究，计划用75年时间跟踪724位男性的一生，记录他们的工作、家庭、健康，观察他们的人生走向，分析幸福的成因。这些男孩分为两组：第一组是哈佛大学的学生，另外一组是来自波士顿贫民区的孩子。研究人员每两年会请他们做一套个人生活调查问卷，持续采访他们的家庭（尤其是他们的妻子和孩子），并向医生申请他们的病例。完成研究时，连研究人员也已经到了第四代，试验数据累积了几万页。科学家最终公布的结果是：决定人生幸福的，不是钱、名利、工作，而是良好的人际关系。

③ 2011年，复旦大学出版社出版，作者陈其荣，廖文武。本书以STS（意法半导体集团）的新颖学术观点解读了为世人所瞩目的诺贝尔自然科学奖，并通过对诺贝尔自然科学奖获得者创造峰值及其获奖成果的社会确认、诺贝尔自然科学奖与跨学科研究、与世界一流大学、与创新型国家等方面的考察和分析，剖析了作为科学精英的诺贝尔自然科学奖获得者是如何造就的这一主题。

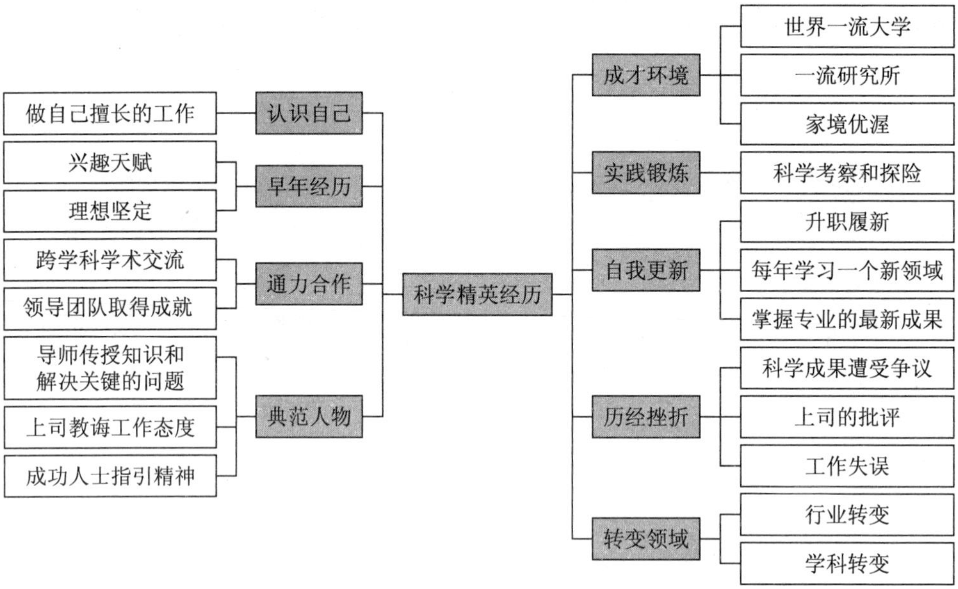

图 7-2　科学精英是如何造就的

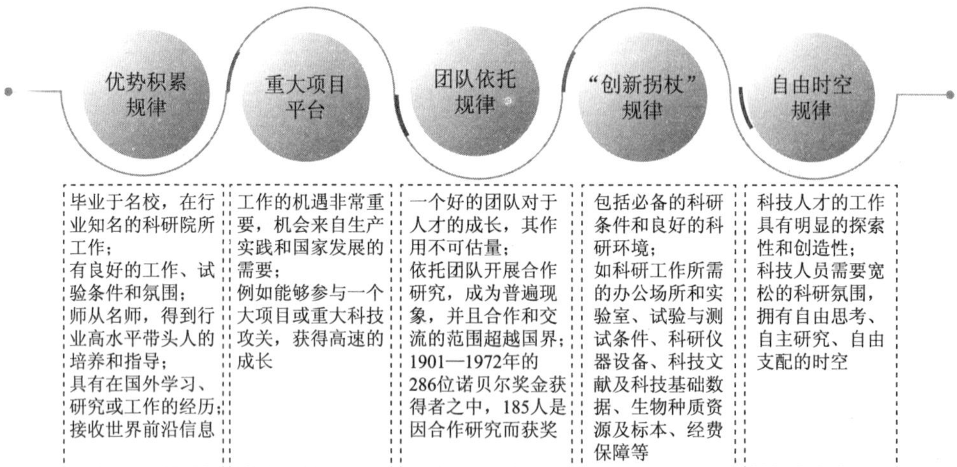

图 7-3　科学界精英的塑造机制

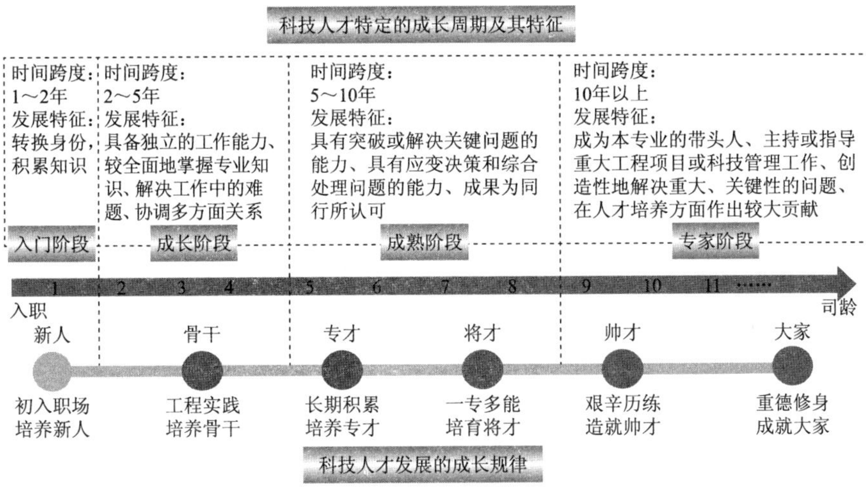

图 7-4 成长周期与成长规律

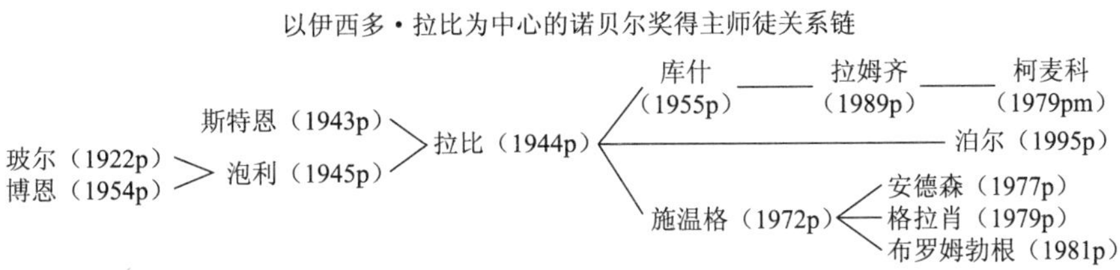

注：括号中的数字表示获奖年份，字母表示不同奖项；P为物理学奖，pm为生物或医学奖。

图 7-5 优势积累规律——“诺贝尔奖”师生关系链

在《科学精英：求解斯芬克斯之谜的人们》一书中，研究者运用科学史的研究视角总结出 44 位科学精英的成长履历，涵盖物理学、数学、化学、生物学、地质学、天文学等学科，提炼出 10 项关键影响因素，如表 7-2 所示。

表 7-2 科技创新的 10 项关键影响因素

序 号	共 同 因 素	重要性（5 分制）
1	一流大学的教育	4.45
2	大师 / 名家的指导	4.42
3	跨学科研究经历	4.36
4	研究场所 / 团队曾经造就精英、获得著名成果	4.21
5	能参与发挥个人作用的项目	4.12
6	终生学习的能力	4.07
7	扎实的专业基础	3.87
8	团队协作	3.84
9	分析及解释数据的能力	3.83
10	运用现代工程设备、软件及工具的能力	3.76

在《为什么美国盛产大师：20 世纪美国顶尖人才启示录》一书中，研究者分析美国总统的相似经历，发现他们大多出自名校的热门专业，普遍拥有从军经历，大多首先在政坛之外培养才干（靠专业起家），然后从非政府机关走向仕途，并且都经历过相关职位间的平级调动，其中担任过联邦或州议会议员的人士占一半以上。

创新领导力中心[①]（Creative Leadership Center， CCL）通过调研发现，驱动中国企业家领导力发展的关键经历有七项，如表 7-3 所示。

表 7-3　驱动中国企业家领导力发展的七项关键经历

经　　历	重要度 /%	经 历 描 述
扭转局面	33	指管理者临危受命，扭转困难的局势，并最终取得成功。典型的困境主要包括：市场份额直线下降，销售业绩低迷，需要优化操作流程，遇到技术挑战，受挫的客户关系和团队士气低落
错误和失败	27	指管理者从自己或其他同事在工作上所犯的错误中学习、进步。在有些情况下，这些错误会直接导致设定的目标无法达成，这类事件包括：技术上的错误，处理员工时所犯的错误，由于缺乏经验而犯的错误，等等
职位扩展和升值	22	指管理者在技术或管理方面承担的责任明显增大，例如管理额外的项目，因为升职而管理更多的员工，提拔到管理岗位以及在其他职能方面被授予更多的责任
新任务	20	指管理者发起或参与创新，或者开展新业务，例如开发新产品、体制或服务，将业务扩展到新市场，引进吸引并留住客户的新方法
早期经历	18	指管理者早期的职业或生活经历，例如早期学徒经历，早期从事的较低层次的工作，做技术人员的经历及早期的家庭教育
组织变革	18	指管理者积极参与或被动接受组织的变革。这些变革主要发生在中国进行经济改革、走市场化路线的背景下，组织从国有性质转变为私有的过渡时期。管理者也从并购、公司上市、部门或分公司体制改革等事件中学到了很多
典范人物	18	指管理者以他人为典范，受他人行为的影响。典型的典范人物是管理者的上司，也可以是管理者的朋友、父母和公司 CEO

此外，《天才和杰出成就》[②] 聚焦 300 位历史名人；《日轮马车：首相

① 创新领导力中心成立于1970年，是一家总部在美国的提供领导力教育、研究以及咨询的非营利性专业机构。在美国的《商业周刊》对商学院和一些专门的研究与培训机构的排名中，领导力的专项研究领域CCL位列第一。CCL和中欧国际工商学院共同开展了LOE中国项目，并发布项目报告《培养21世纪的中国领导者》。

② 罗伯特 • S. 艾伯特. 天才和杰出成就[M].方展画，顾建民，译.杭州：浙江人民出版社，1988.

与求爱》分析了英国 1900—1942 年间所有的首相……这些研究，都试图发现人才成长的客观规律，希望复制其中最有价值的环节，为后人提供标杆价值和成长导航。

西北油田路径分析

当我们从广泛的社会视角切换到组织场景，也会发现组织中每个员工都创造了独特的个人成就曲线：有些人起初快速起步，然后停滞不前；而另一些人能加快步伐，始终保持昂扬向上的气势。**差异化的客观管理情境，带给我们天然的实验条件，支持我们对人才成长与培养规律一探究竟。**

联想人才经验地图

联想人才经验地图，是分析成长规律的典型的管理学研究。联想认为，一个普通员工成长为一个高层管理者所必须经历的典型岗位经验有 9 种。这一经验地图可以为继任者提供有的放矢的任前培养，精确填补缺少的岗位经验和相应技能。具体如表 7-4 所示。

表 7-4　联想集团的人才经验地图

经验类型	典型岗位	解　　释
前端	销售、营销、一线服务	有直接客户界面类的岗位，了解客户对公司业务的直接感受，体验业务增长压力，了解战略对一线究竟意味着什么
后端	职能类、产品研发类	非客户界面类的岗位，作为公司内部运营的一部分，了解业务协作，提升服务意识，等等
损益管理（P&L）	区域总经理、地区经理	负责价值链端到端的所有环节，完成价值创造的全过程，既掌握资源，也要对业务损益负责
扭亏为盈	亏损企业总经理	面对业绩下滑，在时间压力下完成对组织、团队、个人方面的困难决策，考验个人毅力
新市场开拓	区域总经理、新产品市场负责人	根据对市场机会的判断，通过多种途径与当地政府、企业打交道，获取或储备关键资源，以多种市场策略发展客户
国际外派	海外岗位	长期或短期国际外派
带团队	高级经理、副/总经理	管理一个团队，有多个下属；或管理多个团队，平衡团队间的需求
全球项目	商务谈判、兼并收购	完成跨区域、跨职能的项目，持续时间超过一年，如主持或作为主要成员参与重大项目的商务谈判、招投标
总部战略岗位	战略规划、人才培养	在总部担任负责全局性工作的岗位，具有战略价值和全球视野

西北油田路径的研究路线

西北油田实践：人才培养加速器

在目前的人才培养工作实践中，西北油田已经着手研究人才成长路径，把握住关键“规律”，虽不够系统，但已初见成效。

例如，为加快青年人才梯队建设，西北油田搭建了“雏鹰工程”“雄鹰工程”“翱翔工程”等“快车道”。首先，通过“雏鹰工程”为新入职员工科学设计3～5年职业生涯规划，借助大数据分析，开展人才成长轨迹研究，识别人才成长优势路径，做到“比员工更了解员工自己”。其次，当员工进入职业生涯下一阶段，西北油田通过“雄鹰工程”识别高潜质优秀人才，开展“30-”计划，建立30岁以下青年人才储备库，由所在单位领导、专家负责跟踪联系，定期指导帮扶，使优秀年轻人才脱颖而出。最后，通过实施“翱翔工程”，为青年技术人才提供更大的发展空间：设立青年科技人才创新专项经费，资助自主研究，并在室内实验设备使用、现场试验、外出调研、学术交流机会等给予支持。

此外，为拓展出更多的成长路径，西北油田不断完善培养开发机制。例如，创办具有西北特色的“塔河学院”，以企业内部专家、知名高校教授、专业培训师为师资，通过实战模拟、行动学习等实效性教育手段，针对西北课题、响应西北需求，逐步形成多元化企业内部培训体系。又如，通过一系列措施实施“产学研用”一体化协同育才，加强与石油高校的合作，支持在校研究生来油田实习，吸引优秀博士生参与科研攻关，推进西北油田与科研院所、总部机关、地方政府之间的人才互派交流、挂职培养和项目合作，实现西北油田内部生产、科研、专业化单位之间常态化挂职锻炼、轮岗交流……

在目前实践的基础上，在外部研究的启发下，我们计划将履历研究（针对过去）和轨迹研究（针对现在和未来）相结合，运用对照、访谈等管理学研究方法，综合构建技术路线。我们共设计以下五个步骤，基于行为轨迹和数字化信息，发掘西北人才成长规律，形成西北人才成长路径。

第一，“成功人士”履历分析。通过对评价者的个人背景、受训经历、工作经验、工作业绩、相关工作背景、生活经历等进行分析，结合过去的结构化数据（如工作业绩、出勤记录等），以及非结构化数据（如述职报告、自我工作小结等），提炼重要经历和关键能力特征。

第二，人才发展轨迹建模。维护人员轨迹数据库，全面收集组织机构变迁历史、全员工作经历（包括轮岗、进修、挂职、晋升、离职/调离至系统内其他单位等所有岗位变动情况）、各期间的管理关系、绩效表现、创新成果与奖项等多维度、时空化数据。

第三，分组实验迭代规则。通过对比和归类成长路径、变换培养路径、细分岗位经历、调整经历顺序与周期等方式，选取有区分度的、关键节点性经历事件，提炼机制设计的依据。

第四，描点连线拟合路径。将节点性工作经历、成功事件组合、关键素质和行为输入，分析得出具有预测性的、一致性较高的多条优势路径。

第五，对接个性特征。在已有的多条优势路径的基础上，进一步研究出不同专业、不同特质、不同职业阶段、不同年龄阶段、不同岗位、不同家庭背景等多元化、个性化的路径匹配规则。

成长路径研究路线设计如图 7-6 所示。

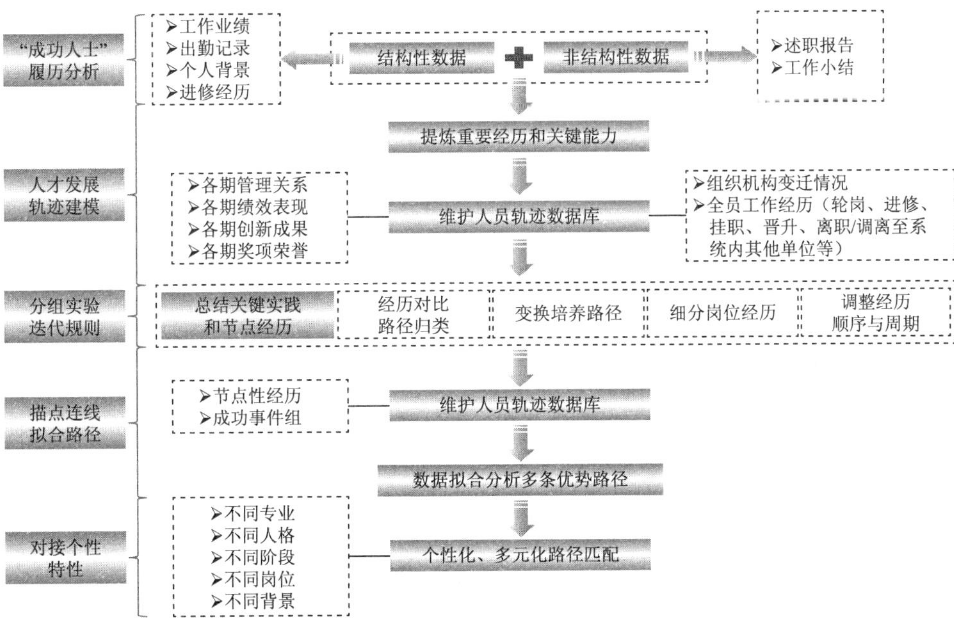

图 7-6　成长路径研究路线设计

第二节　人才地图模拟“百度”

在人才盘点之后，西北油田形成人才地图 1.0。人才地图 1.0 属于传统人才地图，以描述性为主，呈现内部人才分布，针对员工总体的数量、素质、潜力等人才现状和人才缺口，**解决人才管理的“摸底”需要**；但是很难具体到某一位员工的培养方案，也难以在培养过程中动态地、个性化地配置工作与支持，因此**尚未满足人才的“培养”需要**。如果我们以产品化、客户化的角度来思考，这个版本的“地图服务”确实不够智能化和精细化。

因此，在分析人才成长规律、科学设计成长路径之后，我们计划设计并开发人才管理的 2.0 版本。

总体设计思路

人才地图 2.0 将基于大数据和智能技术，借鉴“百度地图”和交通术语，从回答“谁在驾驶、谁看地图、如何驾驶”等一系列问题入手，建立起动态、个性化、可跟踪的人才管理智能全景图。

一张地图：以“一张地图”呈现人才选、育、用、留的组织管理全貌，增强管理体系一体化的合力。

两条主线：以里程和油耗作为衡量人才价值、合理分配资源的两条主线，识别人力投资回报率高、绩效表现优秀的人才，为其匹配个性化的成长资源，助力职业发展。

三个体系：以开放的产品心态和用户体验思维，将功能、技能、勋章三大体系设计组合成 54 张人才牌，激励员工做出符合组织和自身期待的工作行为。

四项目标：以人力盘点和人力分析为基础，以人才导航为主要目的，通过员工和管理者的双向互动，使人才培养实现路径化、科学化、智能化、游戏化。

五条价值观：以新员工入职导航，畅通人才成长渠道，综合评价高潜人才，引导组织资源全面释放，鼓励员工自我管理五项价值突破为基础，展开对智能化、精益化人才管理体系的探索。

人才地图的设计思路如图 7-7 所示。

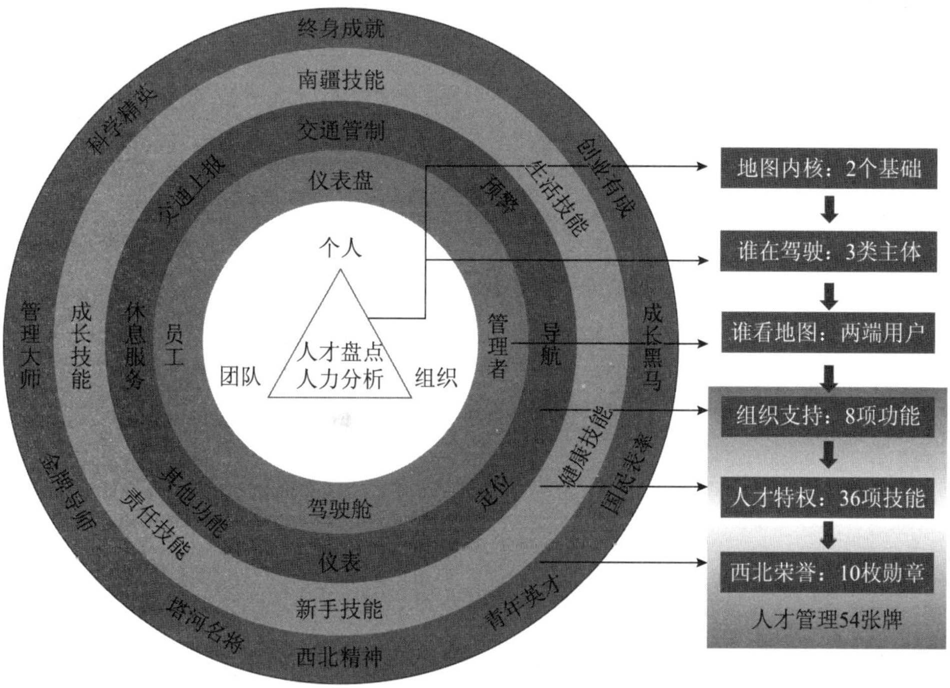

图 7-7　人才地图的设计思路

人才地图 2.0 可以同时为个人、团队和组织三类主体提供服务。它是员工的仪表盘，以里程和油耗衡量成长效率；也是管理者的驾驶舱，支持管理者跟进管理每一位员工的成长，关注“老司机”和“停车场”两个名单；通过强大的后台分析功能，人才地图还可以为组织构建素质模型、总结成长规律、识别最优结构、发现潜在风险，有力支撑智能化人才管理体系。具体如图 7-8 所示。

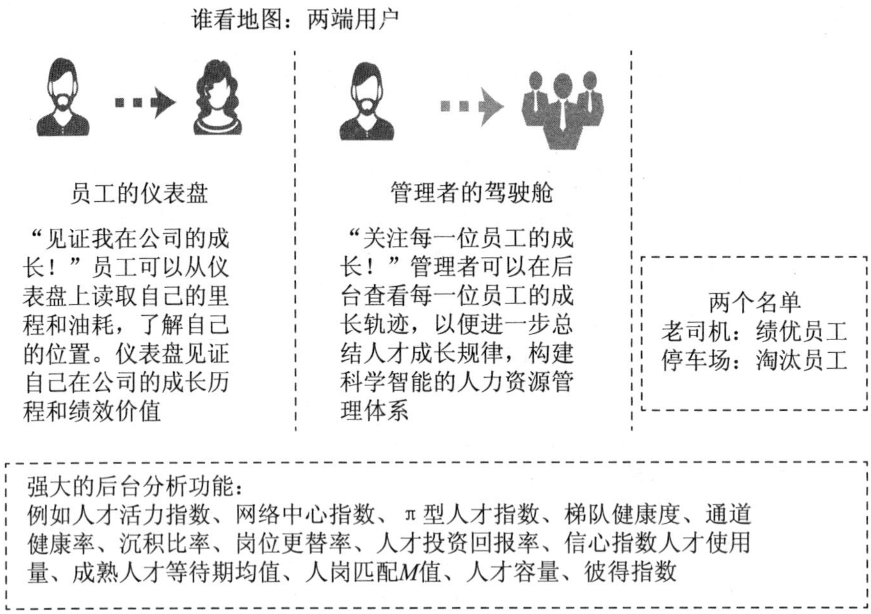

图 7-8　仪表盘与驾驶舱

体系与规则

人才地图 2.0 由功能、勋章和技能三大体系组成，服务于人才价值最大化的准则。

功能体系通过输入员工基本信息、里程和油耗等，针对每个用户的发展需求，为其提供职业导航，规划最优成长路径，提供更加即时、精准、个性化的人才培养服务。

勋章体系通过 10 项西北荣誉勋章，引导人才成长方向，以里程奖励和技能解锁强化关键行为。

技能体系分为新手技能、成长技能、生活技能、南疆技能、健康技能、责任技能 6 类、36 项技能，涵盖从新员工入职引导到离职 / 退休的完整职业周期，从工作环境到家庭生活，从福利待遇到责任承担，等等，全方位改善员工成长体验，提升员工的成长效率。人才地图的系统蓝图如图 7-9 所示。

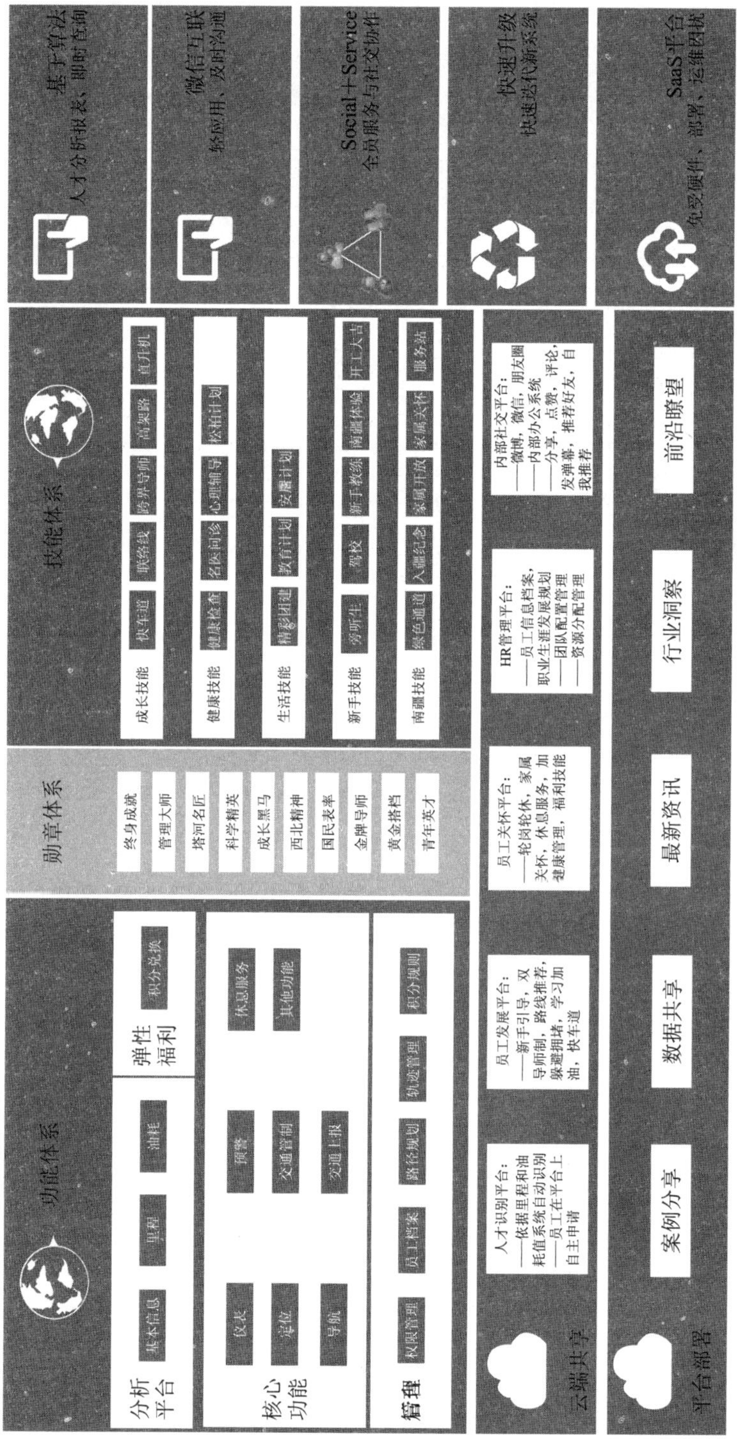

图 7-9　人才地图的系统蓝图

增加里程和减少油耗是地图的两项核心交通规则，激励用户（员工）遵守规则、勤奋高效地工作。在功能、技能和勋章的体系规则下，多种因素会影响里程值。其中，开启新功能、解锁新技能、获得西北荣誉勋章等，可以直接获取里程奖励；另一些因素通过改变里程系数加速获得奖励。同时，停车场、慢车道等功能的使用、部分技能的冻结、部分勋章的收回等，也会扣除相应里程值或降低里程系数，对员工形成有效的约束。人才地图基本交通规则如图 7-10 所示。

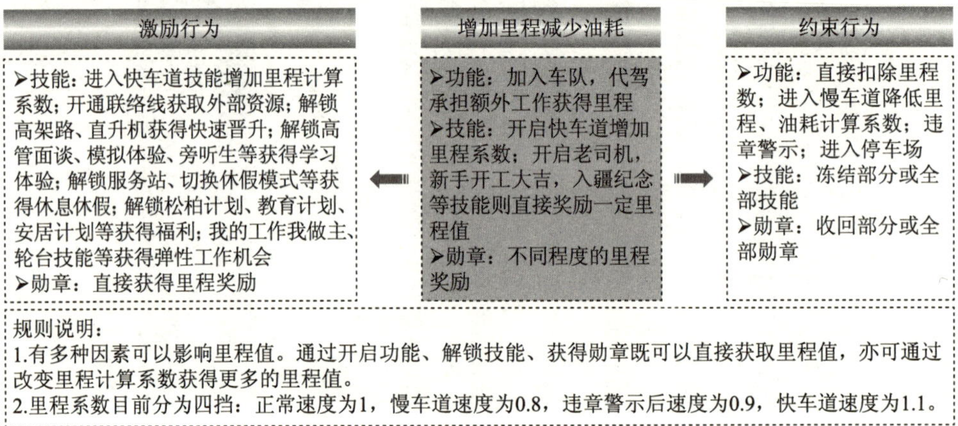

图 7-10　人才地图基本交通规则

第三节　54 张管理牌

基于里程和油耗的积分体系，我们为人才地图 2.0 设置了由功能牌、技能牌和勋章牌组成的 54 张管理牌，以游戏化思维激励并约束员工。

总体而言，功能体系类似于“基本”管理平台，为人才提供基于组织规则的、覆盖全员的“地图”服务（例如，导航功能）；技能体系类似于“特殊”管理机制，为符合条件的人才提供“特权”服务（例如，加油站的绿色通道）；勋章体系类似于奖励体系，为作出贡献、值得认可的人才提供“荣誉”（例如，出租车司机中评选出“服务之星”）。如果类比游戏中的元素，技能相当于“角色技能”或“道具”，勋章体系相当于“等级”或“封号”。

功　能　牌

功能体系是覆盖人才管理的选、育、用、留的完整模式，包括仪表、定位、导航、预警、交通管制、交通上报、休息服务和道路协作 8 项一级功能，以及 22 项二级功能。22 项二级功能（详见附录 4）分为面向全体员工的基础功能和面向符合条件的部分员工的条件功能。功能体系是人才地图畅通发展通道、解决管理难题、实现个性化培养的“基础设施”。功能体系概览和图 7-11 所示，8 项“功能牌”定位如图 7-12 所示。

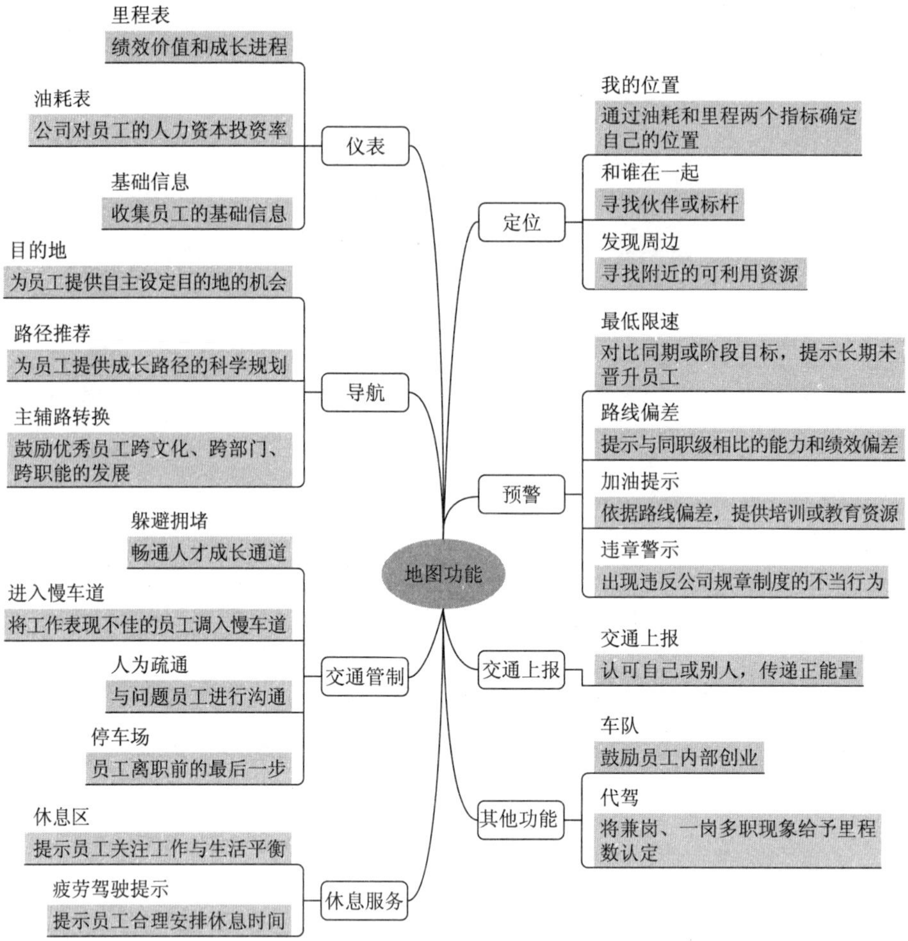

图 7-11　功能体系概览

仪表	通过里程和油耗体现员工的成长历程与绩效价值
定位	通过我的位置，和谁在一起，发现周边三大功能，帮助员工了解自身和周边信息
导航	包括自主设定目的地、路径推荐、主辅路转换功能，基于数据为员工职业成长进行导航
预警	对员工的晋升速度、能力差距、违章行为等进行提示和引导
交通管制	对晋升拥堵、绩效不佳等问题进行调解和处理
交通上报	认可自己和他人的经验分享，传递正能量，并对工作中的不满进行申诉
休息服务	为可能需要休息以及有平衡生活需要的员工进行休息休假管理
其他功能	可以发布和参与其他工作项目，可以兼岗或一岗多职，均可获得额外里程数的认定

图 7-12　8 项“功能牌”定位

技　能　牌

技能体系分为新手技能、成长技能、生活技能、南疆技能、健康技能和责任技能六类（图 7-13）。新手技能针对新员工提供入职引导，以完成任务的游戏化导向帮助其快速熟悉工作岗位和公司环境；成长技能帮助员工实现职业成长，如匹配跨界导师培养多元人才、开通联络线、提供外部学习资源等；生活技能将对员工的关怀延伸到健康管理、家庭与生活的平衡等，竭力提升员工体验；南疆技能提供特殊关怀，为南疆员工提供倾斜政策；责任技能将员工的福利和责任进行统一设计与管理。

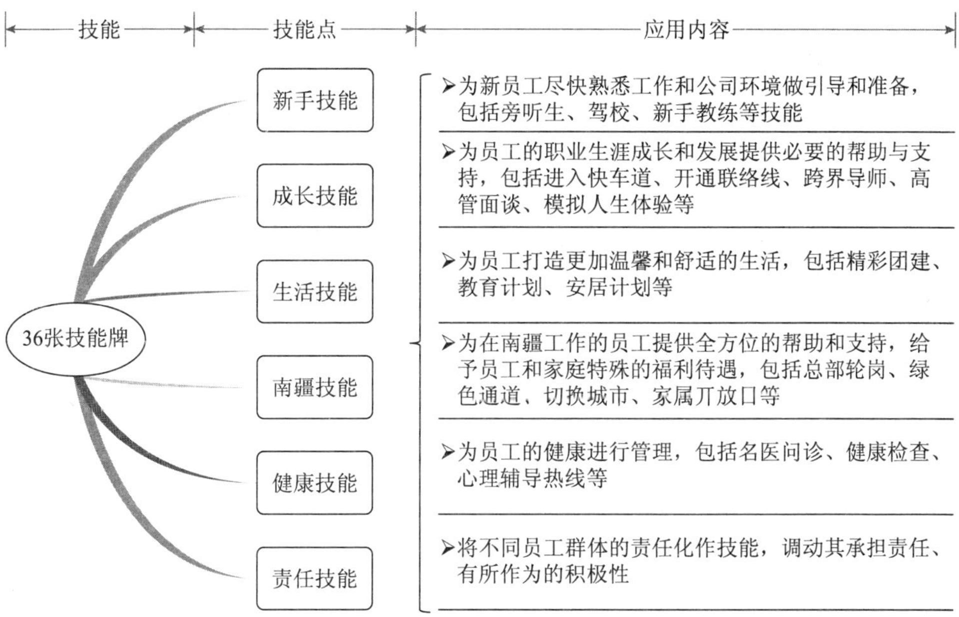

图 7-13　六类“技能牌”

六类技能牌包括 36 项二级技能（详见附录 5），针对不同职业序列、不同成长阶段、不同里程 / 油耗标准的员工定向解锁。

勋　章　牌

勋章体系是西北荣誉体系，设置 10 枚勋章，包括青年英才、金牌导师、西北精神等，是对员工工作价值和职业成长的肯定，具体如表 7-5 所示。伴随着勋章成就，员工可以获得技能解锁或里程奖励。

表 7-5　勋章体系定义

勋　　章	关键行为	里程奖励
青年英才	年龄 30 岁以下，里程值提升率和油耗降低率年度值位于前 10%	解锁“快车道”技能，1 年有效
塔河名匠	工龄 3 年以上，技能序列的前 5%	每次获得 100 里程奖励
成长黑马	里程值提升率、油耗降低率年度值均位于 5% 的员工	每次获得 50 里程奖励
科学精英	工龄 3 年以上，技术序列的前 5%	每次获得 100 里程奖励
管理大师	工龄 3 年以上，管理序列的仪表值超过 1 万的，授予勋章	每次获得 100 里程奖励
西北精神	年度获得地区级、集团级嘉奖，例如被选为 ×× 代表，×× 榜样的人	每次获得 100 里程奖励
国民表率	年度获得国家级嘉奖，例如被选为 ×× 代表，×× 榜样的人	每次获得 150 里程奖励
金牌导师	培养的学生数量超过 ×××，且学生中里程数排名有位于公司前 10% 的人	每次获得 100 里程奖励
创业有成	内部创业项目的成果获得认可，量化成里程作为奖励	团队负责人内部分配里程
终身成就	司龄每满 5 年进行 1 次里程值奖励，每次增加的里程数即为司龄的 10 倍	设置 50、100、150 三级标准

第四节　管理优势与规划

人才地图 2.0 体现出西北油田对管理智能化、精细化、路径化、游戏化的探索。作为“互联网 +”智能 HR 的前端产品，地图同时实现了云端平台部署和内部社交布局，为未来打造 3.0 版本，实现人力数据共享、行业信息洞察、人力资源共享等功能的完善和产品化，提供了高潜力的新起点。

人才地图 2.0 优势

人才地图 2.0 优势如图 7-14 所示。

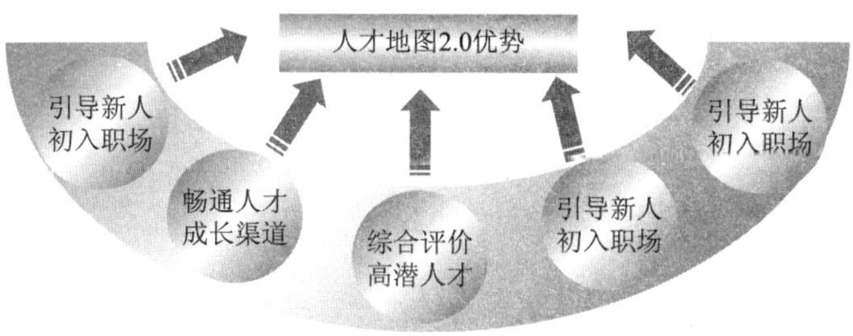

图 7-14　人才地图 2.0 优势

引导新人初入职场。地图针对新员工入职场景，通过游戏化形式发布引导性任务，帮助新人快速熟悉公司环境和进入工作角色，降低职场初期迷茫感，优化新人入职体验。如图 7-15 所示。

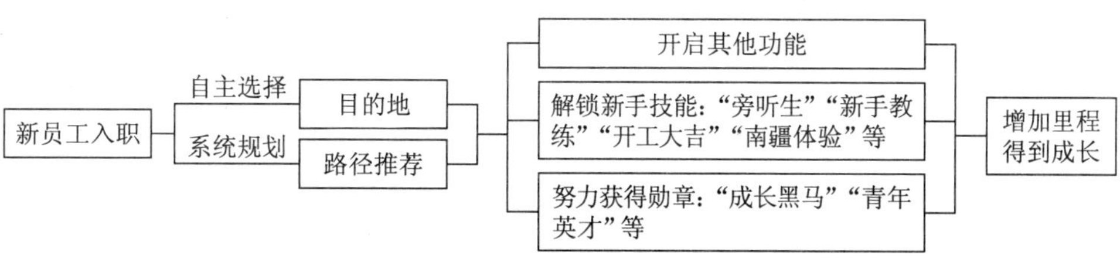

图 7-15　优化新人入职引导

畅通人才成长渠道。地图着力解决人才积压问题，对员工的成长路径进行合理规划。例如，它能够提示绩优员工最低限速和躲避拥堵；帮助开启快车道技能，鼓励持续努力，突破职业瓶颈；引导突破专业壁垒，向拥挤程度较轻的职业序列转岗发展。针对绩效不佳的员工，地图为员工解锁“慢车道”和“人为疏通”等功能；必要时给予违章警示，调入“停车场”等。依靠这些功能，地图 2.0 能够支持西北油田打造出“能上能下”“能快能慢”的人才成长管理体系。畅通人才成长渠道如图 7-16 所示。

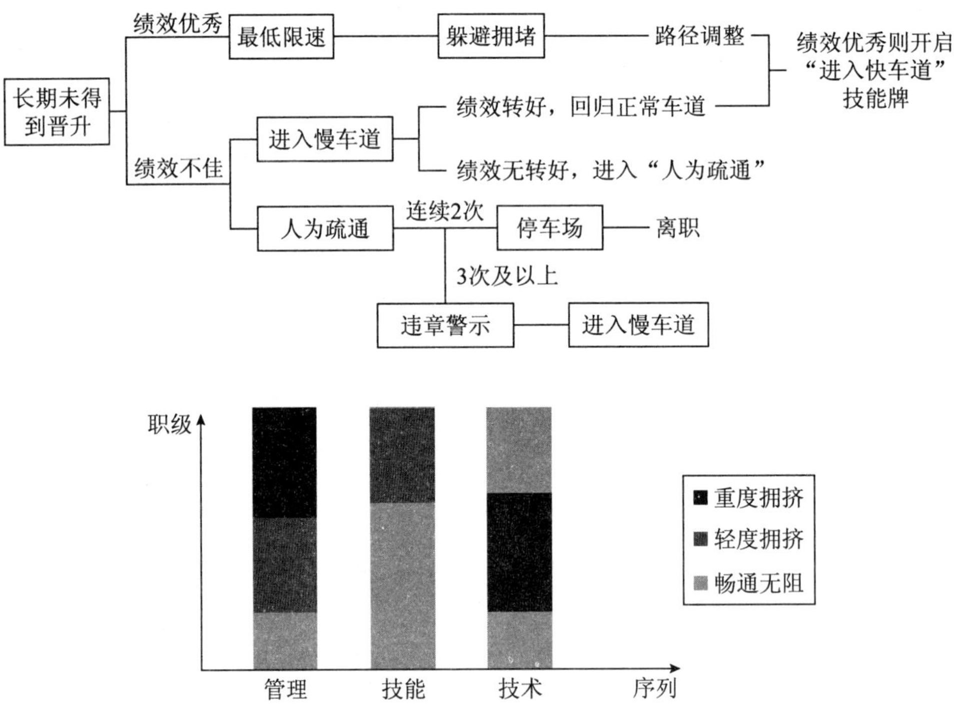

图 7-16　畅通人才成长渠道

综合评价高潜人才。地图通过构建基于里程—油耗的积分规则体系，结合绩效价值和人力投资回报率等指标，自动识别高潜人才，并进行重点培养和管理，为其开启特定功能与技能，帮助其实现职业成就和个人发展，颁发荣誉“勋章”。地图能够生成“白名单”（绩优的“老司机”）和“黑名单”（有淘汰风险的“停车场”），清晰展现人才分布，告诉管理者应当重点培养谁、应该准备淘汰谁。综合评价高潜人才如图 7-17 所示。

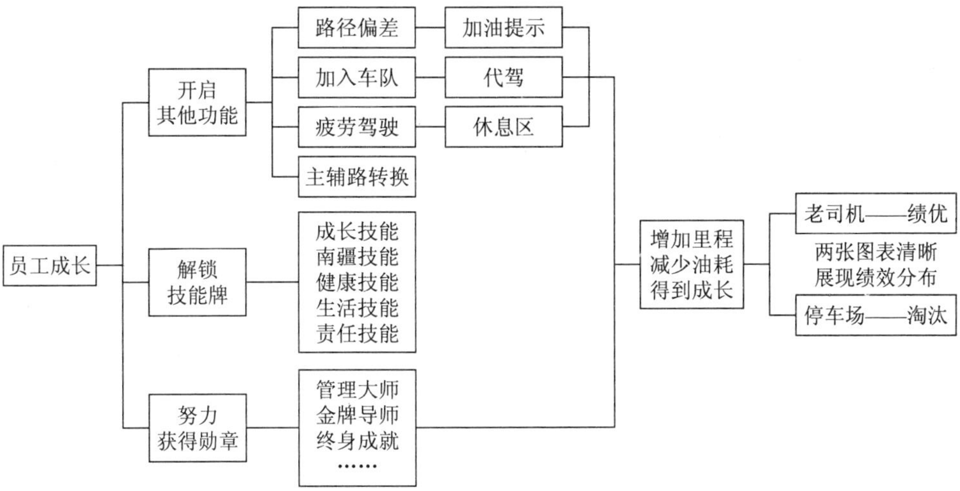

图 7-17　综合评价高潜人才

组织资源全面释放。地图通过专业的管理平台、开放的社交平台、智能化的自助平台以及开放的云端应用，整合并释放组织资源，精准对接人才成长需求。组织资源全面释放如图 7-18 所示。

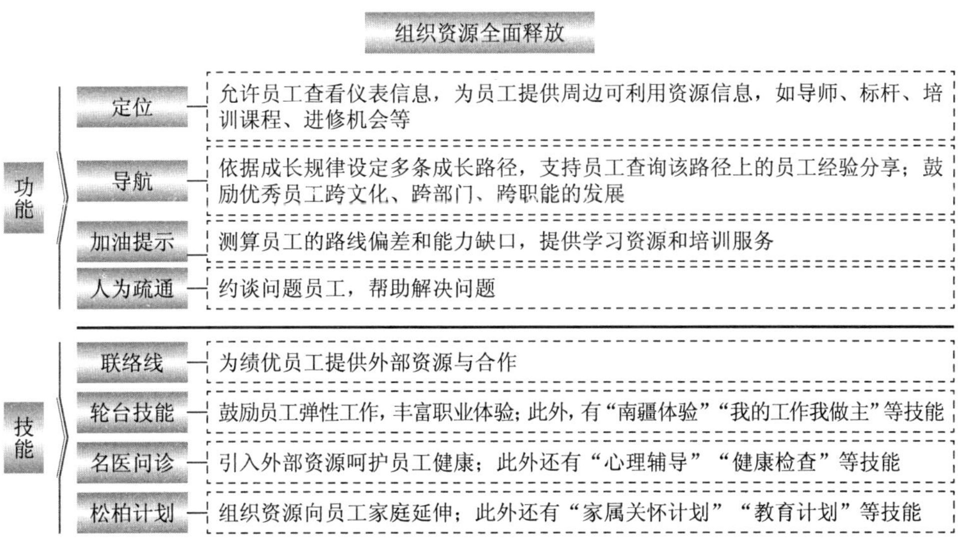

图 7-18　组织资源全面释放

引导员工自我管理。地图为每一位员工打造“陪伴式”的智能助手，借助开放透明、社交化、智能化的全员自助服务平台，让员工全程、主动地参与人才管理，在提升员工满意度和幸福感的同时引导员工发掘自我成长需求，积极主动匹配资源，创造最大化的绩效价值和投资回报率，实现自我管理和自主成长。引导员工自我管理如图 7-19 所示。

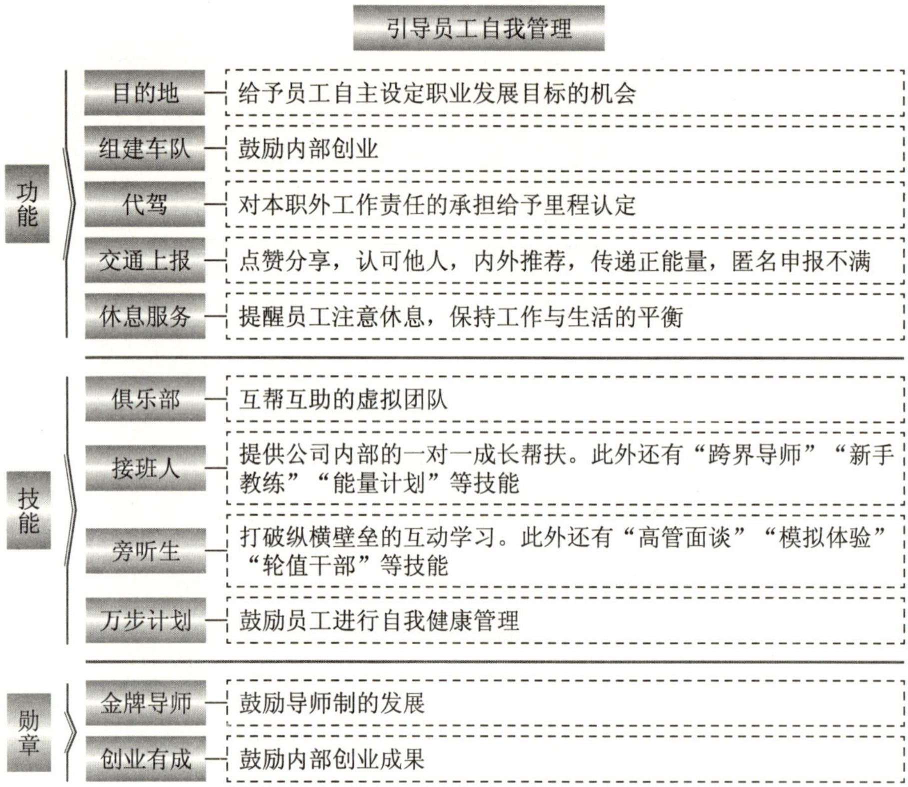

图 7-19　引导员工自我管理

人才地图 3.0 展望

面对时代对人才管理提出的全面挑战，聚焦西北油田的管理典型需求，未来，人才地图 3.0 将继续落地“战略引领、数字驱动、全员互联、社交协作”的“产品”理念，探索“游戏管理、开放用人、平台创业”等生态模式，构筑新的智能化价值。除以更加强大的后台分析支撑更加长远的人才战略外，我们还应主要考虑以下三方面的地图“升级”。

首先，引入游戏化管理，开通“升级打怪”模式，以成长体系替代职级体系。人才地图 3.0 将积极引入游戏化的机理和元素，尝试游戏化思维对管理体系的全面改造，力争恢复员工对工作意义和自身价值的原始追求，形成人才激活和自我驱动的隐性系统。同时，后台将从游戏机制中获得大量的思维、行为等数据，将有助于持续寻找工作优化的突破点和创新点。

其次，实施无边界用人，分析外部人才“热点”，以开放用人盘活人力资源。人才地图 3.0 将对接外部人才市场，促进工作—人才在更广阔范围内的精准匹配，推动内外部人才循环。在这项功能的支撑下，西北油田将利用最合理的用人成本、依靠最优秀的人才做事、点燃最关键的少数员工、打造最精简的人才团队。

最后，将人才地图产品化，打造人才高能时代的明星产品。经过西北油田的打磨和调试后的人才地图 3.0，如果能够推向市场，为更多企业用户提供人才服务，这将标志着西北油田探索精益化人才管理实践的最高价值的最终实现。

第八章

内部创业：以机制激活人才

在创新实践中发现人才、在创新活动中培育人才、在创新事业中凝聚人才，聚天下英才而用之，让更多千里马竞相奔腾。

——2016 年 5 月 30 日，习近平在全国科技创新大会、两院院士大会、中国科学技术协会第九次全国代表大会上的讲话

创新驱动实质上是人才驱动。为了加快形成一支规模宏大、富有创新精神、敢于承担风险的创新型人才队伍，要重点在用好、吸引、培养上下功夫。要用好科学家、科技人员、企业家，激发他们的创新激情。

——2014 年 8 月 18 日，习近平主持召开中央财经领导小组第七次会议时指出

人才是企业的核心资源，因此人才的激励是企业经营管理的核心命题。对于国有企业而言，“平均主义、易进难出”等特异体质，增加了其人力资源管理的特殊性与复杂性。由于“平均主义”的存在，如果奋进者的价值创造难以得到有效的评价与回报，那么奋进者也难以持续奋进；由于“易进难出”的存在，国有企业人力资源管理的重点与民营企业不同，不仅是激励奋进者，还不得不着眼于盘活其余 80% 的员工，同时又因为缺乏有效的刺激与约束手段而进退维谷。

鉴于以上问题，西北油田希望通过“内部创业”，激活个体、引动群体、激发创新，带头走出国企人才管理所面对的“囚徒困境”①。

内部创业是指组织内部的创业活动。获得内部创业资格的员工，将会得到组织授权和资源支持，并在组织内部开展新产品、产品改善、新工艺或新

① “囚徒困境”是博弈论中非零和博弈的代表性例子，反映个人最佳选择并非团体最佳选择。1950年，由美国兰德公司的梅里尔·弗勒德（Merrill Flood）和梅尔文·德雷希尔（Melvin Dresher）拟定出相关困境的理论，后来由顾问艾伯特·塔克（Albert Tucker）以囚徒方式阐述，并命名为“囚徒困境”。

流程的开发活动。

内部创业机制的建立，为员工打开了创新创业的实施通道，释放员工活力，以“工作成就、自我实现”为导向驱动员工，鼓励员工把创新内化为日常工作，把具备“偶然”特性的创新活动变成一项自组织行为，以“创新、创业”为纽带，实现人才激活与企业发展的统一。从而，企业得以立足眼前，展望远方，点燃个体，迈向未来。

本章从盘点、复盘到模式选择与设计，共由三节构成：第一节盘点了西北油田鼓励内部创新（内部创业的雏形）的既往举措，并分析其中存在的问题和阻碍；第二节梳理了外部标杆企业的内部创业模式，分析了各种模式的优劣，为“内部创业路径选择”奠定了基础；第三节论证并阐释了内部创业机制的设计要点与实施环境，研究适合西北油田推进内部创业的“西北模式”。本章结构图如图 8-1 所示。

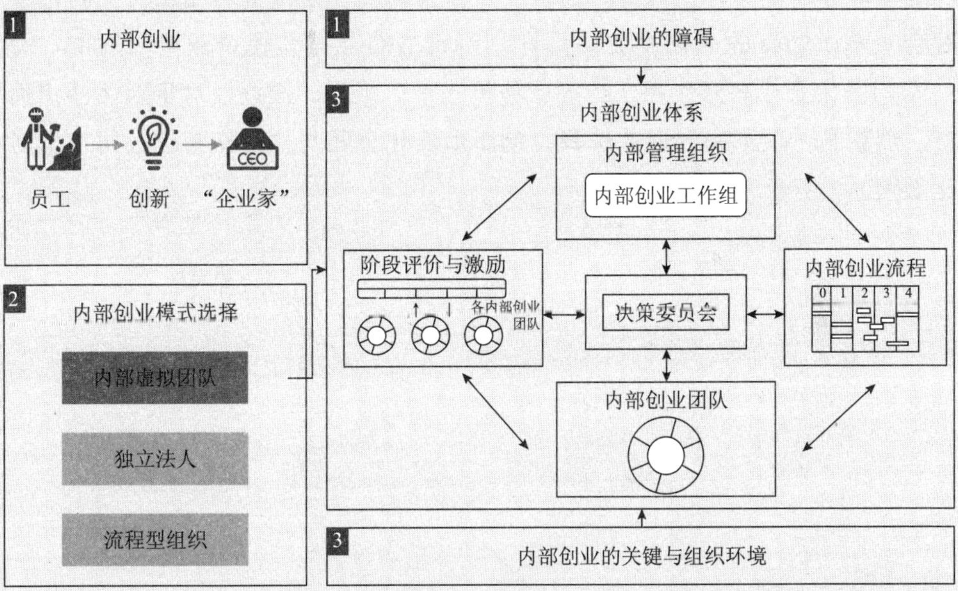

图 8-1　本章结构

第一节　西北油田内部创业复盘

产业生态的竞争压力需要创新。随着石油价格持续走低、国际环境的动荡、新型竞争、可持续发展和安全方面的要求不断提高，我国石油化工行业面临着严峻的挑战。依据一项来自IBM商业价值研究院的研究，2010年至今北美石油和天然气行业勘探与生产企业的债务负担几近翻番，而同期的净现金流却急剧下降。在这样的形势下，55%的石化企业高管指出行业将持续融合重塑，55%的石化企业高管计划制定战略，与其他企业协同发展，有55%的石化企业高管认为，传统业务模式难以维系。因此，**对于西北油田而言，创新是一项不能回避的选择。创新型石化公司与非创新石化公司市值对比如图8-2所示。**

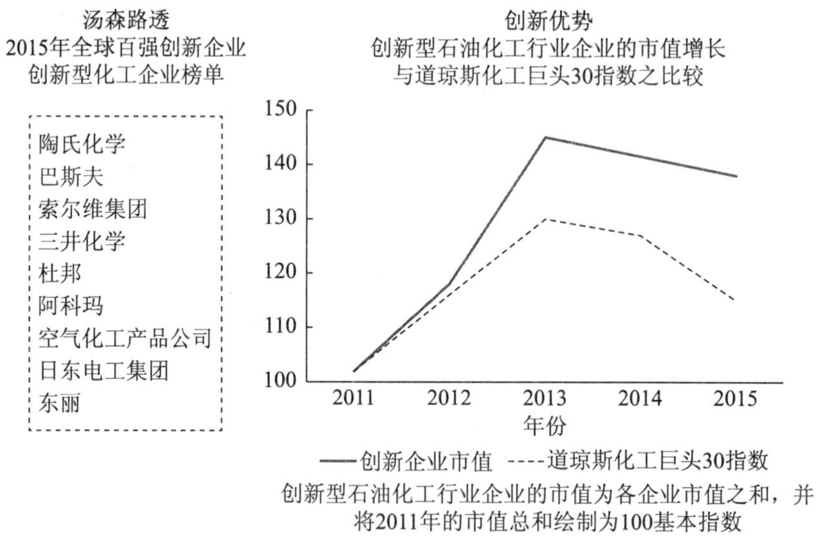

资料来源：“2015全球百强创新企业。”汤森路透。2015年11月：道琼斯化工巨头30指数。

图8-2　创新型石化公司与非创新型石化公司市值对比[①]

① IBM商业价值研究院. IBM商业价值报告：创新的范式[M].北京：东方出版社，2017.

内部创业是实现创新的一种重要方式，从本质而言，内部创业就是一种创新活动。彼得·德鲁克也曾在《创新与企业家精神》中指出，创业本质上是一种创新活动，在这个活动中，新的产品和服务被创造出来，并带来财富。可以说**创业是以公司为形式的一种有组织的创新活动**。而内部创业同样属于创新活动，两者区别在于是否发生在组织内部。依据 Antonicic & Hisrich 的定义，内部创业是指所有在已建立组织内部的正式创业活动[①]。正式的内部创业活动是那些得到明确组织批准和资源支持的活动，目的是要进行以下创新：开发新产品、改善产品、开发新工艺或流程。从定义可以看出，与创业不同的是，内部创业发生在组织内部，依然是员工经营活动的一部分。

因此，本书所谓的内部创业，可以被理解为是“一种员工的**内部创新活动**”，是“**一枚硬币的两面**”。之所以我们把它称为“创业”，是因为在某种程度上，我们希望更加强调创新性；强调将员工作为经营活动的主体，而不是组织目标的承接者与被动执行者；强调作为创新与创业共同的内核——“**企业家精神**”。也正因如此，内部创业被越来越多的企业引入实践，争相探索。国内企业实施内部创业图谱如图 8-3 所示。

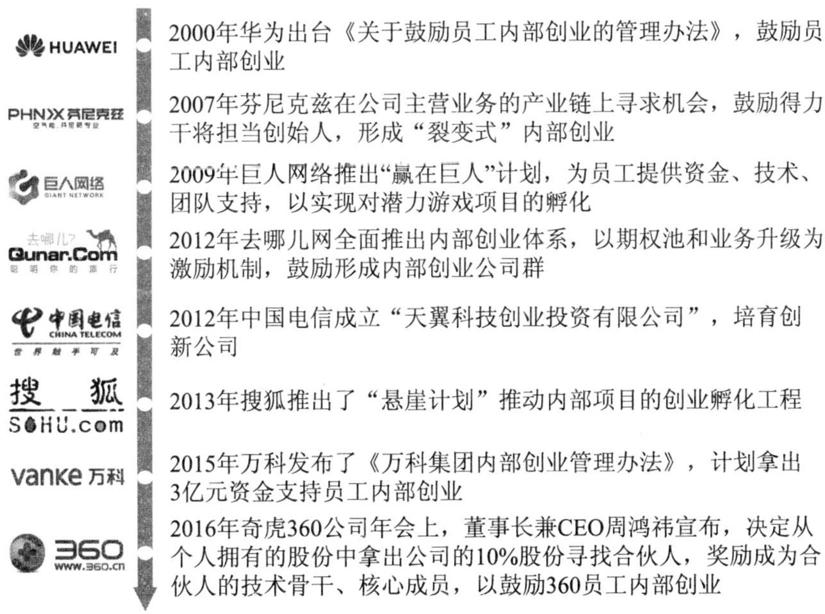

图 8-3　国内企业实施内部创业图谱

① Bostjan Antoncic， Robert D. Hisrich. Clarifying the intrapreneurship concept” [J]. Journal of Small Business and Enterprise Development，2003，10（1）：7-24.

通过内部创业，企业可以在成熟期实现蜕变与迭代。依据企业生命周期理论[①]，当经过快速发展的成长期后，企业会进入成熟期。伴随着市场竞争与企业业绩的趋稳，这个阶段的企业管理机制也相对规范；但另外，企业的创新能力和灵活性也会降低，表现为团队活力下降，员工的奋斗意识不足。自 20 世纪 80 年代“公司创业”这一概念被提出以来，**众多公司将内部创业作为解决“大企业病”的一项重要“药方”，即以“二次创业”迭代企业生命周期，力图提升创新能力，唤起员工的奋斗意识，从而将企业带入下一个成长周期**。如图 8-4 所示。

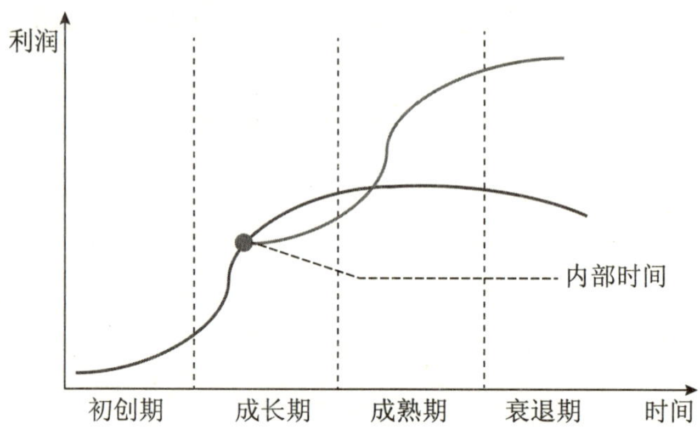

图 8-4　创新影响企业成长周期

通过内部创业，企业能够实现团队的激活。依据美国斯坦福大学教授詹姆斯·马奇的观点，“员工在组织的绩效行为不仅仅来自于目标，更多的是来自于自我价值驱动”。所谓的自我价值，正是工作本身。德鲁克同样认为只有工作本身才能调动人的积极性。内部创业的理念正是让员工成为“企业家”，让员工把工作变成“自己的事业”，彻底释放创造力与活力。

过 往 举 措

集团公司历来重视创新。2017 年，“中石化杯”创新创业大赛暨“创新空间”平台上线启动仪式在京举行。启动仪式上，科技部副主任杨哲介绍

① 所谓“企业的生命周期”，是指企业诞生、成长、壮大、衰退甚至死亡的过程。虽然不同企业的寿命有长有短，但各个企业在生命周期的不同阶段所表现出来的特征却具有某些共性。了解这些共性，便于企业了解自己所处的生命周期阶段，从而修正自己的状态，保持企业的发展能力。该理论由美国最有影响力的管理学家之一伊查克·爱迪思（Ichak Adizes）创立。

了中国石化科技企业孵化器建设试行方案及指导意见，知识产权处处长王丽娟介绍了创新空间平台的功能和首届创新创业大赛的基本情况。

孵化器主要由“创新空间”“新领域培育”和“创新企业孵化器”三个部分组成。“创新空间”主要针对科技创新“最初一公里”，打破院、所、单位、学科的界限，拓展交流服务的渠道，解决创新方向的问题；“新领域培育”主要针对科研工作的“过程提速”，鼓励所属单位对纳入“新领域培育”的研发团队，加大投入、提高激励、强化考核，解决创新提速的问题；“创新企业孵化器”主要针对成果转化“最后一公里”，通过设立新公司，以股权激励的形式鼓励科研人员创新创业，加快培育新业务，促进成果转化，解决创新转化的问题。

在集团公司的引领下，西北油田推进创新不遗余力。近两年来，西北油田推出了一系列创新举措，先后践行了《创新技术评选管理办法》《项目长负责制在科研管理中的实践与应用报告书》《油公司工作价值量化考核的探索与实践》、“创新工作室”等多项尝试。同时，西北油田开辟了科研项目申报渠道，支持领衔承担解决现场疑难问题的科研项目，并建立技能创新成果发布会制度，推荐优秀成果加入科技创新成果体系，进一步推动成果转化。

这些举措均取得了丰富的成果，以“项目长负责制”和“创新工作室”为例。推行“项目长负责制”5年以来，西北油田累计形成了重点探区保障、开发产能建设、提高采收率、系统配套四大类、16个系列共计49项特色工艺技术，发表科技论文280余篇，申报并获批国家专利46项，出版专题著作2部，获得不同级别科技进步奖55项。由此产生的经济效益主要包括高成本油增油项目运行效益、高级别项目节约科研经费、科研项目成果应用增效三个方面，累计达36 624.58万元。与此同时，西北油田积极统筹创新工作室建设，充分发挥现有国家级技能大师创新工作室的示范带动作用，总结创新经验，培育高层次复合型创新人才。多个创新工作室形成高效联动，纵深发展，为分公司带来切实显著的经济效益，为油田发展提供坚实的技术支撑和战略保障。

完井测试管理中心的刘练创新工作室和董乃仕创新工作室，就是西北油田在石油工程专业领域的典型案例。两个创新工作室合作共赢，攻坚克难，充分发挥出创业精神和创新优势。

西北油田实践：创新工作室——敢为人先，创新不止

刘练创新工作室主要负责完井试油现场应用和井控装备研究，具体分为完井测试工艺、射孔及生产测井、完井工具及配套三个方向。工作室通过实行分组负责、加强过程管理及培根工作系统等内部管理方式保障创新工作，总结出“四个导向”提问题、“九可思维”分析问题等创新思考方法论，不断为分公司培育创新发展的排头兵。截至2018年10月，刘练创新工作室累计获得专利27项、分公司级技术革新与改造奖励6项、中心生产项目奖励12项。2014—2017年，刘练创新工作室共有24项技术成果在现场得以成功应用。创新成果应用累计764井次，提高时效4 472小时，节约成本3 066万元，创造经济效益2 498.17万元。

董乃仕创新工作室主要负责井下工具工艺研究，具体分为完井试油、井控装备、管具修复、动态管理四个方向。工作室通过创建项目实施小组、“老带新”交流模式、定期进度监控等多种机制保证创新项目持续高效运转，并总结出了“四问分析法”“六以发散法”等一系列高度凝练、行之有效的创新思维模式。截至2018年，董乃仕创新工作室共申请持有专利授权19项，荣获不同级别改善经营管理建议成果共9项，分公司级技术革新与改造奖4项、青工创新创效奖2项、青年学术论坛奖1项。2015—2018年，董乃仕创新工作室共有28项技术成果在现场应用成功。创新成果应用累计1 995井次，提高时效3 700小时，节约成本3 505万元，创收金额986万元，帮助实现现场安全无事故3 266天。

但是，在取得骄人成果的同时，西北油田也面临着一些无奈的问题：创新活动有时变成了带头人个人的冲锋、创新时独木难支、价值分配难以与价值创造匹配……一边是大量存量人才的活力压抑，一边是精英人才的流失与缺乏，创新活动难以持续，人人都知道要创新、想创新，但人人都难以创新。

创业障碍

2018 年 8 月，在硅谷风险投资公司 Basis Set Ventures 的组织下，一些硅谷 VC（风险投资）来华参观国内科技企业，意在了解是什么促使中国在 20 年内就成为美国在科技方面的对手。此行中，透过跨文化视角，两个有趣的问题展现了中美之间在管理和创新等方面的差异。[①]

1. 关于工作时间

当高管们获悉了中国人的“996”工作制（从早上 9 点工作到晚上 9 点，每周 6 天）时，他们不禁问道：“如此累人的工作制有意义吗？我不太担心自己投资的公司工作不如中国公司努力，我更担心的是它们缺乏创新和效率。”

2. 关于员工主动性与创新

虽然中国正在变得更加创新，但该访问团的许多成员表示，他们相信——一些中国同行也同意——美国在某些领域仍处于领先地位。

“尽管一些中国科技公司可能看上去非常像硅谷——公司园区不断扩大，涵盖了餐厅、健身房和午睡室——但它们偏爱的管理风格仍然是自上而下的，而且是结果导向的，公司里聪明的下属很少有自由去开创新的事业，这一点与硅谷很不一样。”

——某海外高管

时间不等于效率，勤奋不等于创新。硅谷风投公司的视角侧面折射出了我国企业内部创业与创新方面的问题，即员工主动创新的动力不足、可能性较低。究其原因，可归纳如下。

障碍之一：组织体制。

组织会天然地努力维持现状，并且抗拒变化与创新。国有企业自上而下的目标分解体系与考核指标的客观约束，使得员工已经难以有创新空间与动力。

① 整理自新闻报道：《硅谷高管中国行感受：思维太单一，996式加班意义不大》。

障碍之二：规避风险的文化。

很多企业公开宣传的是鼓励创新，但创新的另一面是不确定性，面对风险，管理者和员工内心总要在创新与风险中权衡，然后退而求其次。

障碍之三：管理者。

管理者往往不得不专注于短期收益和目标实现，习惯于支配而非授权，也难以容忍团队内的“异类”和与计划不一致的事情。

障碍之四：目标与方向。

创新是一项内涵广泛的工作，实践中往往缺乏对创新目标与创新方向的有效界定。很多时候，如果员工都不知道自己要到哪里，如何才能到那里？

障碍之五：跨边界合作。

创新需要多元化和跨专业的合作，而部门间的协作障碍会制约合作的发生。当一个事情需要参与的主体越多、差异越大，就越难以实现。

障碍之六：激励。

有效的价值评价与分配，是确保创新与员工活力的关键，也正是内部创业的难点所在。创业活动的主导者是价值创造的主要贡献者，但创业往往又离不开其他参与者的支持，跨界主体之间的权责利边界往往难以被有效划分。

案例

绩效主义之困——诺基亚的陨落[①]

曾经的手机霸主诺基亚，在智能手机的浪潮下，竟一夜退下神坛。诺基亚的陨落，表面上是错过了智能机的风口，实则是因为诺基亚的高目标和以业绩为中心的管理体制，使得公司自高层至中层都不得不过度关注短期业绩目标，而选择性忽视了更具长期价值的创新。借用 INSEAD 战略学教授 Quy Huy、芬兰 Aalto 大学战略管理学助理教授 Timo Vuori 的结论：组织畏惧才是“杀死”诺基亚的元凶。尽管当时诺基亚的高管意识到自己的手机需要一个比当时的塞班系统更好的操作系统，以与苹果的 iOS 竞争，也知道研发需要数年的时间，但却害怕被外部投资者、供应商以及消费者认为是“失败者”，从而

① 整理自新闻报道：《绩效主义害了诺基亚！》。

案例

被他们抛弃。一位高管说："打造一个新的操作系统需要时日，那就是我们为什么不得不坚守塞班的原因。"迫于业绩压力，高层和中层都专注于如何快速地开发新的智能手机以及与苹果匹敌的软件。注意力和资源被错误地分配，被投资于短期市场、开发手机设备，而从长远看来更有战略意义的操作系统开发却被视而不见。2007—2010年，诺基亚推出的几款手机产品都由于各种问题而反响不佳。最终在2013年，诺基亚被微软收购了手机业务，折戟沉沙。

第二节　内部创业路径选择

通过对外部标杆案例的研究，本节我们进一步从三种模式中辨析与借鉴，为西北油田内部创业的机制设计奠定基础。

三 种 模 式

通过分析，我们认为从组织形式的角度，内部创业的模式可以分为三类：内部虚拟团队、成立独立法人企业和流程型组织。

模式一：内部虚拟团队

内部虚拟团队模式，是指公司组织内部“虚拟创业”活动，由员工自下而上发起创新项目，组建跨界虚拟团队的模式。在这种模式下，公司内部会形成一种“平台”与“团队”的结构。

案例

海尔——创业公司内部孵化

海尔组织内部将职能部门进一步细化为小微团队，各小微团队独立核算、独立经营，如图 8-5 所示。创客与组织平台及平台的小微团队，依靠内部交易合作进行串联。

1. 项目发起

“创业者”可以借助平台拥有海量用户资源，通过与用户的交互，发现用户痛点，成立团队。

2. 项目成立

“创业者”要正式成立创业项目，需要抢单，需要拿出出色的方案。海尔会邀请组织内部及外部的人做评委，竞单成功者成为“小微

案例

主”，并组建拥有用人权、决策权和分配权的小微团队。

3. 与平台对赌

小微主与平台主签订对赌契约，内容包括不同时期的经济性 KPI 及用户量，同时开放地发布设计、模块、生产等方向的抢单项目。

4. 与平台内小微对赌

平台内部设计、供应商、生产等节点小微与外部资源同时 PK（比赛挑战），小微主从中选择最佳方案，并与之签订对赌契约。

5. 创业开展

小微主完成创业规划与资源征集后，将正式开展内部创业活动。

6. 利润结算与兑现

小微主根据与平台主对赌契约达成情况获得超额利润分享。项目节点小微主要与各小微进行对赌结算。所有小微采取独立账户、损益独立核算的分配模式。

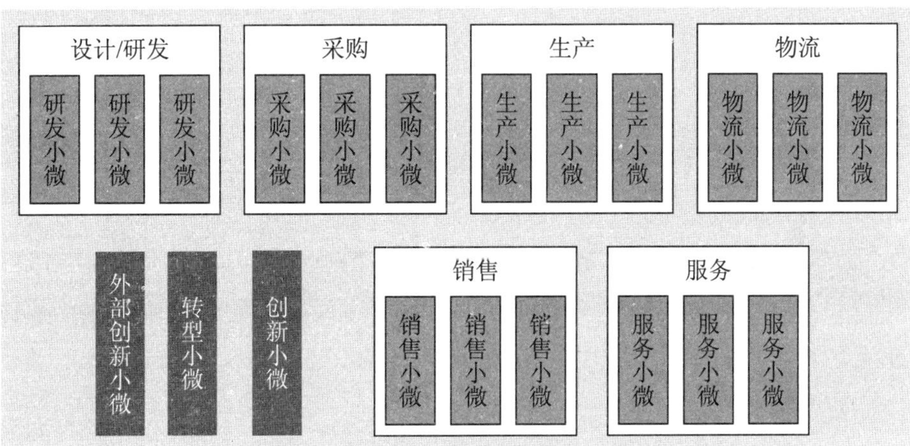

图 8-5　海尔组织结构

模式二：成立独立法人企业

成立独立法人企业模式，是指公司设立投资基金，投资于员工创立的独立企业的模式。不同企业践行这种模式的起点相似，但终点却大相径庭。以松下和华为为例。

松下在 2000 年单独设立了高达 100 亿日元的创业基金，也就是松下创业基金 PSUF，以鼓励员工创业。该基金每年进行 3 次员工创业计划征集，在员工申请创业后，通过书面审核和第一次面试筛选出候选人。随后，公司会组织创业培训，以强化员工的创业能力。此外，对于员工创建的独立企业，其本人股权会设置在 30% 左右，公司出资在 51% 以上。

2000 年，华为也曾推出内部创业制度。一批华为高管踊跃参与，其中李一男带着股权结算和分红的 1 000 万元，远赴北京创立了港湾网络。在创立初期，港湾网络紧密围绕在华为的身边，通过自己的销售渠道有效支持了华为的发展。但伴随着港湾网络的高速发展，华为却陷入 3G 业务发展瓶颈。与此同时，港湾网络逐渐背离了华为的发展路径，迫使华为不得不成立“打港办”以狙击港湾网络。最终在 2006 年，华为以 17 亿元收购自己亲手培养的竞争对手。内部创业“搬起石头砸了自己的脚”，遗憾收场。

模式三：流程型组织

关于流程型组织模式，大家可能会疑惑：流程型组织是否与“内部创业”相关？如前文所述，创业与创新是一枚硬币的两面。因此，组织的流程化，或者说创新活动的流程化、标准化，同样是一种看似没有“创业”的组织内创新活动。

以华为的 IPD（集成产品研发体系）为例，华为在 1998 年曾作出过一个让时人难以理解的抉择——花费 5 年时间和 15 亿元巨资，从 IBM 引进了 IPD。然而事实证明，IPD 最终有效解决了华为知识劳动者之间的劳动关系与利益关系，重构了华为内部价值创造、价值评估和价值分配的规则，使得其研发体系由“以技术为导向”进化为“以客户为导向”，彻底重构了华为的产品研发流程。

所谓 IPD，具体来说就是把研发流程层层分解为流程、阶段、任务和活动，并进一步进行规范化、责任化和可评估化，以激活知识工作者梯队，把产品研发当作一种投资活动。产品研发变成了基于市场的创新，公司按照为客户创造价值的原则来评估成败。经过多年的持续改进，IPD 彻底将华为职能化的部门结构进化成了流程化的部门结构，真正实现了扁平化，形成组织的内生性力量。这一点是诸多国内企业难以企及的。从组织能力上，华为真正实现了“以客户为中心，以奋斗者为本”。[①] 华为流程化组织建设演讲历程如图 8-6 所示。

---

① 包政.营销的本质[M].北京：机械工业出版社，2015.

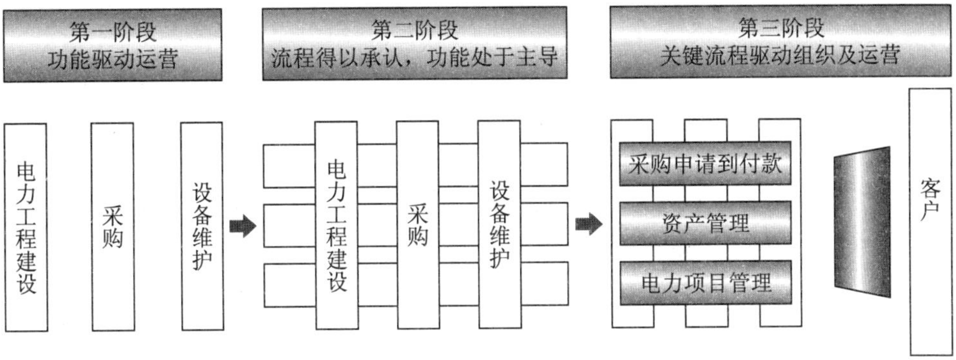

图 8-6　华为流程化组织建设演进历程

利 弊 辨 析

对于西北油田而言，后两种模式值得商榷，有待在体系设计中转化应用。首先，西北油田作为国有企业，如果设立独资企业，会涉及国有资产的风险问题；其次，鉴于华为的实践，构建流程型组织的时间周期相对较长，投入成本也相对较高。因此，这两种模式仅供启发思考与部分借鉴。

关于第一种模式——组织内部的虚拟团队，因为部门边界、本职工作、资源配置、项目管理、业绩评价与分配等原因的存在，创新不会自然地发生化学反应。众多企业也曾尝试启动创新项目，但到后面多是“雷声大雨点小”，偃旗息鼓、不了了之。

因此，虚拟团队模式的实施落地，除了需要精确的制度设计外，还需要组织环境的构建。推动变革是一项系统工程。在设计内部创业制度前，西北油田需要思考的问题如下：

（1）如何确保内部创业战略与业务发展战略一致？

（2）如何更好地在国有企业的土壤里培育内部创业？

（3）如何建立有效的内部创业流程？

（4）如何配置资源并控制风险？

（5）如何激励内部创业团队并牵引相关方？

（6）组织与管理者需要扮演什么角色？承担什么责任？

（7）如何对创业成果进行管理并将价值最大化？

第三节　内部创业设计与实施

本节主要分为四个部分："内部创业体系"主要描绘了西北油田内部创业体系的参与主体、职责与规则架构；"目标与边界"主要界定了西北油田内部创业的内涵和创新的类型；"启动策略"主要阐释了西北油田内部创业如何结合绩效管理体系，"从小处着手"；"内部创业管理"主要分析了西北油田内部创业体系设计的关键，即虚拟市场机制、创业者的激励、文化建设、管理者的转换、组织赋能、创新成果的管理与扩散。

内部创业体系

内部创业体系设计如图 8-7 所示。

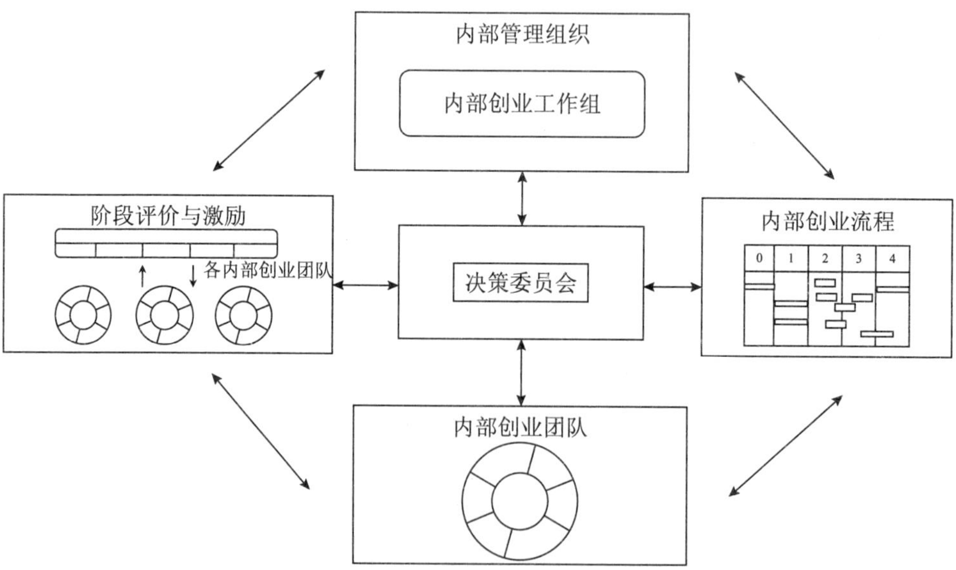

图 8-7　内部创业体系设计

示例

内部创业设计提纲

一、内部创业的设计思路

绩效为体：以绩效管理体系为载体与支撑。从某种角度上说，“创业项目”也是一种重点工作任务，但与重点工作任务不同的是，“创业项目”的发起是自下而上的，并且公司是以增量虚拟货币的形式进行奖励的。

资本为用：以价值量化为基础，建立内部虚拟资本市场。项目发起前，相关组织和机构可以对项目进行评审与投资，创业团队以此获得资源与预算。项目结束后，投资机构与项目团队可以分享项目分红收益。

团队为形：内部创业项目的参与主体将以跨部门团队的形式进行组织。项目发起后，项目负责人可以自行组建团队，并享有团队的管理权力。

有限竞争：创业项目机会有名额限制。创业团队发起内部创业项目后，需要经管理部门审核，在路演胜出才能获得创业资格。

按劳分配：以价值为导向，决策委员会按创造价值的大小对创业项目进行结算。同时团队成员间，应按劳分配。

二、内部创业的参与主体

决策委员会：决策委员会由公司领导班子组成，负责创业项目的评审、重要事务的决策与冲裁、技术的指导与支持。

内部创业工作组：内部创业工作组由人力资源部组成，负责内部创业制度的设计、运营管理及创业辅导。

风险投资公司：风险投资公司由业务部门和专家构成，参与创业项目的评审，可行使投资权利，并享有分红权。

创业项目组：创业项目组由项目发起人与项目参与者构成，在成员结构上需跨部门或跨团队，原则上不可超过10人。项目发起人作为项目负责人负责项目的发起、设计、运作与管理，可以自行选择项目组成员。项目参与者参与创业的项目实施，并接受项目发起人的管理。

三、内部创业的规则概要

内部创业的运作由项目发起、创业与过程跟踪、项目终期评价与创业绩效应用四个阶段构成。

案例

1. 项目发起阶段

● 虚拟币派发

由内部创业工作组向各风险投资公司派发虚拟币，用于投资创业项目。

● 活动发起

由内部创业工作组发布活动征集，项目发起人可提出项目申请。随后，项目发起人筹备商业计划书、组建项目团队等。

项目初审

项目发起人向决策委员会展示商业计划，接受决策委员会的质询与创业技术指导。最终，由创业决策委员会选择可行项目。

● 公开路演

初审通过的创业项目组将面向风险投资公司进行公开路演。风险投资公司可使用虚拟币向创业项目组进行风险投资。

● 项目启动

创业项目组在融资完成后，进一步明确股权结构等事宜，项目正式启动。

2. 创业与过程跟踪

● 中期复盘

创业项目中期，创业项目组向投资决策委员会、风险投资公司进行述职，反馈计划实施与经营情况。如有创业项目实施失败的情况，投资决策委员会有权中止创业项目，并对项目进行破产清算。

● 项目调整

创业项目组也可以向内部创业工作组发起项目调整申请，在投资决策委员审核通过后，对项目组目标、预算、股权结构和团队成员等进行调整。

3. 项目终期评价

● 项目估值

项目终期，由内部创业工作组组织投资决策委员会和风险投资公司对创业项目进行评估，评估创业项目业绩表现。

● 商业化可行性分析

内部创业工作组对创业项目成果进行研究，探索其商业化可行性，

案例

将创新成果转化为组织规范或商业化项目。

● 业绩分红

内部创业工作组依据业绩表现与股权结构，测算创业项目组、风险投资公司投资收益。

4. 创业绩效应用

● 物质激励

内部创业工作组依据业绩表现与股权结构，测算创业项目组、风险投资公司投资收益。

● 现金激励

虚拟币可兑换为现金奖励。

● 非现金福利

虚拟币可兑换为培训机会、带薪年假与轮岗机会等。

● 荣誉激励

设计相应个性化激励项目，如最具创意项目、最佳投资者、最佳项目等。

● 其他激励

虚拟币是创新能力的一种体现，可作为职位晋升参考依据。

● 积分清理与累计

最终，内部创业工作组对无效积分进行清理，对投资增值积分进行累计，滚动进入下一周期。

目标与边界

进行创新之前，要对现有企业提出“目前这项活动有实行的必要吗”这个问题。如果这个答案是肯定的，接着应提出的问题是“这项活动需要得到的最小援助是什么”。关于创新，首先应提出我的问题“这是一个好的机会吗”，其次是“最大限度能够提供多少人才和资源呢”。

——彼得·德鲁克

内部创业是一个含义比较广泛的概念，西北油田在推行内部创业时，需要对其内部创业的边界和范畴进行界定，以避免管理层和员工的误解与误读。

首先是“创业”的内涵。当前阶段，在西北油田国有企业的特殊背景下，组建独立公司的创业形式在短期内依然不太具备可行性。故而所谓的创业并不是去创办公司，更多的是倡导一种企业家精神。员工不是被动的执行者，而是可以在一个小的场景下，作为经营主体，自下而上地发动创新与变革。同时，创新成果未来的商业化之路，也并非完全不被纳入考虑，只是需要更长时间的积累和点滴的成功实践去铺垫。

此外，如前文所述，创业与创新是“一枚硬币的两面”，内部创业在本质上是一种组织内部的创新活动。因此，关于创新的类型与方向同样需要进一步明确，即围绕主营业务的持续性创新而非颠覆性创新。西北油田的创新将以工艺、流程的改进优化为主线，围绕经营业绩的降本增效开展。

案例

梅奥诊所创新管理案例[①]

梅奥诊所的内部创业制度叫 CoDE。CoDE 项目以年为周期，每年由创新中心和梅奥实践团队审核并筛选出 10 个左右的项目，并提供种子基金。所有项目必须在一年内完成，保证以最快的速度推广到市场当中。其中梅奥诊所创新中心扮演着天使投资人的角色，为筛选出来的创新项目提供 5 万美元的财政支持，同时在设计、项目管理、技术资源和人力资源等方面提供必要的支持。这样一来，创新项目将会更多地关注务实、可操作的创见，而非过分关注在实践新想法的资源获取上。经由 CoDE，梅奥诊所的创新实践覆盖了其主营业务的各个维度，在工艺、流程、设计、平台等方面，围绕改善患者诊疗体验这一核心进行着持续的改善与优化。以创新为核心驱动力，梅奥诊所也得以保持着行业的全球领先地位。梅奥诊所内部创新结构如图 8-8 所示。

① 尼古拉斯·拉鲁索，芭芭拉·斯珀里尔，吉安里克·法鲁吉雅. 向世界最好的医院学创新[M].张秋洋，孙刚，李洪秀，译. 北京：机械工业出版社，2016.

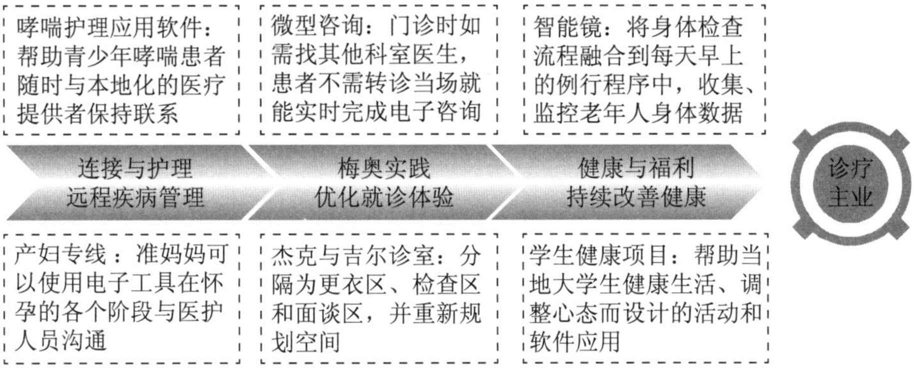

图 8-8　梅奥诊所内部创新结构

启动策略

在取得授权以后，一些拥有权力的领导者就会获得一些短期效果，这会证明变革是有成效的，这很关键，前期的短期效果是需要精心设计的，它们会快速地打消一些人的疑虑。

——约翰·科特[1]

很多公司也曾推动、倡导内部创新、创业举措，但最终效果却不尽如人意。对于大型组织而言，与其采取牵一发而动全身、高举高打的策略，不如从小处着手，选择见利见效的策略。

以谷歌为例，其内部创业（创新）就是内化在绩效管理（OKR[2]）体系中的。Google绩效目标的分解不是绝对的自上而下，而是在正式制定目标前，让全员公布自己的目标，即使是普通员工也可以看到总经理的目标，继而各级员工会自发地上下左右对齐目标。同时，谷歌要求公司目标的60%必须来源于员工目标，而员工可以组建团队来实现自我设定的目标。这样的目标设定流程能够鼓励员工自下而上地启动创新，Gmail邮箱也正是因此而生。

---

① 领导变革之父，领导力专家，被哈佛商业评论中文网评为对中国当代商业思想和实践有着广泛影响的6位哈佛思想领袖之一。代表作有《变革之心》《领导者应该做什么》《松下领导学》《领导变革》《新规则》《企业文化与经营业绩》及《变革的力量》等。

② objectives and key results，全称为“目标和关键成果”，是企业进行目标管理的一个简单有效的系统，能够将目标管理自上而下贯穿到基层。这套系统由英特尔公司创建，在谷歌成立不到一年时，被投资者约翰·都尔（John-Doerr）引入谷歌，并一直沿用至今。

借鉴谷歌的模式，西北油田内部创业活动可以与绩效管理体系绑定，成为一项重点工作任务。区别于其他重点工作任务，内部创业由员工发起，需要跨部门团队共同完成，并且以“对赌机制”的形式实现考核激励。

内部创业管理

虚拟资本市场机制

内部创业的障碍与风险之一，在于一项创新活动需要资料调度、涉及多个部门，组织体制会限制资源的配置，这些最终将把内部创业活动扼杀于萌芽。另外，由于创新的不确定性，创新的沉没成本往往很高，即使是深埋创新基因的3M公司[①]创新的成功率也只有0.01%。为了解决这些问题，西北油田需要设计相应机制，引导相关部门配合公司创新创业活动，提供相关资源与支持；同时约束创业者，使其对项目经营业绩的成果负责，从而降低创新成本，提升创业成功率。

> 每个员工由雇佣制变成创客后，创客需要跟投创业，有风投来投资，你要跟着投资，这样就绑在一起了，最后达到共赢的目的。
>
> ——海尔集团 张瑞敏

因此，我们在设计机制时，需引入资本市场风险投资与对赌的概念。风险投资主要是指在项目发起前期，相关部门可以向项目进行投资以换取虚拟股权，从而实现虚拟利润共享，并以用脚投票的方式，刺激被投资者挖掘创新潜力，以争取资源支持；对赌机制主要是指在虚拟股权投资时，双方就未来预期成果签订协议，明确被投资者未来的承诺以及投资者的相应回报。

通过在两个层面（创业者与公司、创业者与相关方）上的约定，对赌机制的引入将实现组织资源的有效配置，实现对创业者的评价、激励与约束，实现对相关方的拉动与激励。

① 全称Minnesota Mining and Manufacturing Company（明尼苏达矿务及制造业公司），创建于1902年，总部位于美国明尼苏达州的圣保罗市，是一家世界领先的多元化科技创新企业，素以勇于创新、产品繁多著称于世，在2005年被《商业周刊》评为全球最具创新精神的20家公司之一。

案例

海尔对赌机制

小微主 vs 公司：双方约定在不同的节点设定超利润分享的利润率，如小微的预期利润为 1 000 万元，超过预期利润的 0 ～ 200 万元，小微主享受的超利润可能是 30%；超过的 200 万～ 500 万元，超利润分享可能会设定为 40%；500 万～ 1000 万元可能会设定为 50%。薪酬收入与价值创造呈非线性关系，以激励小微主创造更高的价值。此外，各小微也拥有各自的价值增值目标，若不能完成，超出一定期限自动解决，并退出生态圈。

小微主 vs 其他小微：设计、供应商、生产、销售等小微依据项目背景、用户需求的功能、外观、目标、成本、质量和交货期等因素提出抢单竞争力方案。小微主根据相关因素逆向选择，双方签订对赌协议。各小微独立核算、自负盈亏，对价值贡献采取市场化的结算方式，双向选择，形成自我驱动与合作。

创业者的激励

构建各类关系，要以企业家精神为中心，进而让报酬、奖金和人事调动成为回报企业家精神的形式，而不是妨碍企业家精神发展的形式。

——彼得·德鲁克

华为早年出现惰化现象时，任正非曾经组织了一次内部研讨，主题为“是否应该学习雷锋”。辩论双方激烈讨论到一半时，任正非认为主题有问题，就打断了辩论，说道：“都不对，正确答案是应该人人争做雷锋，并且组织决不让雷锋吃亏。”同理，西北油田维持内部创业制度可持续性的关键，在于鼓励员工人人争当创业者，同时决不让创业者吃亏。

按照二八定律，组织绩效往往是由少数精英员工创造的，同时也离不开其他员工的努力。因此，西北油田在设计分配制度时，应该借助价值量化体系，并充分向价值创造的关键人员倾斜。

此外，心理学研究发现，个人和公司内部创业者具有类似人格，这些共性使得他们异于常人，如具有在组织内通过竞争获得成功的渴望和动机；对新的信息、人员和实践具有灵活而开放的心态……这类人群对成就的渴望可以定义为："对完美的追求，不在意社会的评价和浮名，更加在意内心的个体成就感。"[①]因此，对于内部创业者，西北油田除了要保障他们基本的物质激励外，还应从荣誉激励等角度，设计相应的激励制度，满足其内在诉求，并树立创新典型与示范。

文化建设

资源是会枯竭的，唯有文化才能生生不息。

——任正非

推动内部创业，其实也是一项微组织变革。内部创业的实施，是变革管理的过程，也是帮助利益关系人走过从认识到理解到接受到承诺这一认知转变的过程。西蒙曾因为《管理行为：管理组织中决策过程的研究》获得1978年诺贝尔经济学奖，在这本书中，他认为决策的关键在于价值立场或价值前提，基于价值判断的决策前提，也可以说，人的行为前提是他的价值观[②]。**文化建设正是为了大家行为转变而进行的价值观传导、预热。**

早年，日本经营之神稻盛和夫[③]曾以70多岁高龄出山拯救日航，仅用半年的时间就使申请破产保护的日航扭亏为盈。对于实现这一传奇的秘诀，稻盛和夫的回答是"我只是用了我的经营哲学"，即经营哲学12条。进入日航后，他花了两个月时间，让日航所有的干部进盛和塾轮训，理解经营12条，后面就用这12条，让日航起死回生。

此外，还需要补充的是，在Netflix[④]的企业文化中有一句很经典的话：企业文化不是墙上的标语，而是看哪些人被奖励了、哪些人被提拔了、哪些人被辞退了。换句话说，企业的文化、战略目标、管理机制和员工行为的价值观必须统一，即达成"知行合一"，企业才能真正实行有效变革。

---

① 罗伯特·希斯里奇，克劳丁·卡尼. 公司内部创业[M]. 董正英，译. 北京：中国人民大学出版社，2018.

② 包政. 管理的本质[M]. 北京：机械工业出版社，2018.

③ 商业实业家，日本"经营四圣"之一、京瓷创始人、京瓷名誉会长、"盛和塾"创办人。代表作品有《活法》《干法》《阿米巴经营》等。

④ 美国最大的多媒体服务提供商，总部位于美国加利福尼亚州洛斯盖图，2017年BrandZ最具价值全球品牌100强之一。

案例

华为IP研发事业部“超越思科”文化主题变革活动[①]

2013年，华为超越爱立信。2014年，华为定下目标要超越思科。但当时IP研发事业部的员工没有斗志，萎靡不振。当年年会，徐直军在北研所讲话，批评了研发事业部的员工，并鼓励大家要敢于胜利、勇于胜利。

为改变这种状况，当时研发事业部负责人和员工关系与企业文化部决定发动一场文化建设活动，以激发员工激情，促进实现超越思科。其具体过程如下：第一步，访谈IP事业部的领导团队和专家团队。访谈结果显示，当时领导层对于超越思科这一目标的看法其实五花八门，进而需要明确超越思科这一目标的定义，使公司上下达成共识。第二步，召开员工座谈会，建立员工吐槽通道，收集员工心声。他们发现导致员工萎靡不振的主要原因是他们长期冲刺攻关却没有得到有效的休息与恢复。第三步，组织收集IP事业部的奋斗史、英雄史，把他们曾经获得的突破，曾经攻坚克难、艰苦奋斗的事迹做成海报，唤醒大家的荣誉感。第四步，进行专家访谈，营造一种专业领先的氛围，激发员工的信心。第五步，开展高管和员工的座谈，进一步深化对超越思科的理解，达成共识。到第六步时，员工的积极性也调动起来了，进一步召开动员大会，彻底激发员工的斗志。到后面，华为经常召开员工的学习会、研讨会，营造一种共同进步、持续学习的氛围；当有项目组遇到困难时，就组织专家去帮助，组织大家沟通，学习分享；当有项目组取得阶段性胜利时，就开庆功会，以成功激励成功；到最后冲刺阶段，华为组织年度冲刺动员、实时宣传捷报，营造冲刺的激情。到年底华为最终实现了既定的所有目标。

管理者角色转换——从英雄式领袖到园丁式领导

建立创新传统的下一步是让人们走进实验室开展工作，这其中的关键是管理层要提供资源和方向指导，然后放手，在3M，授权是从公司初期就开始使用的管理手段。

---

① 《文化怎么起作用？就是用在起作用》，作者夏惊鸣。

授权是在员工已做好创新的思想准备之后，让他们开始工作。但创新主要还要靠自身的动力，当他们在发明创造时遇到阻力就要给予帮助，关键是保持他们的激情。

——3M 的 R&D 副总裁比尔·科因 [①]

英雄式领袖与园丁式领导的概念源于《赋能》一书。典型的英雄式领袖，是阿瑟·韦尔斯利。他在1815年滑铁卢战争中击败了拿破仑，给人一种错觉："领导者就是无所不知的木偶操控者，他能够制定天才的战略，并下达精准的命令"，但是随着时代环境的改变，面对VUCA（不稳定、不确定、复杂和模糊）时代，期待领导者无所不能往往是不现实的，而把员工当作棋子的方式，也会扼杀员工的创造性。[②]

因此，构建创新环境，需要管理者完成角色的转型，从提线木偶的操纵者，转变为创新土壤的培育者。园丁式领导意味着管理者应该去培育组织，构建组织的架构、流程和文化，使得组织内的各个部分能够自主地运转起来。领导者以自己的行为为工具，建立、引导并维系一种敏捷且持久的文化，向下授权赋能。当然这也并不意味着放纵，管理者依然需要实时跟进并管理员工动态，即"双眼紧盯，双手放开"。

案例

3M领导行为准则

领导行为准则：关于创新的描述	
高级主管	支持和鼓励创新，完善工作流程，激励员工培养积极进取的精神； 以新方法应对客户需求、制作产品、应对市场，促进收入增长； 通过准确的分析和创新方法提出创新型解决方案； 为创新之目的，推动新方法的实践，在3M内外建立一种系统性的信息分享机制； 使创新变革成为日常工作的核心部分

① 梁家广，欧内斯特·甘德林.向3M学创新[M].北京：中国工商联合出版社，2017.

② 斯坦利·麦克里斯特尔，坦吐姆·科林斯，戴维·西尔弗曼，等.赋能：打造应对不确定性的敏捷团队[M].林爽喆，译，北京：中信出版集团，2017.

案例

续表

领导行为准则：关于创新的描述	
中层主管	创造环境，以挑战员工思维，促使他们探寻新的理念，改进工作流程，以获取成功； 充分利用 3M 内外部的多元网络，寻求并吸收其中的资源，开发解决方案； 尽量直接与客户合作； 引领改革，为 3M 创造价值； 将新思维转变成新方法
个人贡献者	提问题，增进理解，以找到更好的新想法； 寻找并践行工作方法，以提高和改进工作流程与实践； 推动并支持新的行事方法； 愿意摒弃旧思维，心怀大局； 与 3M 公司内部和外部的同事及同行一起探索新的理念与方法； 鼓励自己和他人跳出固有思维模式； 通过多元互动和多源信息知识拓宽自己的视野； 以建设性的方式挑战现状，打破“常规思维”

组织赋能——让员工会创业

“亚布力中国企业家论坛 2017 年夏季高峰会”上，赛富亚洲投资基金首席合伙人阎焱曾表示：以创业项目上市或被企业收购兼并为成功标准来看，中国的创业成功率不会高于 1%。

3M 有一项内部统计，在公司产生的每 10 000 个创意中，实际启动的只有 100 个，最终走向市场的只有 10 个，而最终取得市场认可的只有 1 个。即使是作为创新典范的 3M 公司，依然要面对“万里挑一”的创新落地概率。

创业、内部创业与创新都是低成功率的事情。在内部创业过程中，组织需要对创业者进行培训与赋能，输入知识、步骤、方法与工具，指导创业活动，以提高内部创业成功率。

宁高宁[①]在中粮、华润和中化就是采用行动学习的方式催化转型与创新的。

宁高宁将行动学习方法从华润带到了中粮，以此作为推动企业转型的最好切入点。

——中粮管理层

① 曾任中粮集团有限公司董事长、党组书记，现任十三届全国政协常委、十三届全国政协提案委员会委员，中化集团董事长、党组书记，兼任中国中化集团董事长。

在中粮，行动学习被称作“团队学习”。宁高宁强调“团队学习是团队决策、建设，推动人才发展和企业进步的方法”。在宁高宁进入中粮前，几乎所有的会议都是“领导讲，我们听着，然后表表决心”，但是在宁高宁把行动学习的形式引进之后，中粮就慢慢改变了企业工作、开会的方式。从那时到现在，中粮所有的转型关头的培训、工作方法，从中粮的愿景、战略、流程、领导力到管理语言、核心竞争力，再到品牌管理、渠道管理等都是采用这种方式，而宁高宁作为一把手常常亲自做催化培训师。

在行动学习过程中，针对不同场景的议题，应设定相应步骤（对应工具、产出与标准），以催化学习过程，促进企业创业变革。

案例

梅奥诊所想法管理平台——尤里卡

在尤里卡平台上，员工能够简单、快捷地提交新想法，而这些新想法也能高效地被收集、评估和管理。在具体流程上，平台允许专业的梅奥部门或者团队以在线“设计”解决方案的方式表达自己所遇到的困难和挑战，成立“挑战事项”，再由创新中心协助团队架构挑战，所有人都能贡献解决方案，最后再由事项团队收集、评估、选择和执行其中最好的解决方案。一项挑战的周期被设置为 5 ～ 10 天，以便能收到快速和富有能量的反馈，使问题能够快速地解决。每个事项将由创新中心协助筛选、优化流程，协调在梅奥诊所各个组成部分的交流与协作。由此，在梅奥诊所实践中所遇到专业问题与挑战，通过尤里卡平台的高效联动，成为组织创新、成长的机遇。

创新成果的管理与扩散

1994 年，美国陆军在海地执行维和任务，当地的复杂局势让美军头疼不已，为了更好地适应当地多变的环境，美军将 AAR（after action review，行动后学习）机制应用于现场，通过不断的复盘，持续改进或创新作战行动，以完成作战任务。每次行动后，现场士兵都会进行对作战行动的复盘，探索改进措施。随后知识管理中心都会从各单位收集 AAR 得到的经验教训，进行加工、整理及传播，不仅让各单位从自己的行动中学习，更让创新成果以“标准手册”的形式在整个组织内分享。此外，中心还主动发现改进机会，联合外部机构进行合作课题研究，以更快的方式获取前瞻性知识与洞察力，应对战争变化与战略需要。[①]

内部创业过程会产生众多的创新想法、改进经验与知识成果，需要相应的职能对创新成果进行收集、汇总、管理与价值扩散，如对科技成果的专利维护、科技成果商业化价值的开发与利用、采油工艺创新成果在油田间的传播与分享等。

本身带有创新基因的创业机制，必然要求我们创新不止。面向未来，我们规划出内部创业的三个阶段，助力我们从启航到远行，如图 8-9 所示。

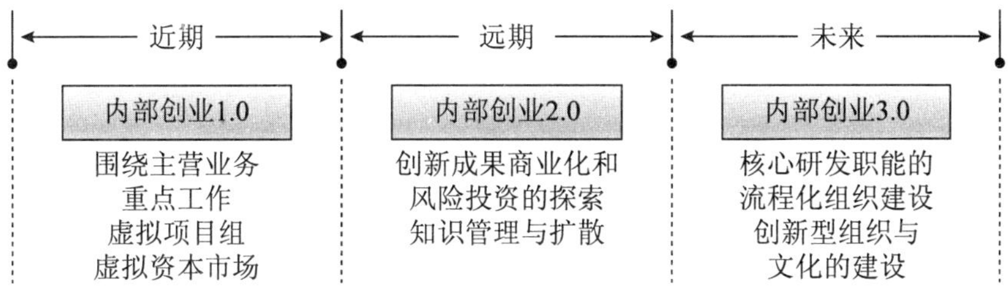

图 8-9　内部创业的三个阶段

内部创业 1.0 以虚拟团队模式为主导，与绩效管理体系结合，围绕主营业务展开创新活动。2015 年，全国人民代表大会常务委员会颁布了《中华人民共和国促进科技成果转化法》修订版，鼓励企业在实施内部创业 1.0 的同时，可摸索科技成果转化模式，培育创新管理职能，继而实现创新知识的公司、集团、社会化扩散。在长远的未来，我们将尝试流程型组织的建设，以此推动组织能力的迭代与升级，打造创新型组织与创新文化。

① 邱昭良. 复盘+：把经验转化为能力[M]. 北京：机械工业出版社，2016.

附　录

附录 1　50 项行动计划（节选）

工程	序号	行　　动	定　　义
共享工程	1	人才盘点	开展人才盘点，收集“现成”数据，进行初步人力分析
	2	人才地图	基于数据共享，人才地图提供智能化人才服务，以导航功能为标志促进数据化、科学化人才培养
	3	服务共享	成立人力资源共享服务中心，集中提供事务性人才管理服务，为人力资源部最终实现专家化与智能化奠定基础
	4	塔河精英	分析西北精英的成长规律，挖掘过往履历数据，拟合出各序列人才的成长路径和关键节点，作为未来人才培养科学化、路径化的依据
	5	专家付费	对专家服务进行虚拟价值计算，促进专家发挥作用，并为引入外部专家的灵活合作模式奠定基础
价值工程	6	绩效量化	构建量化绩效的价值计算体系，使绩效可衡量、可比较、可分析
	7	团 Go 计划	为从根本上激发员工的协作意识，建立“独立作战”的 2 ～ 3 人小团队，由员工依据能力特点，按需自愿组建绩效小组，共同完成绩效任务，团队共享价值积分（获得任务积分后平均计算个体得分）
	8	任务市场	建立任务的定价、悬赏和竞拍机制，基于绩效价值标准进行核算，开放内部任务市场，其本质是开放内部人才市场，因为人才的绩效价值和薪酬待遇不再以固定的部门或团队评价为转移
	9	绩效补贴	对以往忽视的绩效价值建立确认标准和方式。例如，额外完成同事休假期间的工作、承担额外的轮替工作、自愿协助完成项目、预防事故的发生、付出责权之外的努力、提出帮助公司节约成本的建议、主动加班等情况
	10	价值瞭望	为使员工获得足够的发展机会，公司提供短期的“免费时间”项目供员工选择。这使员工完成短期“工作转换”的同时，发现新的优势，掌控自己的职业发展，在新的领域学习与成长。如果这些项目足够精彩，即便没有绩效加分，员工也会在繁忙的工作中“挤出时间”参加项目，并在完成项目后申请到新的部门轮岗

续表

工程	序号	行　　动	定　　义
体验工程	11	人才体检	依据人才管理健康模型，建立西北人才管理健康框架和诊断标准，定期诊断管理体系的健康度，并生成体检报告供组织和人才共同审视调整
	12	顺北人才中心	建立顺北人才中心，采用“员工轮值”模式，全面研究并交付员工体验，打造中国的“克劳顿村”，未来满足外部人才培养需要
	13	活水计划	通过数据挖掘和机制设计，让人才流动合理化、科学化、常态化，着力促进“南水北调”
	14	神秘体验	建立员工体验神秘人团队。团队成员依据规则定期更换，匿名开展工作，并以分析报告形式向首席员工体验官直接汇报（由员工记录体验日志，由系统汇总日志形成分析报告）；团队负责发掘员工价值主张，反馈管理体系建议，并成为落地员工体验项目的触角和种子
	15	实时付薪	实现即时激励，实时发送虚拟货币，按月结算薪酬，可借助实时记录软件 New Upwork Team 进行工作监督（该软件每10分钟自动截屏捕捉键盘活动，并发送给监督者，成为支付报酬的依据）
	16	职行力计划	为员工提供内外部职业咨询专家服务，帮助员工科学设定职业生涯目标，解决发展困惑
重构工程	17	HR 转型	重构人力资源管理职能，设立人力运营部；人力资源部仅设置专家体系，其余职能由人才共享中心支撑实现
	18	“如何管理我”档案	让每一个员工完成“如何管理我”档案，作为人才管理的“用户档案”，供管理者使用，因人而异地给予激励和培养，例如调整反馈的频率和增加社交互动等
	19	微权计划	研究设定员工授权的资质等级条件和授权标准体系，分步赋予全体员工自我管理的权力，以微权替代威权。例如，一级员工可以自主设定工作时间，二级员工可以自主设定工作内容，三级员工可以自由设定薪酬并提出调薪申请
	20	G100 计划	确立100个西北油田技术权威和管理教练，要求入选者放弃管理职级，为未来打破权威体系开启第一步

附录 2　算法清单（节选）

序号	算法	序号	维度	序号	指　　标
1	敬业算法	1	工作态度	1	主动加班的次数和时间
				2	考勤达标（准时出勤、无迟到早退）
				3	登录内部培训网络平台（e-learning）的频率和时长
				4	工作情绪是否积极稳定（面部识别）
				5	参与过的培训课程及考试结果
				6	主动参与项目的数量
				7	社交平台上对公司、工作的展示次数和评价
				8	重要会议的缺席情况
		2	工作表现	9	个人的绩效表现和排名
				10	团队的绩效表现和排名
				11	过去 2 个绩效考核周期内绩效排名
				12	在人才地图中的油耗值（低）
				13	OA 处理及邮件回复效率
				14	在会议或讨论上发言的次数和质量
				15	意见被采纳次数
				16	所参与项目的成果评价
				17	客户满意度
				18	直接上级的工作评价和反馈
				19	跨级领导的工作评价和反馈
				20	同事的工作评价和反馈
		3	人际能力	21	与直接上级邮件、会议、社交平台等信息交流频率
				22	与跨级领导邮件、会议、社交平台等信息交流频率
				23	过去 7 天受到表扬 / 认可 / 奖励
		4	基本信息	24	安家地点（是否在乌鲁木齐）
				25	通勤距离和时长
				26	家属对公司、工作的认可和支持
				27	薪资满意度（内部差距、与外部市场同岗位薪酬待遇差距、奖金的获取情况）
		5	组织支持	28	办公环境的舒适度 [个人可支配空间、设备是否齐全、设备的先进程度、设备是否符合人体工程学、不受噪声、微气候（包括温度、湿度、气流速度）、视觉（包括照明和色彩）、办公环境的绿化面积]

续表

序号	算法	序号	维度	序号	指　　标
1	敬业算法	5	组织支持	29	工作时间与休息时间的比例
				30	工作内容的变化（轮岗或授权）
				31	休假执行情况
				32	是否有娱乐休闲条件
				33	司龄
				34	过往任职经历
				35	人才地图中的下一步成长路径规划
2	离职预测算法	1	基本信息	1	性别
				2	年龄
				3	民族
				4	工作等级和类别
				5	学历
				6	工龄
				7	安家地点（是否在乌鲁木齐）
				8	通勤距离和时长
				9	薪资满意度（内部差距、与外部市场同岗位薪酬待遇差距、奖金的获取情况）
		2	组织支持	10	工作时间与休息时间的比例
				11	休假执行情况
				12	晋升计划（是否在一年内有晋升机会）
				13	岗位价值评价
				14	培训或继续教育费用补贴
				15	工作内容的变化（轮岗或授权）
		3	工作表现	16	过去 2 个绩效考核周期内绩效排名
				17	是否在人才地图中驶入“停车场”
				18	参加公司重要会议和团队活动的次数
				19	在会议或讨论上发言的次数和质量
				20	技能是否符合岗位要求
				21	OA 处理及邮件回复效率
				22	项目是否延期完成
				23	直接上级的工作评价和反馈
				24	跨级领导的工作评价和反馈
				25	受到各级表彰的次数

续表

序号	算法	序号	维度	序号	指　　标
2	离职预测算法	4	工作态度	26	重要会议的缺席情况
				27	是否存在长期请假现象
				28	工作情绪是否积极稳定（面部识别）
				29	社交平台上对公司、工作的展示次数和评价
				30	社交媒体上分享的心情和状态信息
				31	浏览求职信息、更新简历等举措
		5	人际关系	32	与直接上级邮件、会议、社交平台等信息交流频率
				33	与团队同事邮件、会议、社交平台等信息交流频率
				34	参加团建 / 集体活动次数
		6	管理者关系	35	直接上级给予的评价、认可和反馈的及时性
				36	直接上级的精力分布是否均衡
				37	直接上级的管理风格
				38	过去 7 天受到表扬 / 认可 / 奖励
		7	客观因素	39	区域、行业和职业离职率
				40	不同教育程度离职率
				41	职位市场需求
				42	平均雇佣成本
				43	不同职位的薪酬标杆
				44	不同职位的市场供需比
				45	竞争对手的付薪水平
				46	考勤达标（准时出勤、无迟到早退）
				47	社交平台上对公司、工作的展示次数和评价
				48	登录公司官网、移动终端等官网信息平台的次数和时长（员工手册或公司新闻）
3	员工体验算法	1	生理需求	1	安家地点（是否在乌鲁木齐）
				2	通勤距离和时长
				3	办公环境的舒适度 [个人可支配空间、设备是否齐全、设备的先进程度、设备是否符合人体工程学、不受噪声、微气候（包括温度、湿度、气流速度）、视觉（包括照明和色彩）、办公环境的绿化面积]
				4	薪资满意度（内部差距、与外部市场同岗位薪酬待遇差距、奖金的获取情况）
				5	工作时间与休息时间的比例
				6	休假执行情况

续表

序号	算法	序号	维度	序号	指　　标
3	员工体验算法	2	安全需求	7	办公环境中存在的职业危害因素
				8	安保措施是否全方位
				9	是否有安全知识培训或宣传
		3	情感需求	10	与直接上级邮件、会议、社交平台等信息交流频率
				11	与跨级领导邮件、会议、社交平台等信息交流频率
				12	与团队同事邮件、会议、社交平台等信息交流频率
				13	与跨团队员工邮件、会议、社交平台等信息交流频率
				14	与跨部门员工邮件、会议、社交平台等信息交流频率
				15	工作情绪是否积极稳定（面部识别）
				16	社交媒体上分享的心情和状态信息
				17	参加团建 / 集体活动次数
				18	是否有娱乐休闲条件
				19	家属对公司、工作的认可和支持
		4	尊重需求	20	直接上级给予的评价、认可和反馈的及时性
				21	是否担任导师职责
				22	直接上级的精力分布是否均衡（布置的任务量多少）
				23	直接上级的管理风格
				24	参加公司重要会议和团队活动的次数
				25	公司品牌与行业地位
		5	自我实现需求	26	个人的绩效表现和排名
				27	团队的绩效表现和排名
				28	工作内容的变化（轮岗或授权）
				29	岗位价值评价
				30	学习与培训机会
				31	晋升计划（是否在一年内有晋升机会）
				32	福利安排
				33	受到各级表彰的次数
4	健康算法	1	基本信息	1	年龄（50 岁以上重点关注）
				2	体检记录（身高、体重、血脂、血压、心率、血糖等）
				3	就医记录（有无疾病、用药情况、就医费用）
				4	家庭压力（是否需要照料老人或小孩）
		2	工作记录	5	休息休假记录（时长、频次、请假原因）
				6	考勤达标（准时出勤、无迟到早退）

续表

序号	算法	序号	维度	序号	指　　标
4	健康算法	3	运动记录	7	社交平台运动量排名 [微信 Phone、Apple Watch 用户（在得到用户的授权后）的健康数据]
				8	每周体育活动参与次数
				9	是否有体育运动方面的兴趣爱好以及参与频率
				10	健身房打卡记录
		4	营养记录	11	APP 记录的每餐摄入的营养成分（卡路里、维生素、蛋白质等）
				12	营养保健品的使用情况
				13	垃圾食品摄入状况
		5	睡眠记录	14	传感器记录睡眠时长、入睡时间和睡眠质量
		6	心理记录	15	心理评估量表测试结果（如压力自评等）
				16	心理健康热线的使用状况
				17	日常浏览的有关压力、抑郁等心理问题词汇的频次、时长和内容
				14	专业影响力
				15	知识技能
				16	个人的绩效表现和排名
				17	在会议或讨论上发言的次数和质量（创新有关会议）

附录 3　人才管理健康指标体系（节选）

维　度	核心目标	健康指标	指标定义及算法
运动系统	人才结构优化	组织扁平度	各级平均管理深度
运动系统	人才结构优化	管理人员占比	管理人员占员工总数的比例
运动系统	人才结构优化	中坚力量占比	30 ～ 40 岁员工占比
运动系统	人才结构优化	人岗匹配值	衡量所有员工的专业知识、敬业度、绩效、价值理念、性格特质等各项指标与岗位标准的平均契合度
运动系统	人才结构优化	人岗匹配率	衡量员工与岗位的契合度大于 80% 的比例
循环系统	流动与代谢	新陈代谢率	年度新员工入职数与退休员工数之比
循环系统	流动与代谢	核心员工流失率	离职或退休的核心员工数量占核心员工数量比例
循环系统	流动与代谢	等待期均值	符合晋升条件的候选时点与实际获得晋升的时点的等待时间的平均值
循环系统	流动与代谢	人员更替率	计算各岗位员工因轮岗、晋升、降级、待岗、离职等各类原因带来的岗位变动人次占比
循环系统	流动与代谢	序列转化率	分别衡量管理、技术、技能序列之间各岗位员工岗位变动频次占比（本项相当于三个指标，请选取符合流向导向政策的两个序列）
呼吸系统	内外沟通互动	人才开放度	参与对外的学习交流等活动的员工占比
呼吸系统	内外沟通互动	网络健康度	衡量员工之间的信息交流、协作的人均频次是否达到日均标准
呼吸系统	内外沟通互动	网络中心率	基于网络分析，成为重要信息节点（以连接强度、广度定义）的员工数量占全体员工比例
心理健康	心理健康	信心指数	员工成长进度与人才地图设定路径的进度比对，越接近于 1，说明人才规划更可执行，员工更有信心
心理健康	心理健康	敬业度	测量敬业度得分
心理健康	心理健康	幸福感	测量满意度得分
关键行为	关键行为	沟通协作	测量一周内该项行为的发生是否覆盖全员
关键行为	关键行为	主动承担	测量一周内该项行为的发生是否覆盖全员

附录 4 人才地图功能示意（节选）

功能	二级功能	功能分类	试用范围	目　　的	内容及计算方式
仪表	里程表	基础功能	全员开通	显示从进入公司开始到目前的绩效价值和成长进程	绩效分数按照绩效价值量化计算，逐年累计，得出里程数
	油耗表	基础功能	全员开通	表示公司在该员工身上的人力投资回报率	首先，累计计算该员工从进入公司开始，包括培训、健康保障、教育三个方面的费用 培训投资（每次培训总费用摊到参加本次培训的个人、导师的津贴）、健康保障投资（为员工群体购买各种商业保险、提供免费健康检查等服务之类的费用摊到个人）、教育投资（员工去高校进修、政府挂职、基层锻炼的费用等）目前有两种计算方法： 方法一：油耗值即为累计费用与里程数的比值； 方法二：油耗值为累计费用与工资的总和与里程数的比值
	基础信息	基础功能	全员开通	收集员工的基础信息	基础信息包括员工的部门、专业、研究领域、司龄、年龄、绩效评估和素质评估的得分等
定位	我的位置	基础功能	全员开通	通过油耗和里程两个指标确定自己的位置	通过油耗和里程可以查询排名。依据油耗排名和里程排名建立二维位置坐标，里程既高油耗又低的为老司机，里程既低油耗又高的为新手。在“我的位置”显示时允许依据里程、油耗、职级、年龄、司龄做过滤筛选，如可以查询相同里程下相同职级的员工的油耗分布散点图

续表

功能	二级功能	功能分类	试用范围	目　　的	内容及计算方式
定位	和谁在一起	基础功能	全员开通	寻找伙伴或标杆	可以看到与你拥有相近仪表信息（里程数、油耗值、位置等）的员工都有谁； 专业方向或研究领域相同的人的仪表； 同一届进入的人的仪表； 同一部门的人的仪表
	发现周边	基础功能	全员开通	寻找附近的可利用资源	对附近的资源，如导师、榜样、加油站等按照规则进行定位标注和条件推荐； 导师：专业方向相同、跨部门的高里程的员工； 榜样：相同司龄、高里程的员工； 加油站：近期与工作或研究方向有关的培训学习课程等； 勋章提示：近期同部门的人获得勋章后提示
导航	目的地	基础功能	全员丌通	为员工提供自主设定目的地的机会	目的地功能显示成长标签供员工自主选择，例如中层管理者、某方向的技术大师或其他标签； 员工选择标签后，即可查看选定目前公司内获得选择相同历史选择的员工的成长路径和经验分享
	路径推荐	基础功能	全员开通，为新员工开通一年	为员工提供成长路径的科学规划	依据公司绩优员工的成长规律设定多条成长路径； 支持员工选择自己的成长路径； 支持员工查询该路径上的员工经验分享； 后续增加特质分析功能，在对新员工做特质分析后，明确其性格特点、兴趣爱好以及优劣势所在，并综合部门或公司对各种人才的培养需求，确定该员工的培养方向，设定成长路径

续表

功能	二级功能	功能分类	试用范围	目　　的	内容及计算方式
导航	主辅路转换	条件功能	部分开通，为在当前岗位工作3年以上的、绩优员工（按累计里程计算）在地图上解锁该功能，1年内有效	积极鼓励优秀员工跨文化、跨部门、跨职能的发展	首先，识别在当前岗位已经工作3年以上的绩优员工，考察其发展潜力和工作绩效； 其次，与员工群体进行沟通，了解其目标岗位和转岗意愿，为其制定的路径转换应符合员工的期望； 员工切换主辅路的前半年，都进入慢车道，之后根据绩效表现判断是否转入正常速度（里程系数1.0）
预警	最低限速	基础功能	全员开通	发现绩效卓越但长期未得到晋升的员工，对照同届入司员工及规划路线的阶段性目标	—
	违章警示	基础功能	全员开通	出现违反公司规章制度的不当行为	—
	路线偏差	基础功能	全员开通	提示与同职级的能力和绩效偏差	—
	加油提示	基础功能	全员开通	依据路线偏差，提供培训或教育资源	—
其他功能	车队	基础功能	全员开通	鼓励员工内部创业	—
	代驾	条件功能	部分开通，为工作满1年的员工解锁本功能	将公司里出现的兼岗、一岗多职现象给予一定里程数的认定	—

附录 5 人才地图技能示意（节选）

一级技能	二级技能	概 念	应用建议
新手技能	旁听生	新员工可以在前6个月内在任何一个部门、职位等处旁听学习	面向新员工
	新手教练	为每一位新员工在入职后3个月内根据其工作表现和实际需求，咨询双向意愿后，为其配备一位入职导师，导师群体要求是公司的资深领导或员工，在本公司工作时间10年以上，阅历丰富，或是本部门的经理或主管人员，因为他们对本部门的业务工作和晋升路线最为熟悉。入职导师应定期与新员工进行沟通，对新员工的工作、学习、生活进行全方位辅导和指导	面向新员工
	驾校	为新员工提供全方位的入职培训和任务引导	面向新员工
	我的工作我做主	自主设定工作岗位的工作职责、工作内容、工作时间、工作薪酬等	面向部分新员工
	南疆体验	去南疆工作1个月体验	面向新员工
	开工大吉	奖励里程数50	面向新员工
成长技能	进入快车道	系统自动识别连续3年以上里程数排名前20%的员工，给予一次“驶入快车道”的特权，当年里程值结算乘以1.1的系数	连续3年以上里程数排名前20%的员工可解锁一次，时效1年；或者获得“青年英才”或“成长黑马”勋章可解锁一次，时效1年
	开通联络线	里程数达到300以上的员工可以被系统自动识别； 公司根据提交的申请和员工工作日志中的研究方向，综合员工目前攻坚项目的价值，员工的专业层级等因素考量，决定是否批准进入联络线，以及匹配怎样的外部资源；提供对外联络的途径，与集团下其他公司的人才交流和其他合作项目，到政府部门挂职历练，到高校进行学习，带薪培训，等等，供员工自主选择资源	里程数达到300以上的员工可以被系统自动识别，否则，员工需要自己申报
	跨界导师	当员工要进行转岗或轮岗前的3个月内，征求双方意愿后，为其配备一位导师	主辅路切换时，解锁技能

续表

一级技能	二级技能	概　　念	应用建议
成长技能	高架路	允许跨职级晋升	连续2年以上年度里程值均位于公司1%，允许一次跨职晋升
	直升机	获得职级预备的机会，1年内晋升	年度里程值均位于公司1%
	高管面谈	为优秀员工提供与公司高管面谈的珍贵机会	面向年度里程值位于公司前10%的员工
	模拟体验	让基层员工与高级管理人员共事一天	为“成长黑马”勋章的人解锁一次
	俱乐部	将有相似里程数、相似路线规划的人互相推荐好友，进入同一个俱乐部进行经验分享，组成一个互帮互助的虚拟团队	为工作满1年的员工解锁本功能
	轮值干部	担任上级角色一天	为“成长黑马”勋章的人解锁一次
	神秘人	可以匿名给人力资源部提一个管理建议	获得“青年英才”或“成长黑马”勋章可解锁一次
	老司机	通过年度里程和年度油耗的二维排名位于前10%的员工可以奖励里程50	1年仅能解锁一次
南疆技能	绿色通道	到北疆工作6个月的轮岗机会	面向年度里程值位于分公司前5%的员工
	入疆纪念	到南疆工作第一天的奖励里程数50	为南疆员工开放
	家属开放日	为南疆的员工定期提供家属开放日，让家属在团聚之余了解员工工作和生活情况以及企业文化，增强支持和理解	为南疆员工开放
	家属关怀计划	为南疆员工留守家属结婚纪念日、家属生日等特殊纪念日的家庭聚会假期、蛋糕鲜花等礼物；南疆员工家属的同等保险；随迁的家属提供职业介绍等服务	为南疆员工开放
	服务站	为南疆员工平衡工作与生活需要，开放申请额外假期	为南疆员工开放
	切换休假模式	可以申请将2+1休假模式切换为4+2模式	为南疆员工开放
	周年纪念	入疆2年、5年、10年周年纪念，每年都奖励相同里程数直到下一个周年节点	为南疆员工开放
	轮台技能	支持一线员工在工作允许情况下到轮台基地弹性开展工作	对部分部门中里程排名前20%的员工开放

结 语

从HR-M到HR-X

在历经全书的探索之后，我们更加确信，由于人工智能强大的渗透效应，人力资源领域必将出现“游戏化”“自动化”“数据化”和“人机交互”等新鲜词儿，人力资源管理将**从 HR-M（management）逐渐转向 HR-X**。我们也坚信，在未来，人力资源部将从传统事务性工作中彻底解放，**转向为员工提供一站式、覆盖职业生涯全周期的链条**，用人性化、个性化、智慧化的产品和服务，覆盖“智慧职场”所有的“工作站点”。

如果以人力资源管理的核心“站点”为例，用“场景+流程”勾勒出未来“智慧职场”的形态，我们可以大胆畅想，在未来无管理者的情境下，员工“小新”与“HR 智能助手”将发生怎样奇妙的故事。未来职场的关键词如图 1 所示。

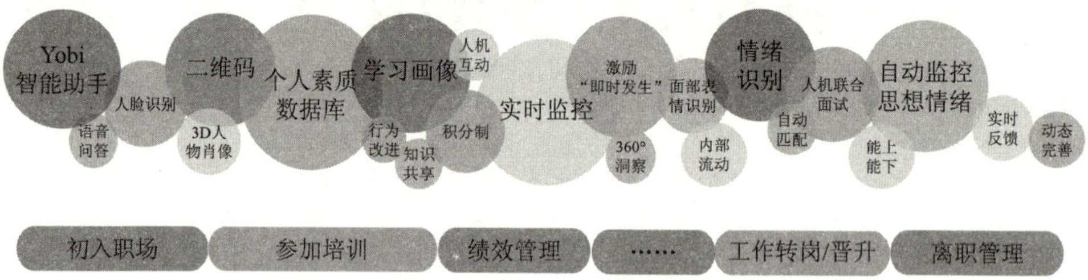

图 1　未来职场的关键词

小新入职场

“新手报道”——与公司提前亲密接触

进公司前，小新扫描 HR 发送的二维码，进行人脸识别，完成个人信息确认、职位确认、劳动合同和承诺书签订等步骤，入职手续在 **10 分钟内**办理完成。随后，AI 与小新进行简要语音问答，基于其回答的内容，语音语调，分析小新情绪状态与个人特质，并预测其职业倾向与导师选择倾向等；基于预测数据，HR 与 AI 共同为小新**制定个性化入职安排**。最后，小新收到未来团队同事 **3D 人物介绍**，团队也将收到小新个人 3D 全方位介绍。

“新手地图”——对公司环境初次体验

入职当天，小新通过人脸识别进入公司，系统确认其新员工身份后自动打印一份 3D 新手地图并发送至该手机，小新可根据语音提示参观公司内外部环境与设施，如工位所在地、休息室、会议室、茶水间、健身房等。此外，小新第一天离开公司时的面部表情，语音语调等数据将被 AI 收集和分析，并将结果发送至 HR 部门，HR 第一时间了解新员工入职感受，对后续流程作出及时优化和调整。

“任务卡”——从新手成长为正式员工

入职后，小新收到一张电子任务卡，要求其以**通关方式**主动学习公司战略、规章制度、流程和文化等。每当完成一项任务，将得到一笔积分，在一定期限内所获积分超过某值时，将赢得 HR 准备的精美小奖品；当积分低于某值时，AI 将主动并友善提醒小新；入职培养从传统 1 周延展为 1 年。

“日常小助手”——人事问题找 Yobi

Yobi 作为 HR 部门智能助理，专职解答入转调离、薪酬福利、报税等人事问题。小新在工作中遇到问题，直接向 Yobi 咨询，即刻可得到解答。

小新被培训

职业路径选择

小新的能力、知识等个人数据在被录用后，自动生成数据库，AI 基于此为其**定制最佳职业发展路径**和备选路径，每条路径均包括各阶段任职能力要求和资源寻求途径等。

培训需求分析

小新择取发展路径后，AI 基于岗位任职要求，进行现实期望比对，为其绘制学习画像；导师参考 AI 制定的培养方案并与小新达成一致，培训计划随即生成。

正式启动培训

培训资源丰富、廉价、有趣、灵活并有效，小新可按培训计划自由安排时间，选择视频观看、人机互动、现实演练等多种丰富培训场景。每完成一次培训，小新便可获得一枚勋章，AI 进行实时记录。

培训结果反馈

培训结束，AI根据小新在工作场所中的行为改进对培训进行有效性评估，第一时间向小新、其上司和HR部门反馈。针对欠佳培训效果，AI基于小新行为等数据分析原因，三方参考该信息进行及时调整。

小新上项目

根据业务需求，公司决定成立临时项目组。AI基于需求设置合理岗位类别和个数，明确各岗位任职标准，自动匹配符合要求的员工，按照匹配度对其进行排序，将最合适的人搭配为一个团队推荐给HR部门。

小新的绩效管理

绩效目标制定

小新与上司可通过现实面对面或视频方式进行工作沟通，明确一定时期内小新的工作规划，人工智能自动将目标分解到每日工作中，进行实时监控、提醒和评价。

敏捷绩效反馈

AI随时与小新保持沟通，灵活调整目标。小新的每次项目进度、工作反馈、当日愉悦的工作态度，甚至对公司某项流程的改进建议都会被AI收集并折算成相应积分，进行点数累计，激励周期由月度和年度周期大大缩短为“即时发生”。上司和HR可随时查看小新状态，对优异或欠缺表现进行及时认可或止损。

全方位绩效考核

AI对小新进行360度洞察，形成内外部人才画像。可量化指标自动监控，不可量化则通过对其日常行为打分，如对小新一年内日报进行文字分析，对责任意识、创新意识、主动意识、协作意识等各方面能力进行评分，确保对小新潜力的及时和精确识别，避免年末上司评价的近因效应。

小新想转岗

转岗萌芽产生

小新萌生转岗想法，AI 识别出该情绪并传达给小新上司与 HR，随即帮助小新进行自我特质分析，明确性格特点、兴趣爱好、优劣势所在以及目标岗位竞争激烈程度，帮助计算能力缺口以及转岗可行性分析，并将计算结果告知小新。

转岗难易分析

若 AI 分析后不建议转岗，HR 与上司将介入提供非转岗解决措施，如完善培训晋升空间，进行团队矛盾协调，等等；若小新仍保有转岗意向，AI 将结合小新自身职业发展生涯理想，给出几条发展路径，并重新规划小新未来培养方向，小新经历的所有岗位变动均被 AI 存储为数据。

小新要晋升

智能动态晋升

公司内部发展通道被完全打通，员工能上能下。当小新累计积分达到某一晋升标准，系统将自动向小新上司和 HR 部门反馈，多方进行审核后完成其晋升，并调整相应福利制度、更新数据信息。

空缺岗位晋升

公司一旦出现空缺职岗位，AI 第一时间反馈给 HR 部门并即时启动职位晋升流程。AI 基于空缺岗位的任职资格条件，调用公司内部人才数据库，并按匹配程度为 HR 推荐适合人选。小新通过初步筛选，AI 向其发出面试邀请，晋升考核面试由 HR 与 AI 共同完成。AI 利用智能语音分析算法，对小新的语气、语调、副词使用进行系统分析，预测某种特定语音所反映的个人情绪和偏好，据此确定小新是否胜任该工作类型。最后，上司与 HR 参照 AI 评估结果，作出合理用人决策。

小新想加薪

AI 根据城市薪酬数据、行业薪酬数据、GDP（国内生产总值）增速、CPO（首席产品官）情况、就业率、失业率、城市发展力评估、公司周边房价增速、轨道交通变动等情况，为小新计算出一个客观公平的薪酬。另外，系统还会自动显示薪酬总量与平均值数据，实时告诉 HR 人工成本状况，以及接下来薪酬管理应做哪些准备。

小新要离职

识别离职倾向

AI 实时跟踪小新的工作行为和思想状况，并预测其在 3 ～ 6 个月可能会离职。AI 基于内外部机会、薪酬福利水平、房价物价、文化融合和敬业度等数据挖掘分析小新离职原因，并向小新上司和 HR 反馈以下信息：小新离职倾向概率；最快离职时间；最主要离职诱因；是否属于明星员工；留任计划的成本和收益……HR 部随即决定是否采取人工干预。

留任策略——挽留、转岗和寻找继任者

当小新被评估为值得挽留人才时，HR 与小新进行面谈，进一步了解需求，提供涨薪、晋升或转岗等补救措施。若劝说效果不佳，HR 需在 AI 的帮助和提示下提前做好风险防范，如计算和评估小新离职对周围员工离职倾向的影响，提前采取措施提高员工认同感、工作满意度和工作参与感，同时在组织内外部开始物色合适继任者。

AI 动态优化人才保留策略

小新离职后，AI 的离职预测模型将得到动态完善，相应的保留策略也将同步调整优化，以便于更精确地找到人才流失的驱动因素，降低员工流动率。

小新与 AI 之间的故事到此结束。

未来职场畅想如图 2 所示。

总之，AI 将不再是一门技术或工具，而是一种思维方式。通过将“用户思维”与数字化结合，创造更加个性化的员工体验，人力资源部“成就员工”的使命将最终实现……

我们对此无限期待。

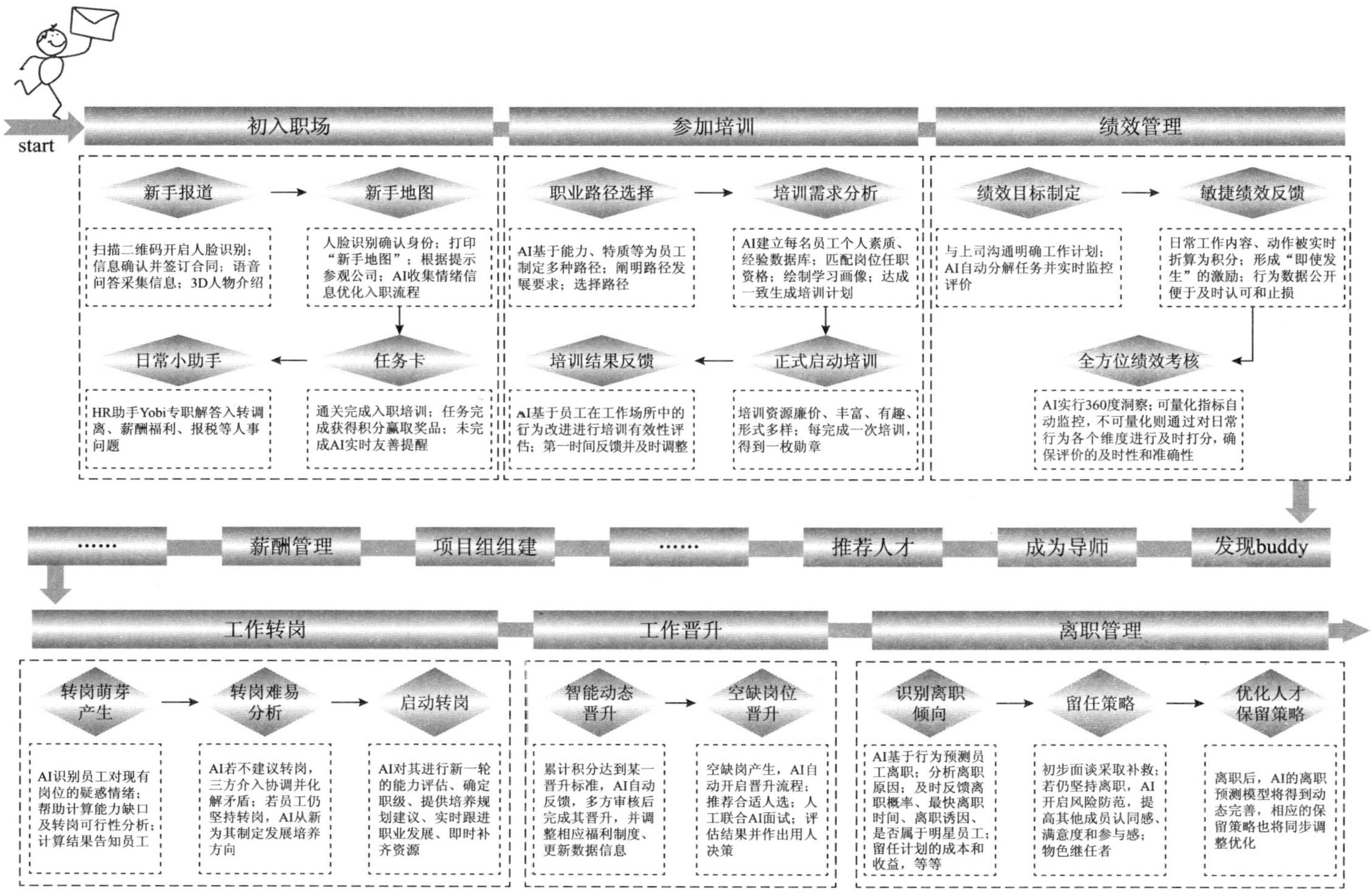
start
初入职场
新手报道
扫描二维码开启人脸识别；信息确认并签订合同；语音问答采集信息；3D人物介绍
新手地图
人脸识别确认身份；打印“新手地图”；根据提示参观公司；AI收集情绪信息优化入职流程
任务卡
通关完成入职培训；任务完成获得积分赢取奖品；未完成AI实时友善提醒
日常小助手
HR助手Yobi专职解答入转调离、薪酬福利、报税等人事问题
参加培训
职业路径选择
AI基于能力、特质等为员工制定多种路径；阐明路径发展要求；选择路径
培训需求分析
AI建立每名员工个人素质、经验数据库；匹配岗位任职资格；绘制学习画像；达成一致生成培训计划
正式启动培训
培训资源廉价、丰富、有趣、形式多样；每完成一次培训，得到一枚勋章
培训结果反馈
AI基于员工在工作场所中的行为改进进行培训有效性评估；第一时间反馈并及时调整
绩效管理
绩效目标制定
与上司沟通明确工作计划；AI自动分解任务并实时监控评价
敏捷绩效反馈
日常工作内容、动作被实时折算为积分；形成“即使发生”的激励；行为数据公开便于及时认可和止损
全方位绩效考核
AI实行360度洞察；可量化指标自动监控，不可量化则通过对日常行为各个维度进行及时打分，确保评价的及时性和准确性
发现buddy
成为导师
推荐人才
……
项目组组建
薪酬管理
……
工作转岗
转岗萌芽产生
AI识别员工对现有岗位的疑惑情绪；帮助计算能力缺口及转岗可行性分析；计算结果告知员工
转岗难易分析
AI若不建议转岗，三方介入协调并化解矛盾；若员工仍坚持转岗，AI从新为其制定发展培养方向
启动转岗
AI对其进行新一轮的能力评估、确定职级、提供培养规划建议、实时跟进职业发展、即时补齐资源
工作晋升
智能动态晋升
累计积分达到某一晋升标准，AI自动反馈，多方审核后完成其晋升，并调整相应福利制度、更新数据信息
空缺岗位晋升
空缺岗产生，AI自动开启晋升流程；推荐合适人选；人工联合AI面试；评估结果并作出用人决策
离职管理
识别离职倾向
AI基于行为预测员工离职；分析离职原因；及时反馈离职概率、最快离职时间、离职诱因、是否属于明星员工；留任计划的成本和收益，等等
留任策略
初步面谈采取补救；若仍坚持离职，AI开启风险防范，提高其他成员认同感、满意度和参与感；物色继任者
优化人才保留策略
离职后，AI的离职预测模型将得到动态完善，相应的保留策略也将同步调整优化

图 2 未来职场畅想

主要参考文献

[1] 艾伦•S. 伯森，理查德•G. 施蒂格利茨 . 沃顿商学院最受欢迎的人才培育课：批量复制干将，成为高潜力管理者，实现稳健晋升 [M]. 伍文韬，译 . 广州：广东人民出版社，2014.

[2] DRUCKER， PETER F. They are not employees， they are people [J]. Harvard Business Review，2002， 80（2）.

[3] 布莱恩•贝克尔，马克•休斯里德，理查德•贝蒂 . 重新定义人才 [M]. 曾佳，康至军，译 . 杭州：浙江人民出版社，2016.

[4] 比尔•康纳狄，拉姆•查兰 . 人才管理大师 卓越领导者先培养人再考虑业绩 [M]. 刘勇军，朱洁，译 . 北京：机械工业出版社，2016.

[5] 白贵玉，徐向艺，徐鹏 . 知识型员工非物质激励与创新绩效的关系 [J]. 经济与管理研究 [J].2016， 37 （5）：121-128.

[6] 稻盛和夫 . 稻盛和夫的实学 活用人才 [M]. 喻海翔，译 . 北京：东方出版社，2013.

[7] 丹尼尔•A. 雷恩，阿瑟•G. 贝德安 . 管理思想史 [M].6 版 . 孙健敏，黄小勇，李原，译 . 北京：中国人民大学出版社，2014.

[8] 彼得•德鲁克，约瑟夫•A. 马恰列洛 . 人与绩效 德鲁克管理精华 [M]. 宁强，译 . 北京：机械工业出版社，2015.

[9] 董晶，王菲菲，陈肖肖 . 组织沟通中的影响力与边缘化——基于网络中心度的员工角色识别与分析 [J]. 现代管理科学，2018 （5）：33-35.

[10] 付亚和 . 工作分析 [M]. 上海：复旦大学出版社，2009.

[11] 方振邦，徐东华 . 管理思想百年脉络——影响世界管理进程的百名大师 [M].3 版 . 北京：中国人民大学出版社，2012.

[12 费洛迪 . 合伙人 如何发掘高潜力人才 [M]. 高玉芳，译 . 北京：中信出版集团，2015.

[13] 付亚和，许玉林 . 绩效管理 [M]. 上海：复旦大学出版社，2016.

[14] 和云，安星，薛竞 . 大数据时代企业人力资源管理变革的思考 [J]. 经济研究参考，

2014（63）：26-32.
[15] 黄卫伟 . 以奋斗者为本 华为公司人力资源管理纲要 [M]. 北京：中信出版集团，2015.
[16] 蒋春燕 . 知识型员工流动研究 [J]. 中国人才，2001（7）：30-32.
[17] 吉恩 • 保罗 • 艾森，杰西 • S. 哈里奥特 . 人力资源管理大数据改变你吸引、猎取、培养和留住人才的方式 [M]. 胡明，邱黎源，徐建军，译 . 北京：机械工业出版社，2017.
[18] 吉恩 • 皮斯 .HR 的大数据思维 用大数据优化人力成本 [M]. 赵磊，任艺，译 . 北京：工信出版集团，人民邮电出版社，2018.
[19] 林新奇 . 绩效管理 [M]. 大连：东北财经大学出版社，2013.
[20] 拉姆 • 查兰，斯蒂芬 • 德罗特，詹姆斯 • 诺埃尔 . 领导梯队：全面打造领导力驱动型公司 [J]. 今日工程机械，2013（2）：83.
[21] 刘伟师，威林思 . 人才管理圣经 [M]. 上海：上海远东出版社，2013.
[22] 李常仓，赵实 . 人才盘点：创建人才驱动型组织 [J]. 中国电力教育，2013（6）：94.
[23] 罗伯特 • 迪尔茨 . 归属感 创造一个员工想要归属其中的组织 [M]. 庞洋，译 . 长春：北方妇女儿童出版社，2015.
[24] 李超平，王桢，毛凯贤 . 管理研究量表手册 [M]. 北京：中国人民大学出版社，2016.
[25] 里德 • 霍夫曼，本 • 卡斯诺查，克里斯 • 叶 . 联盟——互联网时代的人才变革 [J]. 中国经济周刊，2016（1）：81.
[26] 罗文豪，孙雨晴，冯蛟 . 游戏化在人力资源管理中的应用：理论分析与实践反思 [J]. 中国人力资源开发，2016（1）：6-13，59.
[27] 拉姆 • 查兰，高潜 . 个人加速成长与组织人才培养的大师智慧 [M]. 杨懿梅，译 . 北京：机械工业出版社，2018.
[28] 孟小峰 . 大数据管理概论 [M]. 北京：机械工业出版社，2017.
[29] 彭剑锋 . 人力资源管理概论 [M]. 上海：复旦大学出版社，2011.
[30] 泰瑞 • 贝克汉姆 .ATD 人才管理手册 [M]. 曾佳，李群，罗白，等译 . 北京：中国工信出版集团，电子工业出版社，2017.
[31] 魏荣 . 企业知识型员工创新动机的理论演释 [J]. 自然辩证法研究，2010，26（6）：94-99.
[32] 吴文华，赵行斌 . 领导风格对知识型员工创新行为的影响研究 [J]. 科技进步与对策，2010（2）：153-156.
[33] 万青，陈万明，胡恩华 . 基于多层次分析的知识型员工创新绩效研究——考虑个人与组织双层面因素的影响 [J]. 科研管理，2012（6）：8-15.
[34] 邢柏 . 关键的少数 任正非说干部培养 [M]. 长春：北方妇女儿童出版社，2016.
[35] 西楠，李雨明，彭剑锋，等 . 从信息化人力资源管理到大数据人力资源管理的演进——以腾讯为例 [J]. 中国人力资源开发，2017（5）：79-88.

[36] 杨国安，李晓红 . 变革的基因 移动互联时代的组织能力创新 [M]. 北京：中信出版集团，2016.

[37] 姚凯，桂弘诣 . 大数据人力资源管理：变革与挑战 [J]. 复旦学报（社会科学版），2018，60（3）：146-155.

[38] 周文斌 . 中国企业知识型员工管理问题研究 [J]. 经济管理，2009（12）：83-93.

[39] 赵志军，赵瀚清 . 中外管理思想史 [M]. 长春：吉林人民出版社，2010.

[40] 张振刚，李娟娟，李云健 . 知识型员工创新行为：组织学习与知识分享的作用研究 [J]. 科技进步与对策，2014（20）：126-131.

[41] 赵有强，孙雨晴 . 步科公司的游戏化管理实践探索 [J]. 中国人力资源开发，2015（24）：51-59，67

[42] 曾双喜 . 破译人才密码——移动互联网时代的人才管理实战应用指南 [M]. 北京：经济管理出版社，2016.

[43] 唐秋勇等 . HR 的未来简史 [J]. 石油人力资源，2018（1）：23.

[44] IBM 商业价值研究院 .IBM 商业价值报告：创新的范式 [M]. 北京：东方出版社，2017.

[45] 包政 . 营销的本质 [M]. 北京：机械工业出版社，2015.

[46] 尼古拉斯・拉鲁索，芭芭拉・斯珀里尔，吉安里克・法鲁吉雅 . 向世界最好的医院学创新 [M]. 北京：机械工业出版社，2016.

[47] 罗伯特・希斯里奇，克劳丁・卡尼 . 公司内部创业 [M]. 董正英，译 . 北京：中国人民大学出版社，2018.

[48] 梁家广，欧内斯特・甘德林 . 向 3M 学创新 [M]. 北京：中华工商联合出版社，2017.

[49] 斯坦利・麦克里斯特尔，坦吐姆・科林斯，戴维・西尔弗曼，等 . 赋能：打造应对不确定性的敏捷团队 [M]. 北京：中信出版集团，2017.

[50] 邱昭良 . 复盘 +：把经验转化为能力 [M]. 北京：机械工业出版社，2016.